Atualidades da Prática Psicomotora

JORGE MANUEL GOMES DE AZEVEDO FERNANDES
PAULO JOSÉ BARBOSA GUTIERRES FILHO
(organizadores)

ATUALIDADES DA PRÁTICA PSICOMOTORA

Anthony Coler
António Ricardo Mira
Carolien Rieffe
Gleci Mar Machado de Lima
Guida Veiga
João Maria Antunes Costa
José Francisco Filipe Marmeleira
Lecy Consuelo Neves
Luiza Elena Bradley Alves de Araújo
Maria da Graça Duarte Santos
Marc Jean-Claude Guiose
Martha Lovisaro
Rosa Prista
Sara Carvalho
Teresa Cardoso
Vera Oliveira

Rio de Janeiro
2015

© 2015 by Jorge Manuel Gomes de Azevedo Fernandes e
Paulo José Barbosa Gutierres Filho

Gerente Editorial: Alan Kardec Pereira
Editor: Waldir Pedro
Revisão Gramatical: Lucíola Medeiros Brasil
Capa e Projeto Gráfico: 2ébom Design
Capa: Eduardo Cardoso
Diagramação: Flávio Lecorny

Dados Internacionais de Catalogação na Publicação (CIP)

F398a
  Fernandes, Jorge Manuel Gomes de Azevedo
  Atualidades da prática psicomotora/ Jorge Manuel Gomes de Azevedo Fernandes, Paulo José Barbosa Gutierres Filho (org.) - Rio de Janeiro: Wak Editora, 2015.
236p. : 24cm

Inclui bibliografia
ISBN 978-85-7854-309-9

  1. Psicomotricidade. 2. Psicomotricidade - Manuais, guias etc. I. Filho, Paulo José Barbosa Gutierres. II. Título.

14-13023   CDD 152.3   CDU 159.943

2015

**Direitos desta edição reservados à Wak Editora
Proibida a reprodução total e parcial.
Os infratores serão processados na forma da lei.**

WAK EDITORA
Av. N. Sra. de Copacabana, 945 – sala 107 – Copacabana
Rio de Janeiro – CEP 22060-001 – RJ
Tels.: (21) 3208-6095 e 3208-6113
Fax (21) 3208-3918
wakeditora@uol.com.br
www.wakeditora.com.br

A todos os interessados, psicomotricistas ou técnicos de outras áreas, alunos e professores de universidades ou escolas de formação que se interessem pela Psicomotricidade.

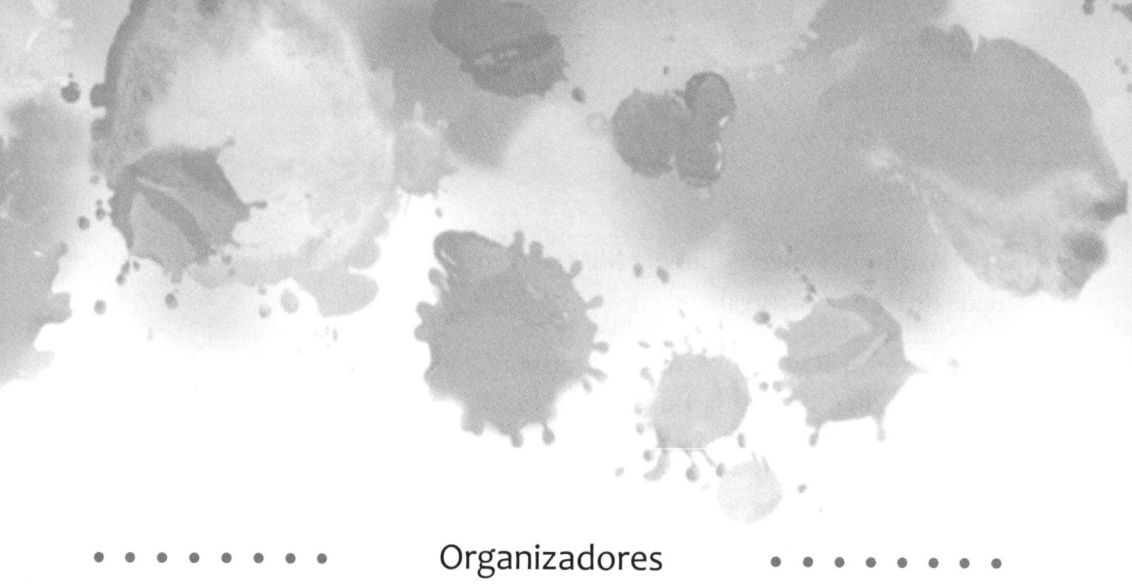

Organizadores

Jorge Manuel Gomes de Azevedo Fernandes

Doutor em Ciências da Motricidade pela Universidade de Trás-os-Montes e Alto Douro – Portugal. Mestre em Educação Especial pela Faculdade de Motricidade Humana da Universidade Técnica de Lisboa – Portugal. Licenciado em Educação Física pela Faculdade de Motricidade Humana da Universidade Técnica de Lisboa – Portugal. Diretor do Curso de Licenciatura (graduação) em Reabilitação Psicomotora e do Curso de Mestrado em Psicomotricidade da Universidade de Évora – Portugal.

Paulo José Barbosa Gutierres Filho

Doutor em Ciências do Desporto pela Universidade de Trás-os-Montes e Alto Douro – Portugal. Mestre em Ciências do Movimento Humano. Especialista em Educação Física Adaptada. Graduado em Educação Física e Fisioterapia. Docente do Curso de Graduação em Educação Física da Universidade de Brasília (UnB). Professor do Programa de Pós-Graduação em Educação Física (Mestrado e Doutorado) da Universidade de Brasília (UnB) – Brasil.

Autores

Anthony Coler. Aluno de Mestrado em Psicomotricidade na Universidade de Évora (Portugal).

António Ricardo Mira. Doutor em Ciências da Educação. Professor do Curso em Ciências da Educação e do Mestrado em Psicomotricidade da Universidade de Évora (Portugal).

Carolien Rieffe. Doutora em Psicologia pela Free University of Amsterdam. Professora na Faculdade de Psicologia da Universidade de Leiden. Diretora do Laboratório de Investigação "Focus on Emotions" (Holanda).

Gleci Mar Machado de Lima. Psicóloga. Psicanalista. Especialista em Psicomotricidade Relacional. Mestre em Psicomotricidade pela Universidade de Évora – Portugal. Membro do Centro de Estudo Freudiano do Recife (Brasil).

Guida Veiga. Psicomotricista. Licenciada em Reabilitação Psicomotora pela Faculdade de Motricidade Humana da Universidade Técnica de Lisboa – Portugal. Professora do Curso de Licenciatura em Reabilitação Psicomotora da Universidade de Évora (Portugal).

João Maria Antunes Costa. Mestre em Psicomotricidade. Professor do Curso de Mestrado em Psicomotricidade da Universidade de Évora – Portugal. Psicomotricista na Clínica da Encarnação (Hospital Dona Estefânia). Diretor do Instituto de Terapias Expressivas (Portugal).

José Francisco Filipe Marmeleira. Doutor em Motricidade Humana. Mestrado em Exercício e Saúde. Licenciado em Ciências do Desporto. Professor do Curso de Ciências do Desporto e Reabilitação Psicomotora da Universidade de Évora (Portugal).

Lecy Consuelo Neves. Doutora em Comunicação pela Universidade do Porto – Portugal. Mestrado em Comunicação pela Universidade Federal do Rio de Janeiro. Graduação em Ciências Sociais pela Universidade do Estado do Rio de Janeiro (Brasil).

Luiza Elena Bradley Alves de Araújo. Psicóloga. Psicanalista. Doutora em Psicologia e Psicanálise. Docente do Departamento de Psicologia da Faculdade Frassinetti do Recife (Brasil).

Maria da Graça Duarte Santos. Doutora em Psicologia. Mestre em Educação Especial. Licenciada em Psicologia Clínica. Professora dos Cursos de Licenciatura e Mestrado em Educação Especial, Reabilitação Psicomotora e Psicomotricidade da Universidade de Évora (Portugal).

Marc Jean-Claude Guiose. Licenciado em Psicomotricidade. Mestre em Psicologia Clínica. Professor do Curso de Licenciatura em Psicomotricidade na Universidade Pierre et Marie Curie – Paris 6, França. Professor do Curso de Mestrado em Psicomotricidade da Universidade de Évora (Portugal).

Martha Lovisaro. Pós-doutora em Sociologia do Desporto. Mestre em Psicologia Escolar. Coordenadora do Curso de Pós-graduação em Educação e Reeducação Psicomotora e da Formação em Transpsicomotricidade na Universidade do Estado do Rio de Janeiro (Brasil).

Rosa Prista. Psicóloga. Psicomotricista. Psicopedagoga. Doutora em Psicologia (Brasil).

Sara Carvalho. Licenciada em Reabilitação Psicomotora pela Universidade de Évora (Portugal).

Teresa Cardoso. Licenciada em Reabilitação Psicomotora pela Universidade de Évora (Portugal).

Vera Oliveira. Licenciada em Educação Especial e Reabilitação. Mestre em Psicossomática. Professora do Curso de Reabilitação Psicomotora da Universidade de Évora (Portugal). Diretora Clínica do Instituto do Conhecimento Relacional e da Psicomotricidade.

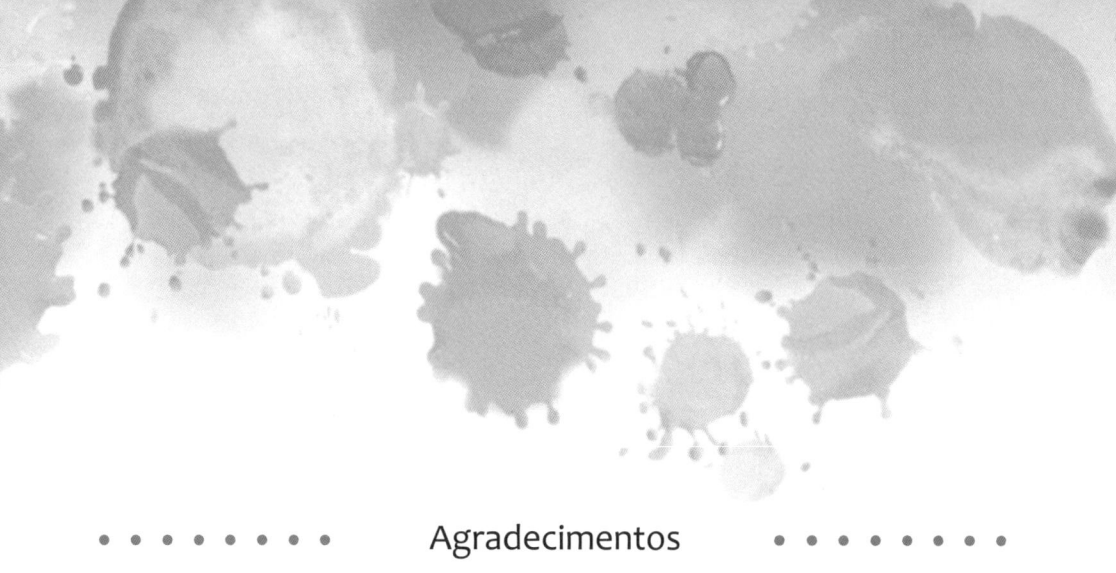

• • • • • • • • • Agradecimentos • • • • • • • • •

Jorge Manuel Gomes de Azevedo Fernandes e Paulo José Barbosa Gutierres Filho desejam agradecer a todos os colaboradores que tão gentilmente e com o maior rigor metodológico e científico se propuseram a escrever os temas que permitiram elaborar este livro. Um especial agradecimento ao professor Dr. Aírton Negrine pela amabilidade em escrever o prefácio, e que tanto contribuiu para o avanço da Psicomotricidade no Brasil. Um sincero agradecimento a todos.

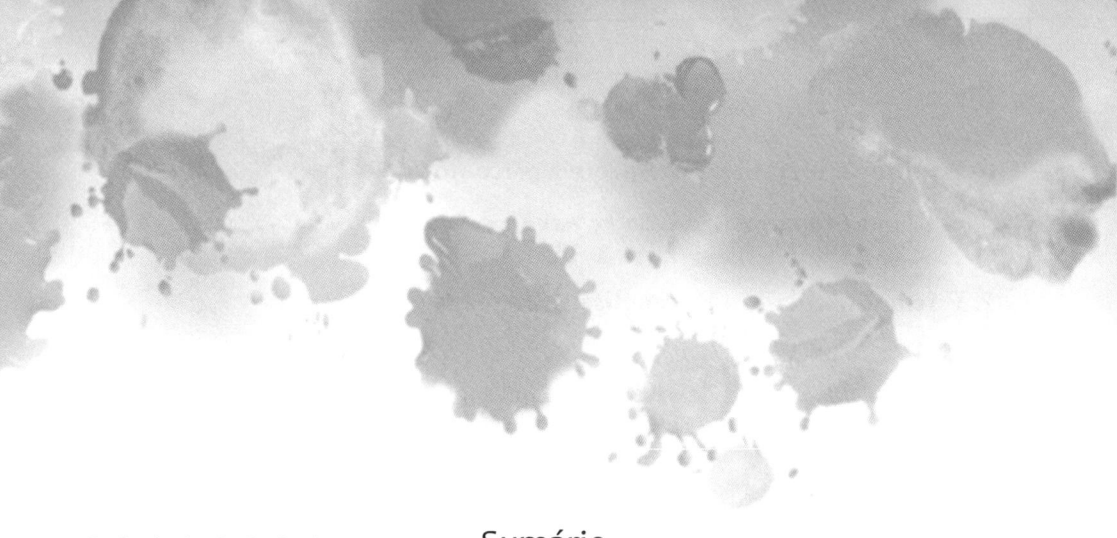

Sumário

Prefácio 15

1. Das abordagens emergentes em Psicomotricidade às atualidades da prática psicomotora
Jorge Manuel Gomes de Azevedo Fernandes............................ 19

2. Esquema corporal e imagem do corpo
Marc Jean-Claude Guiose 29

3. Corpo e relação
Maria da Graça Duarte Santos 53

4. Ligar o corpo à emoção: intervenção psicomotora na promoção de crianças emocionalmente competentes
Guida Veiga e Carolien Rieffe... 67

5. Comunicação não verbal na intervenção psicomotora
António Ricardo Mira e
Jorge Manuel Gomes de Azevedo Fernandes............................. 81

6. Equilíbrio versátil na perspectiva psicomotora
Jorge Manuel Gomes de Azevedo Fernandes e Anthony Coler 91

7. Psicomotricidade e Psicanálise: a linguagem faz corpo
*Gleci Mar Machado de Lima,
Jorge Manuel Gomes de Azevedo Fernandes e
Luiza Elena Bradley Alves de Araújo* 105

8. Hiperatividade e Psicomotricidade: uma contribuição das Neurociências
Rosa Prista 123

9. Intervenção psicomotora de âmbito clínico
João Maria Antunes Costa 139

10. Transpsicomotricidade: uma formação em Psicomotricidade com novos contornos
Martha Lovisaro e Lecy Consuelo Neves 163

11. Intervenção motora em meio aquático em indivíduos gemelares com síndrome de Down
Paulo José Barbosa Gutierres Filho 181

12. O desenvolvimento da Gerontopsicomotricidade à luz da ciência
José Francisco Filipe Marmeleira 199

13. Quando o envelhecimento acontece..."Projeto Rejuvenescer" – uma proposta Gerontopsicomotora de intervenção primária no processo de envelhecimento
Vera Oliveira, Sara Carvalho e Teresa Cardoso 217

• • • • • • • •   Prefácio   • • • • • • • •

Visitando aportes atuais da prática psicomotora: corpo e prazer

O convite que recebi para escrever o prefácio desta obra foi deveras desafiador considerando o perfil dos professores organizadores e dos colaboradores que dissertam sobre a Prática Psicomotora e sobre os temas que circundam e formam o todo da Psicomotricidade, área de conhecimento que, ao longo de minha vida acadêmica, foi um dos meus focos de pesquisas, de estudos e de formação de formadores de psicomotricistas em diferentes instituições de Ensino Superior no Brasil.

Os professores Jorge Fernandes e Paulo Gutierres Filho ao mesmo tempo em que escrevem sobre temas da maior relevância no âmbito da Psicomotricidade também foram capazes de garimpar contributos de significância singular, instigando seus colaboradores a tratarem de temáticas que permitem melhor compreensão da prática psicomotora como ferramenta pedagógica e terapêutica.

Tenho a convicção de que a Psicomotricidade como área de conhecimento nos tempos atuais, leia-se como primeira década do século XXI, toma cada vez mais corpo como tema transversal. Seus contributos extrapolam as Ciências do Movimento Humano com aportes significativos para ser uma visão ampliada dos processos de desenvolvimento e de aprendizagens humanas em um sentido de totalidade. A Psicomotricidade, embora conserve toda uma herança da Neurofisiologia com enfoque funcional, sobretudo em um enfoque relacional, extrapola conceitos iniciais da prática psicomotora e se constitui em novos desafios aos estudiosos e pesquisadores destes campos de conhecimentos.

A ideia de que as aprendizagens motoras se resumem na aquisição de habilidades motoras fragmenta e reduz a compreensão da motricidade como elemento vital e integrador do ser humano. Somos da opinião que, sempre que uma nova habilidade motriz é adquirida por uma pessoa, as implicações são muito mais complexas e significativas do que se pode concretamente perceber e aquilatar. Acredito que, a cada nova habilidade adquirida, o ser humano também eleva consideravelmente sua autoestima e autoimagem e avança cada vez mais na escala da independência. Aspecto fundamental para o desenvolvimento humano, seja onde o indivíduo estiver.

A obra que apresento está organizada em capítulos que tratam de temas históricos da Psicomotricidade e nenhum menos relevante que outro para quem estuda ou se especializa nesta área de conhecimento.

No capítulo sobre Esquema Corporal e Imagem do Corpo, os signatários do capítulo apresentam um rastreamento teórico substantivo sobre o assunto e fazem aportes teóricos de fontes primárias, destacando as contribuições sobre o tema no decorrer dos tempos. Apresentam ainda pontos de vistas neurológico e psicanalítico e uma síntese atual e integrada que facilitam a compreensão do assunto.

No capítulo Corpo e Relação, a autora apresenta aspectos relevantes sobre o tema e dá destaque ao corpo como objeto técnico e de mediação na interação do indivíduo consigo mesmo, com os objetos e com os iguais.

Como os seres humanos em todos os contextos socioculturais são movidos pelas emoções, a obra também apresenta aspectos teóricos relevantes sobre o assunto, dando real destaque às intervenções psicomotoras e suas relações com as competências emocionais. Os autores deste tema dissertam com eficiência, mostrando as implicações da terapia psicomotora centrada no corpo como meio de comunicação das próprias emoções e como elemento de acesso ao mundo simbólico, seja ele representativo (simbolismo primário), seja ele imaginário (simbolismo secundário).

A obra contempla a comunicação não verbal como ferramenta fundamental na intervenção psicomotora, seja ela educativa ou terapêutica, uma vez que a Psicomotricidade se situa em um campo transdisciplinar que estuda e investiga as relações e as influências recíprocas e sistêmicas do psiquismo, da motricidade e dos contextos socioculturais quando se trata de um enfoque relacional.

O equilíbrio corporal como propósito da prática psicomotora faz parte da obra, com destaques as suas nuances, seja ele estático ou dinâmico. Digo eu, quem sabe, para se atingir o que se quer com o equilíbrio corporal, tenhamos de trabalhar para provocar os desequilíbrios? As indagações sempre são provocativas para nos fazer pensar, afinal é o que se busca em termos de desenvolvimento cognitivo do ser humano.

A obra também contém temáticas binárias, como Psicomotricidade e Psicanálise, já que, na abordagem relacional das práticas psicomotoras, o enfoque psicanalítico é singular e fundamental para a compreensão do comportamento da pessoa na reflexão de si e na interação com os outros, com os objetos e com o mundo.

A hiperatividade e o comportamento hiperativo como temática de estudo e de dissertação vêm de longa data, constituindo-se em uma preocupação dos psicomotricistas. Na obra que apresento, o autor afirma de entrada que *"a orgia de discussões sobre o tema é desafiador, e o número de crianças medicadas em pleno processo de desenvolvimento cerebral é assustador"*. Com base nesta premissa, disserta com propriedade sobre o assunto, fazendo-nos refletir sobre a relevância da intervenção psicomotora para ajudar a pessoa a se desenvolver e ter acesso a novas aprendizagens.

A obra também dá destaque ao significado dos materiais, fundamentalmente no enforque relacional da Psicomotricidade, já que, nesta perspectiva, cada objeto de jogo tem sentidos e significados complexos considerando que os objetos de jogo podem servir para jogos de pulsão e de fusão com inúmeras representações simbólicas.

Não menos significativo, ao ler a obra, pode-se refletir sobre a Transpsicomotricidade que se resume em uma formação com outros contornos, como Etnopsicomotricidade, Sociopsicomotricidade e a Ergopsicomotricidade, sendo que cada enfoque tem seu caminho próprio, formando atualmente o todo desta área de conhecimento que vem evoluindo deste o início do século XX.

A obra que apresento também contempla um assunto de significância e de estudos inovadores no âmbito da Psicomotricidade pertinente à intervenção psicomotora no meio aquático com gêmeos com síndrome de Down, escrita por um professor que não apenas teoriza sobre o assunto mas também vem tendo ao longo da sua formação continuada experiências práticas e significativas, o que lhe credencia a dissertar sobre o assunto.

A obra é abrangente e focaliza a Psicomotricidade como ferramenta psicopedagógica em um sentido amplo. O último capítulo nos reserva abordagem sobre Gerontopsicomotricidade que é tratada como tema de relevância singular considerando a vida longeva que atualmente está se atingindo em todos os continentes quando comparado com a idade média do óbito no primeiro terço do século XX.

A cada década, a longevidade vem aumentando consideravelmente nos diferentes contextos. Isso significa que, com a pós-aposentadoria, as pessoas vivem mais tempo, e os pedagogos necessitam repensar as práticas pedagógicas e psicomotoras para que se possa contemplar mais esse segmento social, considerando a demanda que aumenta em um processo contínuo.

Para encaminhar aspectos conclusivos desta apresentação, peço licença aos organizadores da obra para exteriorizar minha forma de pensar a Psicomotricidade, fundamentalmente no âmbito das terapias. Ela deve estar centrada em uma perspectiva lúdica para possibilitar que ocorra o nexo de CORPO e PRAZER. Isso significa que a prática psicomotora deve favorecer o indivíduo para que se torne o mais independente possível, portador ou não de qualquer deficiência e que, como ferramenta pedagógica e/ou terapêutica, proporcione qualidade de vida ao indivíduo em qualquer idade.

A motricidade humana nada mais é que um somatório de habilidades que vamos construindo ao longo da vida decorrente da experimentação corporal. Por acreditar no valor da prática psicomotora como ferramenta de intervenção pedagógica e terapêutica e pelas experiências que tive por mais de quatro décadas com psicomotricistas, é que recomendo aos leitores a visitar cada um dos capítulos desta obra, acreditando que a leitura fará com que cada um faça reflexões significativas sobre a Psicomotricidade como tema transversal e universal.

Florianópolis – SC, abril de 2014.

Prof. Dr. Aírton Negrine

Cap. 1

Das abordagens emergentes em Psicomotricidade às atualidades da prática psicomotora

Jorge Manuel Gomes de Azevedo Fernandes

Partindo do nosso livro anterior (Psicomotricidade: *abordagens emergentes em Psicomotricidade*), em que nos referimos à necessidade de organizar e pensar de forma transdisciplinar os fundamentos teóricos que fundamentam e justificam as práticas psicomotoras, procuraremos neste novo livro alertar para a importância de um conceito teórico fundamental e atual para as práticas psicomotoras que é a *relação de mediação corporal*.

Relembramos que a Psicomotricidade associa a motricidade à *energia psíquica* que está subjacente à integração e à expressão gnoso-práxica e tônico-emocional, ou seja, associa o movimento à expressão simbólica que permite dar significado ao comportamento motor do ser humano na sua relação dialética com os objetos, com os outros e consigo mesmo. Um dos papéis do psicomotricista é interpretar essas significações que expressam o sentido práxico, funcional, espontâneo, afetivo e simbólico do comportamento motor. (FERNANDES, 2012)

Não se pode entender o movimento apenas por um ponto de vista anatômico, fisiológico, psicológico ou social, mas em uma dimensão holística que está associada a um conjunto de conhecimentos interdisciplinares e sistêmicos que associam as estruturas biológicas, psíquicas e relacionais. Existem seis aspectos do conhecimento que permitem construir um modelo teórico que dá legitimidade científica à Psicomotricidade, quatro dos quais são apresentados por Grabot (2004): (1) a descoberta de problemas psicomotores pelos neurologistas quando perceberam que alguns sintomas de expressão motora, comuns a determinadas lesões corticais, também poderiam ser detectados em indivíduos fisiologicamente sãos, associando-os, assim, a questões psicológicas e à noção de perturbações psicomotoras; (2) os conhecimentos adquiridos e provocados pela situação do hospitalismo associados ao afastamento dos cuidados afeto-maternais e, também, pelo desenvolvimento das teorias da vinculação, que demonstram o papel fundamental da ligação afetiva da criança com a mãe, assim como as consequências das carências afetivas; (3) a perspectiva de que a inteligência tem a sua gênese na ação, que se fundamenta na teoria de Piaget ao demonstrar como a inteligência é um processo progressivo de assimilação e acomodação ao envolvimento, que vai desde os primeiros gestos reflexos até o pensamento hipotético e dedutivo na adolescência, tendo como estrutura-base a iniciativa motora exploratória da criança; (4) o conceito da linguagem tônico-emocional de Wallon, que é fundamental para o desenvolvimento da vida psíquica da criança e que tem a sua gênese nas primeiras trocas tônico-emocionais com a mãe ou o seu substituto. A emoção surge assim após os primeiros movimentos impulsivos do recém-nascido, exprimindo-se por meio do tônus muscular que será o vetor da comunicação com o envolvimento. O afinamento dessa primeira linguagem tônico-emocional permite o aparecimento da motricidade e da inteligência, ou seja, de outras linguagens mais elaboradas.

Além destes, acrescentamos mais dois aspectos fundamentais para o corpo de conhecimentos em Psicomotricidade e que se relacionam com: (5) a influência de Ajuriaguerra (62) e de alguns psicanalistas franceses, como Jolivet (70), Diatkine (71) e Lebovici (72) na teorização da Psicomotricidade, considerando-a uma práxis que, sendo um dispositivo de cuidados, deve colocar a tônica na experiência do corpo em relação; e (6) a importância dos conhecimentos oriundos de investigações realizadas por António Damásio (1995; 2000; 2003; 2010) em que a razão parece depender de sistemas corticais específicos que também processam sentimentos. Para ele, os sentimentos ocorrem no teatro da mente e as emoções, no teatro do corpo. As relações psicossomáticas materializam-se pela forma como os pensamentos desencadeiam as emoções e como as alterações corporais durante as emoções se transformam em fenômenos denominados sentimentos. O autor confirma a dimensão teórica da noção holística e unitária do somatopsíquico com base nas relações biológicas entre a mente e o corpo. Esta unidade psicomotora se expressa pelas relações tônico-emocionais que acompanham a criança ao longo de todo o seu desenvolvimento ontogenético e o desenvolvimento do homem ao longo da sua existência.

A forma como os psicomotricistas assimilam estas teorias e entendem a Psicomotricidade influencia a prática profissional e condiciona a forma como utilizam o instrumento corpo, com o objetivo de maximizar ou potencializar as funções psíquicas. A intervenção psicomotora pode utilizar diferentes mediações, perspectivando tanto a aquisição de comportamentos motores em fundo tônico-emocional e relacional como o desenvolvimento das capacidades relacionais, simbólicas e emocionais em um fundo de vivências motoras. Assim, a Psicomotricidade pode e deve estar associada a diferentes práticas, não de acordo com qualquer estrutura metodológica rígida e preestabelecida, mas de acordo com as necessidades da criança, do paciente ou do idoso com quem o psicomotricista intervirá, tendo sempre como pano de fundo os diferentes conhecimentos que a fundamentam. Assim, e como referimos no livro anterior, existem diferentes teorias que fundamentam as relações mútuas entre corpo e psiquismo, que, por sua vez, servem de estrutura base às diversas intervenções ou práticas psicomotoras. Partindo do conhecimento que fundamenta a intervenção, gostaria de apresentar agora a importância da *relação de mediação corporal* na prática psicomotora.

Gostaria também de lembrar que esta *relação de mediação corporal* tem uma atualidade com mais de 60 anos, e que se consubstancia nos escritos de Ajuriaguerra (1962) ao referir que a Psicomotricidade se deve centrar na compreensão e no significado de um "corpo em relação"; em Jolivet (1972), que refere a importância da sua aplicabilidade por meio de uma "motricidade em relação"; e ainda, em Joly (2010), que a considera uma práxis que se operacionaliza por intermédio de uma "motricidade lúdica em relação".

*

A Psicomotricidade representa o conjunto de fenômenos que permitem inscrever no corpo os processos psíquicos que são expressos por meio do movimento, das atitudes, das posições e das mímicas. A Psicomotricidade estuda a forma como ficam registrados no corpo os mecanismos das funções instrumentais ou relacionais (BALLOUARD, 2006). A Psicomotricidade abrange um conjunto de informações multidisciplinares e transdisciplinares que permitem estudar e investigar o desenvolvimento biocultural humano nas suas relações e influências, recíprocas e sistêmicas, entre o psiquismo e a motricidade (FONSECA, 2012). A Psicomotricidade é um dispositivo e uma prática, baseada em várias teorias, que propõe uma forma de *fazer*, tendo como característica principal considerar o corpo em toda a sua complexidade: existencial, expressiva, emocional, identificativa. (POTEL, 2012)

Como nos refere Fonseca (2013), o organismo humano na sua essência ontológica e sistêmica é composto de corpo, de onde emana a motricidade, e de cérebro, de onde emerge o psiquismo. Por um lado, possuímos um corpo *performante* e competitivo que necessita de um equilíbrio permanente e, por outro lado, um corpo sensível que, por meio da sua expressão simbólica, traduz a complexidade do funcionamento psíquico. A Psicomotricidade encontra-se entre e dentro destas duas dimensões que se expressam, ou pela objetividade científica dos sintomas concretos, das avaliações normativas e intervenções programadas, ou pela subjetividade do comportamento lido na linguagem simbólica, na compreensão psicodinâmica da personalidade e na criatividade corporal individual de cada pessoa. Desta forma, a Psicomotricidade representa a integração da motricidade em nível de poder, querer, e desejar fazer e, também, na forma como fazer e com quem fazer. Existe uma interligação entre motricidade (como identidade neurológica) e o psiquismo (como identidade afetiva e relacional), em que os nossos comportamentos refletem toda a nossa personalidade, levando a entender o porquê de a corporeidade apresentar para nós, psicomotricistas, uma dimensão psicológica, afetiva e social.

A identidade neurológica a que nos referimos são as estruturas inerentes à motricidade cuja estrutura dinâmica se traduz na organização tônica e no movimento, tendo como sede de controle o sistema nervoso central.

Por outro lado, o psiquismo é entendido pelo conjunto do funcionamento mental, que integra as sensações, as percepções, as imagens, as emoções, os afetos, os fantasmas, os medos, as projeções, as aspirações, as representações, as simbolizações, as conceitualizações, as ideias, as construções mentais, assim como a complexidade dos processos relacionais e sociais que estão na sua origem. O que é importante entender é que não há motricidade sem psiquismo, nem psiquismo sem motricidade, o que, em termos de intervenção psicomotora, justifica a participação do corpo na construção ou reconstrução do psiquismo.

A ideia principal a ser retida é que a vida psíquica materializa-se nas manifestações de relação com o outro, por meio da linguagem tônica, da linguagem corporal e, também, da linguagem verbal. Desta forma, toda a *relação de mediação corporal* deverá ser hoje em dia sempre equacionada nas práticas psicomotoras, quer se objetive a aquisição de comportamentos motores em fundo tônico-emocional e relacional, ou o desenvolvimento das capacidades relacionais, simbólicas e emocionais em fundo de vivências motoras.

*

O psicomotricista está habilitado a realizar diversas funções profissionais:

- avaliação psicomotora;

- educação precoce e estimulação psicomotora;

- reeducação dos problemas psicomotores por meio de relaxação, de educação do gesto, de expressão corporal ou plástica, de atividades rítmicas, do jogo;

- contribuir por intermédio de técnicas corporais no tratamento das deficiências, dos problemas de personalidade, de desregulações emocionais e relacionais e de dificuldades de representação do corpo de origem física ou psíquica.

A intervenção do psicomotricista abrange todas as idades em um quadro de ajuda ao desenvolvimento, profilático ou terapêutico. O psicomotricista trabalha em escolas (creches, jardins de infância...) em hospitais ou clínicas (neonatologia, pediatria psiquiatria, neurologia, geriatria...), em instituições especializadas (centros de intervenção precoce, proteção maternal e infantil, instituições de pessoas com deficiência...), instituições de longa permanência (instituições de acolhimento especializado, casas de repouso, abrigos...).

O psicomotricista utiliza técnicas de mediação corporal, estando incluído no grupo de profissionais que utilizam o corpo como instrumento de trabalho. Quem trabalha em Psicomotricidade se ocupa do corpo e investe no corpo. A sua intervenção situa-se em nível de unidade holística da pessoa, utilizando o corpo como mediador. Assim, utiliza uma abordagem específica na ajuda ou no cuidado à criança, ao adulto ou ao idoso por meio de vivências corporais que permitem (re)ajustar a sua personalidade às condições do envolvimento, aumentando as suas possibilidades de adaptação. Este corpo é comunicacional, sendo o local de passagem de toda a comunicação e da própria vida psíquica, onde o psicomotricista centrará os limites da sua ação e os domínios da sua intervenção. O seu domínio é a vida psíquica por meio do corpo em movimento, em expressão e em relação. Ele intervém com vivências corporais que facilitam a relação do indivíduo com os objetos, com os outros e com ele próprio, envolvendo o equilíbrio, o esquema corporal, o investimento do corpo, a emoção, o tônus, a lateralidade, os movimentos, a percepção vivida do tempo e do espaço, a harmonia da maturação e a relação com o outro. Um dos papéis do psicomotricista é interpretar estas significações que expressam o sentido práxico, funcional, espontâneo, afetivo e simbólico do comportamento motor. Podemos assim constatar que existe um compromisso entre estruturas neuromotoras e relacionais, sem antagonismo entre elas, mas sim unidade.

Uma das principais características que deve nortear toda a intervenção do psicomotricista é a capacidade de olhar e escutar o ser humano de forma holística, onde todas as suas componentes são funcionalmente indissociáveis. Assim deverá preocupar-se com a forma como se registam no corpo os mecanismos das funções instrumentais ou relacionais.

É este o espaço de estudo da Psicomotricidade, entre o psi e o motor, entre o normal e o patológico, entre a Neurologia e a Psicanálise, entre as doenças nervosas e as doenças mentais, sendo estes, também, os espaços de intervenção do psicomotricista. Como se fosse *um entre dois*, ou seja, um novo espaço que se situa na interseção de outros dois. A problemática psicomotora está centrada na gestão destas polaridades, entre o interno e o externo, evocando as necessidades deste duplo movimento como incitações externas e excitações externas (BALLOUARD, 2006), como se o seu paradigma estivesse associado à teoria da complexidade.

Voltamos a relembrar que a Psicomotricidade utiliza diferentes mediações corporais que perspectivam a aquisição de comportamentos motores associados às capacidades relacionais, simbólicas e emocionais. Quando falamos de mediação, falamos de *relação entre*, o que acentua a importância de os psicomotricistas estarem receptivos à escuta da expressão motora, ou seja, à leitura corporal a partir das relações não verbais que o sujeito estabelece consigo próprio, com os outros e com os objetos.

Uma das condições fundamentais para que a prática psicomotora seja efetiva será definir, antes de mais nada, a atitude relacional do psicomotricista. Esta atitude relacional centra-se, como já referimos, na disponibilidade corporal e na adaptação tônico-emocional do psicomotricista, mas também na capacidade de transmitir segurança, tornando-se como um "espelho" tônico-emocional tranquilizador e não culpabilizante ao serviço de quem é ajudado ou cuidado. A capacidade de o psicomotricista repetir ou de espelhar as ações de quem é cuidado permite que este se sinta aceitado e em segurança. Assim, deverá ter especial atenção às manifestações corporais e aos seus significados, estabelecendo sempre um diálogo tônico-emocional... uma sincronia tônico-emocional... uma empatia tônico-emocional... uma relação transferencial.

O relacional em Psicomotricidade não se centra na relação que a criança, ou o sujeito, estabelece com o envolvimento de forma geral, mas, concretamente, na relação entre o psicomotricista e a criança, onde a atitude do profissional tem um efeito direto na (re)educação ou na terapia. Por meio do contato direto que a criança estabelece com o adulto, a criança reporta para ele, figura de autoridade, e pela relação transferencial, a sua história familiar, exteriorizando, como refere Aucouturier (2007), os seus fantasmas de ação. Será desta forma que a criança liberta toda uma agressividade que pode representar na linguagem Kleiniana os seus *objetos internos maus*. Aqui o adulto, o psicomotricista, terá de entender o fenômeno, de forma que não provoque situações de regressão na criança pela repressão imediata dos seus comportamentos. Se entender o significado do que se passa pela exteriorização desta oposição provocada pela relação transferencial, permitirá que a criança se liberte e se afirme e, no final, o aceite naturalmente porque se sente aceitada e compreendida. Desta forma, o adulto ficará em condições de estabelecer uma relação de ajuda ou uma relação terapêutica de qualidade.

Assim, em termos educativos, profiláticos e mesmo terapêuticos, a atitude relacional do psicomotricista é a de permitir que quem é ajudado (cuidado) se exprima livre e espontaneamente e que possa vivenciar uma relação com quem está disponível para as suas ações e emoções. O psicomotricista terá de permitir que as crianças se expressem espontaneamente, em um ambiente empático, solicitando as estruturas simbólicas, de forma que estas vivenciem os fantasmas de ação, reassegurem as angústias de perda e integrem a realidade associada ao prazer de agir, de criar e de serem elas próprias.

Quando existe uma desestruturação psicossomática, aparecem os problemas de expressividade, de agitação, de impulsividade ou de passividade motora. Estes distúrbios são reflexo de falhas no processo de reasseguramento provocado pela intensidade das angústias que não conseguiu assimilar ou que foram insuficientemente contidas. O campo de intervenção do psicomotricista abrange os problemas que se expressam pelas perturbações psicomotoras e também todas as situações a que a abordagem corporal parece ser a ideal em um determinado momento. Nestas situações, pretende-se ajudar a adquirir a capacidade de reasseguramento simbólico de perda e desfragmentação do corpo e a ultrapassar as angústias, por meio da mediação corporal, pelo prazer de agir, tendo como facilitador a relação empática estabelecida com o psicomotricista (AUCOUTURIER, 2007). Como refere Jolivet (1982), nesta relação entre sujeito e psicomotricista, constrói-se uma linguagem infraverbal onde a palavra apenas é utilizada para orientar, melhorar a relação, ou dar segurança, no entanto toda a relação verbal ou motora que se estabelece deverá ter por parte do psicomotricista um olhar e uma escuta atenta. Desta forma, poder-se-á efetivar a relação em Psicomotricidade e definir uma prática psicomotora relacional.

Referências

AJURIAGUERRA, J. Le corps comme relation. *Revue Suisse de psychologie Pure et Apliquée*, 21, 137-157, 1962.

AUCOUTURIER, B. *O método Aucouturier.* Fantasmas de ação e prática psicomotora. São Paulo: Ideias e Letras, 2007.

BALLOUARD, C. *Le travaille du psychomotricien.* Paris: Dunod, 2006.

DAMÁSIO, A. *Ao encontro de Espinosa.* As emoções sociais e a neurologia do sentir. Mem Martins: Publicações Europa-América, 2003.

DAMÁSIO, A. *O erro de Descartes.* Emoção, razão e cérebro humano. Mem Martins: Publicações Europa-América, 1995.

DAMÁSIO, A. *O livro da consciência.* A construção do cérebro consciente. Lisboa: Círculo dos Leitores, 2010.

DAMÁSIO, A. *O sentimento de si.* O corpo, a emoção e a neurobiologia da consciência. Mem Martins: Publicações Europa-América, 2000.

DIATKINE, R. Psychomotricité et psychiatrie de l'enfant. *L'information psychiatrique*. 47(6), 495-500, 1971.

FERNANDES, J. Abordagem emergente em Psicomotricidade. *In:* FERNANDES J., GUTIERRES FILHO P. *Psicomotricidade*: abordagens emergentes. São Paulo: Manole, 1-12, 2012.

FONSECA, V. Prefácio. *In:* FERNANDES J. & GUTIERRES FILHO P. *Psicomotricidade*: abordagens emergentes. São Paulo: Manole, XIII-XVII, 2012.

FONSECA, V. *A organização práxica e a dispraxia na criança.* Lisboa: Âncora Editora, 2013.

GRABOT, D. *Psychmotricien:* émergence et développement d'une profession. Marseille: Solal, 2004.

JOLY, F. Psychomotricité: une motricité ludique en relation. *In*: POTEL, C. (Ed.) *Psychomotricité*: entre théorie et pratique. Paris: Editions Press, 23-41, 2010.

JOLIVET, B. De la relation en psychomotricité. *Perspectives Psychiatriques.* 29, 37-40, 1970.

JOLIVET, B. Le corps en fuite. *Thérapie Psychomotrice.* 53, 23-24, 1982.

LEBOVICI, S. Indications thérapeutiques en rééducation psychomotrice. *Thérapie Psychomotrice,* 13, 1972.

POTEL, C. *Être psychomotricien:* un métirer du present, un métier d'avenir. Toulousse: Érès, 2012.

Cap. 2

Esquema corporal e imagem do corpo

Marc Jean-Claude Guiose

Para recorrer aos conceitos de esquema corporal e de imagem do corpo, é preciso explorar domínios, tais como: a Neurofisiologia, a Psicologia Genética, a Fenomenologia e a Psicanálise. É habitual considerar a designação de esquema corporal como pertencendo à Neurologia, e a de imagem do corpo à Psicanálise e à Psicologia. Os neurologistas interessam-se em descrever, por meio do esquema corporal, manifestações patológicas de modificações da percepção do corpo decorrentes de lesões do sistema nervoso central e periférico. Os *psis* querem dar conta, por meio da imagem do corpo, de diversas manifestações psicopatológicas nas quais a consciência do corpo é atingida. A realidade clínica obriga a pensar o corpo de maneira mais complexa e intrincada do que esta dicotomia simplificadora. Entre a realidade neurológica do esquema corporal e a realidade psíquica da imagem do corpo, existe um vaivém necessário, pois é impossível romper artificialmente a unicidade do indivíduo. Assim, ao percorrer a literatura que recorre a estes conceitos, somos obrigados a notar toda essa ambiguidade, e somos envolvidos por um mal-estar sempre que necessitamos de avançar uma definição que seja partilhada pela maior parte dos autores. Então, optamos por seguir o desenvolvimento destas noções, de esquema corporal e de imagem do corpo, e por sublinhar os seus contributos, os seus enriquecimentos e os alargamentos que trouxeram, no decurso do tempo, para os diferentes domínios científicos.

Concepções neurofisiológicas do esquema corporal

O esquema corporal recebe o seu nome de Bonnier em 1893, que o define como uma representação permanente, figuração espacial do corpo e dos objetos. A origem do esquema corporal vem da noção neurológica de *representação do corpo próprio*. Sob esta designação são reagrupadas as diferentes componentes da *somatognosia*, que a patologia permitiu identificar. No entanto, cada autor tem a sua própria terminologia, de tal modo que Pick (1915) fala da *imagem espacial do corpo* nos seus estudos sobre a autotopoagnosia (impossibilidade de realização de movimentos reflexos, ligada a perturbações da localização dos estímulos); Head (1920), na sequência dos seus estudos sobre perturbações da sensibilidade, fala de um *modelo postural do corpo* ou *esquema corporal*; Ludo Van Bogaert (1934), quanto a ele, utiliza o termo *imagem de si*. Reenviamos o leitor para o excelente artigo de Ginette Berthaud e Bernard Gibello (*Schéma corporel et image du corps*, 1970), que oferece uma visão de conjunto desta noção de esquema corporal até a década de 70.

I – Perturbações do esquema corporal ligadas a lesões cerebrais

É a descoberta das localizações hemisféricas de certas síndromes neurológicas que vem apoiar a hipótese, tomada de Bonnier (1898) e formulada por Head na década de 20, da existência de um *esquema corporal*. Estas observações sugerem uma representação unilateral da sensação do corpo próprio, situada no hemisfério menor (isto é, o hemisfério direito para os destros). Veremos por meio da descrição de problemas de lesão do hemisfério esquerdo que as coisas são mais complexas. Enfim, todas as perturbações do esquema corporal ligadas a lesões cerebrais têm como sede a encruzilhada temporal-parietal-occipital. O termo neurológico correntemente utilizado como sinónimo de perturbação do esquema corporal é perturbação somatognósica.

1 – Perturbação somatognósica ligada a uma lesão no hemisfério direito

Neste caso, as perturbações que atingem o hemicorpo esquerdo traduzem-se, quer por um *sentimento de falta ou de não pertença do hemicorpo*, quer pelo *inconsciente total do hemicorpo*, realizando uma hemisomatognosia. Se a estas perturbações perceptivas se adicionar uma afecção motora, uma hemiplegia esquerda, aparece então, frequentemente, uma anosognosia. Descrita por Aton (1899) e Babinski (1914), a anosognosia é o desconhecimento do problema motor que atinge o sujeito. No caso da figura que nos interessa, quando de uma afecção do hemisfério direito, o sujeito que apresenta uma hemiplegia esquerda tem um desconhecimento da paralisia que o atinge. Esta meia-imagem do corpo já não está integrada no campo de consciência do sujeito. O desconhecimento da paralisia apresenta-se sob diferentes cenários: desde a negligência à negação total até ao sentimento de estranheza, sentimento de que um segmento do corpo pertence a um outro, ou ainda o sentimento de ter um membro fantasma.

2 – Perturbações somatognósicas quando ocorrem lesões do hemisfério esquerdo

Ao evocar uma lesão do hemisfério esquerdo, supomos que se trata de um sujeito destro. Fazemos, assim, referência a uma lesão do hemisfério dito dominante. Tal lesão provoca uma assomatognosia global centrada na síndrome de Gertsmann e na autotopoagnosia. Observemos, desde já, que não há, portanto, uma representação unilateral de sensação do corpo próprio, situada no hemisfério menor (hemisfério direito), embora os problemas somatognósicos sejam sempre mais pesados no caso de uma lesão desse hemisfério.

a – Síndrome de Gertsmann

Esta síndrome apresenta *perturbações bilaterais localizadas*, caracteriza-se pela associação de uma agnosia digital, com uma incapacidade em distinguir a esquerda da direita, uma acalculia, uma agrafia e uma apraxia construtiva.

- agnosia digital: os sujeitos são incapazes de mostrar, distinguir, nomear ou escolher os diferentes dedos da sua própria mão ou da do observador;

- desorientação em relação ao corpo próprio: o sujeito já não distingue o lado direito do esquerdo em si mesmo, nos outros ou nos objetos;

- acalculia: impossibilidade de contar;

- agrafia: impossibilidade de escrever;

- apraxia construtiva: impossibilidade de desenhar uma forma geométrica (um cubo, uma casa) ou de juntar diferentes peças para construir um dado objeto.

Estas modificações são frequentemente acompanhadas por outras perturbações, tais como: fenômenos de aloestesia (*transferência simétrica de um estímulo aplicado a um lado do corpo e sentido no outro lado*), alucinações cinestésicas (*o indivíduo, convidado a movimentar o membro paralisado, movimenta o outro e fica persuadido de ter correspondido à consigna*), negligências no espaço situado do lado paralisado, impressões de transformação, membros fantasmas etc.

b – A autotopognosia

Pick (1915) resume esta perturbação como sendo uma *perda da localização das partes do corpo*. São perturbações bilaterais generalizadas que se observam por meio da impossibilidade de o doente designar as diferentes partes do corpo, em si próprio, em outra pessoa ou em um desenho. Ele não é capaz de descrevê-los mesmo se os tocar ou olhar e, frequentemente, procura as partes no exterior de si mesmo. A autotopoagnosia, tal como a síndrome de Gertsmann, é uma verdadeira *perturbação semântica*, atingindo o conhecimento analítico do corpo. Pertence, portanto, a um *registro simbólico*, aquele que *exige mediação verbal*.

A apresentação das perturbações que acaba de ser feita permite-nos sublinhar ideias fortes. Em uma concepção neurológica, o esquema corporal pode situar-se em dois níveis: por um lado, o de uma *estrutura primária de integração somatognósica polissensorial não mediada*, cuja afecção se manifesta no hemicorpo menor (esquerdo), na sequência de uma lesão do *hemisfério menor* (direito para os destros); por outro lado, o de uma *estrutura secundária com mediação verbal*, desenvolvida em nível do *hemisfério maior*, estrutura cuja afecção pressupõe um problema geral do conhecimento do corpo. Este último nível é verdadeiramente simbólico.

Para fazer a ligação com o que vai seguir-se, podemos dizer que, a estes dois primeiros níveis de natureza neurofisiológica, se adiciona um terceiro que se situa na vertente afetiva e psicossocial, o da *imagem de si*. Então já não estamos falando de um esquema corporal, mas antes de uma imagem do corpo. Queremos desde já chamar a atenção para o desenvolvimento deste artigo que tratará mais à frente da imagem do corpo. Reenviamos à leitura da parte relacionada com Françoise Dolto. De fato, esta autora insiste em diferenciar esquema corporal de imagem do corpo e põe em evidência a dimensão simbólica da linguagem na elaboração desta última. Sem dúvida, podemos ver uma correspondência de pensamento fortuita entre estes dois pontos de vista, neurológico e psicanalítico.

II – Perturbações do esquema corporal ligadas a lesões periféricas – Fenômeno do membro fantasma

Enfim, além das perturbações do esquema corporal, geradas por lesões dos hemisférios cerebrais, existem perturbações somatognósicas ligadas a uma alteração do corpo. De fato, no seguimento de uma amputação, pode descrever-se o *fenômeno do membro fantasma*, no qual aparecem alucinações do tocar e das sensações dolorosas percebidas pelo sujeito no seu membro ausente. Este fenômeno fará "correr muita tinta" e dará muito que pensar a numerosos autores que se interessam pelo esquema corporal.

III – Algumas noções psicofisiológicas

A pergunta que questiona "Como é que o organismo conhece a posição de um membro no espaço?" interroga o esquema corporal de um ponto de vista psicofisiológico. Von Holst e Mittelstaedt (1950, *in* C. BONNET, 1995) sugeriram que, sempre que queremos efetuar um gesto, existiria uma *cópia eferente,* chamada também *descarga corolário.* Seria este comando que permitiria localizar a nova posição de um membro. Uma segunda fonte de informação da posição de um membro é constituída por sinais proprioceptivos de retroação provenientes dos músculos e dos tendões. Todas estas informações proprioceptivas de origem muscular contribuem para a regulação postural, gerando sinais de retroação que participam na elaboração de um *quadro de referência corporal* ou esquema corporal.

Noutra ordem de ideias inteiramente complementar do que acaba de ser dito, queremos evocar a noção de *espaço egocêntrico*. Para localizar os objetos que nos rodeiam a fim de os poder ultrapassar ou evitar, precisamos de um mapa receptivo-centrado, onde o corpo representaria o *referencial egocêntrico*. Tal mapa egocêntrico requer a articulação das informações espaciais sensoriais e dos sistemas motores. Dir-se-ia que reencontrávamos aqui o nosso córtex parietal na sua região posterior (áreas 5, 7a e 7b), sendo esta área uma boa candidata à elaboração de uma tal representação egocêntrica do espaço. Esta é, efetivamente, o lugar de convergência de informações visuais, somestésicas, proprioceptivas, auditivas, vestibulares, oculomotoras, musculares (membros) e mesmo motivacionais. Em suma, a área 5 é o lugar de conexões recíprocas entre as estruturas somestésicas e as estruturas motoras e límbicas, e a área 7 é o lugar de conexões recíprocas entre as estruturas sensitivas, auditivas e visuais e as estruturas motoras e límbicas.

Concluiremos este capítulo consagrado ao aspecto neuropsicofisiológico do esquema corporal, estabelecendo uma ligação com o que vai seguir-se. Com efeito, este espaço egocêntrico evoca-nos os trabalhos de Psicologia genética de Liliane Lurçat e Henry Wallon. Eles mostram como a criança, a fim de se poder orientar neste espaço ambiente, projeta o seu esquema corporal nos objetos e nos lugares envolventes. (WALLON e LURÇAT, 1987)

O contributo fenomenológico: o esquema corporal como expressão do "ser no mundo"

Indicamos o elemento mais importante da fenomenologia para o conceito de esquema corporal: a *dimensão temporal*. De fato, para Merleau-Ponty, é devido à estrutura temporal do nosso corpo que não conseguimos conservar na idade adulta a memória antiga do nosso corpo de criança (MERLEAU-PONTY, 1945). O nosso corpo não está no espaço e no tempo, ele habita o espaço e o tempo. O presente, em cada instante, engloba o precedente e o iminente, e o meu corpo é esta captação no aqui e no agora de todo o horizonte espacial e temporal. Assim o esquema corporal é uma maneira de exprimir que meu corpo está no mundo. Estudando o fenômeno do membro fantasma, Merleau-Ponty crê que, perante esta mutilação inaceitável, o sujeito fica bloqueado em um presente que adquire valor de exceção. Embora o conteúdo da experiência possa variar com o tempo impessoal, a sua estrutura permanecerá idêntica: "o tempo pessoal é encadeado [...]. O braço fantasma é assim como a experiência recalcada de um antigo presente que não se decide a tornar-se passado". (*Op. cit.*, p. 101)

Nesta concepção, o esquema corporal tem igualmente uma incidência sobre a percepção. O esquema corporal não é criado por nós, conforme a situação vivida, é ele que cria a situação vivida, que a faz como ela é em nós, impondo-nos o sentido da nossa afirmação no mundo. Desde logo, o esquema corporal não passa de uma construção da experiência do sujeito, impõe uma percepção que precede qualquer experiência e que impõe a sua forma à experiência no momento em que ela se produz. Esta teoria permite-nos compreender como a alteração do esquema corporal e a sua incidência no campo perceptivo podem dar lugar a perturbações psiquiátricas. Aqui vamos ao encontro das concepções psicanalíticas de dissolução do Eu e da personalidade, originando perturbações de despersonalização parcial (síndrome de Cotard) ou total (delírio psicótico). Da mesma forma, as manifestações delirantes experimentais, pela ação de tóxicos, tais como: a mescalina, puseram em evidência o parentesco das perturbações de gnose corporal com as perturbações da personalidade. Na despersonalização experimental pela mescalina, encontramos uma verdadeira mistura de perturbações da consciência corporal e da consciência abstrata. Certos sujeitos percebem-se como desmembrados, despedaçados, como em um quadro moderno (MORSELLI, relatório do Congresso Internacional de Psiquiatria, Paris 1950).

Abordagem da Psicologia Genética

1 – Henry Wallon

Henry Wallon fala de "esquema corporal" e, por meio deste termo, conserva toda a herança da Neurofisiologia. O que lhe interessa é a Psicologia do Desenvolvimento, logo toda a problemática da identificação do esquema corporal. É em dois artigos, "Consciência e individualização do corpo próprio" e "Cinestesia e imagem visual do corpo próprio", ambos reunidos em "*Les origines du caractère chez l'enfant*" (WALLON, 1934), que descobrimos a sua concepção da edificação da consciência de si na criança por meio do esquema corporal. É nesta perspectiva que aborda as reações da criança diante do espelho, que teremos ocasião de aqui evocar.

Para Wallon, o esquema corporal não é um dado inicial. Para que a criança consiga ter uma noção do seu corpo coerente e unificada, é preciso que distinga "aquilo que deve ser atribuído ao mundo exterior daquilo que pode ser atribuído ao corpo próprio, como o que a define nos seus diferentes aspectos" (WALLON, 1934, p.186). O esquema corporal deverá constituir-se segundo as necessidades da "atividade [...], é o resultado e a condição de relações adequadas entre o indivíduo e o meio [...] o das relações entre o espaço gestual e o espaço dos objetos, o da acomodação motora ao mundo exterior" (*Op. cit.*). Neste contexto, a cinestesia desempenha um papel importante, particularmente as combinações entre o espaço corporal (espaço cinestésico) e o espaço dos objetos e das pessoas (espaço óptico). *In fine*, o esquema corporal será o estabelecimento da interdependência exata entre as impressões sensoriais e o fator cinestésico e postural. Entre estas impressões sensoriais, é atribuída uma primazia aos dados visuais. A edificação do esquema corporal corresponde, assim, para Wallon reunir as diferentes partes do corpo pelo estabelecimento de concordância entre o corpo cinestésico e o corpo visual. Wallon precisa que um órgão apercebido só pode ser integrado no esquema corporal por meio da sua atividade, da sua funcionalidade motora. É preciso, portanto, que a criança utilize esta parte do corpo descoberta, para que ela faça parte de um todo estruturado. Assim, nesta concepção, o esquema corporal não só inclui o espaço corporal mas igualmente o espaço ambiente onde se desenvolve o movimento. Reenviamos à leitura, já citada, de Liliane Lurçat, fiel colaboradora de Wallon, que prosseguiu os seus trabalhos no sentido da interação entre o espaço e o esquema corporal. O que apresentamos até agora acentua a adequação entre os dados sensoriais (cinestésicos, visuais) e a atividade da criança, da sua motricidade, na construção de um esquema corporal. Precisamos agora de insistir na importância dada por Wallon à relação da criança com o outro na elaboração do seu esquema corporal. O corpo próprio, ouvido, palpado e olhado, é inicialmente tratado pela criança como um objeto estranho, cujas fronteiras com os outros objetos se constroem pouco a pouco. Manipulado e olhado pelos que a rodeiam, o corpo cinestésico da criança recebe e solicita ao outro uma *marca visual*. À criança atribuem-se os efeitos vistos no outro quando de uma situação comum, ao mesmo tempo que imputa ao outro a sua sensibilidade cinestésica. É nesse duplo jogo de reflexo que a criança sai da simbiose primitiva e começa a tomar consciência mais objetiva de si própria, que ela se constitui em um corpo cinestésico e em um corpo visual cujas imagens autônomas possam corresponder-se a ponto de serem suscetíveis de se substituir entre elas como equivalentes.

A consciência objetiva do corpo é assim a conclusão de todo um processo que consiste para a criança em ver-se como um objeto entre os objetos. O reconhecimento como sua da imagem no espelho assinala uma etapa importante deste processo, o acesso a uma representação mental do corpo. É nesta perspectiva que Wallon é levado a precisar o estatuto do espelho. É a ele que devemos a primeira reflexão com envergadura sobre as reações da criança em frente do espelho. Estas observações da confrontação da criança com os seus duplos visuais (espelho, sombra, fotografia, vídeo) ganharão amplitude a partir da década de 70. Com efeito, os psicólogos considerarão esta situação exemplar para observar os processos de desenvolvimento da consciência de si em geral. Mas regressemos a Wallon, para quem "o espelho não passa de um procedimento mais ou menos episódico, entre aqueles que lhe servem para introduzir-se, a ele e às suas dependências mais imediatas, no conjunto das coisas e das pessoas" (WALLON, 1934, p. 228). O espelho é, portanto, um revelador de uma construção de si que se faz na vida quotidiana da criança, e na qual só participa de forma episódica. O espelho não cria a consciência de si, revela a sua existência. Confrontada com o espelho, a criança tem de fazer corresponder a percepção da imagem à do modelo. Para a imagem do outro, isso não lhe levanta muitas dificuldades, já que as duas percepções pertencem ao mesmo espaço óptico. Para a imagem de si, há heteronomia entre o espaço corporal (tátil, proprioceptivo, cinestésico) e o espaço óptico da imagem. Wallon coloca a hipótese de duas fases na apropriação da imagem de si. Uma primeira fase em que a criança se constrói como imagem exteriorizada de si, tal como a que tem das coisas e das pessoas. Uma segunda fase em que ela tem de reduzir o desdobramento espacial das duas percepções e negar toda a realidade à imagem. A identificação de si no espelho assinala assim o acesso a uma representação mental do corpo, representação visual e espacial.

2 - René Zazzo

Aluno de Wallon, René Zazzo retoma os trabalhos do mestre sobre o esquema corporal, mas fala agora de uma "imagem do corpo" (ZAZZO, 1948). Empreende a exploração sistemática das reações da criança diante do espelho. Descreve efetivamente dois níveis cronologicamente defasados que reporta ao duplo processo evocado por Wallon, a saber a identificação da face como característica própria, entre os 18 e os 24 meses, e a consciência de uma localização única do corpo no espaço, por volta dos 30 meses. Zazzo distingue cinco estágios essenciais (ZAZZO, 1993):

1 - até fim do terceiro mês, há uma ausência de reação, o espelho está vazio, a criança não diferencia o Eu do não Eu;

2 - aos quatro meses, a criança sorri à imagem de um dos progenitores no espelho, olha a imagem de outrem, mas não a sua;

3 - por volta dos oito meses, a criança volta-se para a pessoa ao seu lado e parece compará-la ao reflexo em causa;

4 - a partir dos 19 meses, a criança olha-se no espelho, não é só a si mesma que contempla mas também à sua personagem em situação, ela vê-se com uma boneca ou usando um chapéu etc.;

5 - a partir dos dois anos, aparece um fenômeno registrado por todos os autores: há um evitamento e uma angústia da criança diante da sua própria imagem no espelho. Será preciso atingir os três anos para que esta atitude de aversão desapareça e para que o nome próprio seja empregue na nomeação da imagem própria no espelho.

Destas experiências de Zazzo, temos de sublinhar a importância da presença do outro junto da criança. É por meio da necessidade do reconhecimento de outrem que a criança pode aceder à consciência de si.

A abordagem psicanalítica

Uma profunda comunhão entre o esquema corporal e o Eu, assimilado à personalidade, é reconhecida pelos psicanalistas. "Pode-se conceber a constituição do Eu como unidade psíquica correlativa da constituição do esquema corporal. Também se pode pensar que tal unidade é precipitada por uma certa imagem que o sujeito adquire de si próprio sob o modelo de um outro, e que é o Eu [...]" (LAPLANCHE & PONTALIS, 1967, p. 241-254). Embora Freud nunca tenha falado de esquema corporal ou de imagem do corpo, os seus sucessores verão em algumas das suas alegações uma aproximação possível: "O Eu é antes de tudo um Eu corporal, não é só um Eu de superfície, mas é ele próprio a projeção de uma superfície [...] O Eu deriva em última instância das sensações corporais, principalmente das que nascem na superfície do corpo, tendo em conta o fato de que ele representa a superfície do aparelho mental" (FREUD, 1923, p.238). O interesse atribuído às sensações corporais e às suas relações com os processos afetivos foi manifestado por Freud na década de 20 e retomado por

Schilder na década de 30. Apresentaram a hipótese de uma relação entre o investimento libidinal de certas zonas corporais e os conflitos psíquicos. O indivíduo procuraria ou evitaria a satisfação dos desejos ligados a zonas particulares do corpo ou a zonas simbolicamente equivalentes.

1 - Paul Schilder

É Paul Schilder que assenta a partir de 1935 o conceito de imagem do corpo em fundamentos psicanalíticos. No seu livro "*L'image du corps*" (1968), Schilder quis articular a realidade biológica do corpo com a sua realidade erógena e fantasmática. Isto por meio da observação de perturbações neurológicas e psicopatológicas. A sua concepção da imagem do corpo apoia-se na Fenomenologia de Husserl, na Psicologia gestaltista e, sobretudo, nas teorias psicodinâmicas freudianas. Define-o assim: "A imagem do corpo humano é a imagem do nosso próprio corpo que formamos no nosso espírito, dito de outra forma, o modo como o nosso corpo nos aparece a nós próprios" (SCHILDER, 1968, p. 35). Apoiando-se nos trabalhos de Head respeitantes ao "modelo postural do corpo [ou] esquema corporal", Schilder define este último como "a imagem tridimensional que cada um tem de si mesmo" (*Op. cit.*). Ele vê assim o esquema corporal como um padrão espacial, que nos permite ter um conhecimento da postura, do movimento, da localização do nosso corpo no espaço e da sua unidade. Este modelo postural do corpo não é uma entidade estática, fixa, ela é dinâmica, isto é, mutável, em crescimento "em perpétua autoconstrução e autodestruição interna" (*Op. cit.*, p. 40). Finalmente, para compreender este autor, que ora fala de esquema corporal ou modelo corporal ora de imagem do corpo, é necessário precisar o seu ponto de vista segundo o qual não há verdadeiramente diferença entre estes dois conceitos: "O esquema corporal [...] podemos também chamá-lo de imagem do corpo, termo útil para mostrar que há aqui mais do que sensação pura e simples, e mais que imaginação [...]. Apesar de passar pelos sentidos, não se trata de uma pura percepção; e, apesar de conter imagens mentais e representações, não se trata de pura representação" (*Op. cit.*, p. 35). Para ele, a imagem do corpo desenvolve-se sob a influência da libido, que dá forma ao conjunto dos dados sensoriais, segundo as suas leis próprias. Depois da fase narcísica primária, onde o Eu e o não Eu estão confundidos, nas fases orais, anais e genitais, certas partes do corpo separam-se enquanto realidades isoladas, pontos de referência em torno dos quais se aglutinam as imagens dos outros segmentos. Esta concepção oferece uma explicação psicanalítica da dissociação da imagem corporal; é apresentada a hipótese de um desejo inconsciente, fundamento do desconhecimento de uma parte ou da totalidade do corpo, ou da sua deficiência. Enfim, a imagem do corpo como unidade, como *Gestalt*, constrói-se por estratos. Esta é a síntese de um modelo postural do corpo, de uma estrutura libidinal e, por fim, de uma imagem social (soma das imagens do corpo da comunidade em função de diversas relações que aí se instauraram). O que unifica estas três componentes da imagem do corpo é a sua dimensão inconsciente comum.

Gostaríamos de terminar esta parte consagrada a Schilder, retomando o fenômeno do membro fantasma acima enunciado, a fim de apresentar a sua interpretação. Para Schilder (1968, p. 58-92), o fenômeno do membro fantasma é uma das manifestações mais evidentes do modelo postural do corpo. São processos centrais em interação com acontecimentos que se passam na periferia, que formam o fantasma. Postula a existência de um padrão do modelo postural do corpo, que é ativado por sensações periféricas. O padrão da imagem do corpo é constituído por processos que se estabelecem e se reúnem, com a ajuda de sensações e percepções, sendo que os processos emocionais são a força e a fonte de energia desses processos construtivos, por eles comandados. O fantasma dos amputados seria a *reativação pelas forças emocionais* de um dado padrão perceptivo. O fantasma seria a expressão de uma dificuldade do sujeito em adaptar-se emocionalmente à privação brutal de uma parte periférica do seu corpo.

2 - Jacques Lacan

Lacan inspira-se em trabalhos de Wallon sobre o esquema corporal e, em uma perspectiva psicanalítica, põe em evidência um momento fecundo no desenvolvimento da criança: "O estágio do espelho" (1966). Para Lacan, a imaturidade proprioceptiva do bebê fá-lo sentir o seu corpo como fragmentado, tendo essa falta de unidade do corpo um efeito ansiogênico. Esta experiência arcaica de fragmentação do corpo é-lhe revelada pela análise dos seus pacientes, que evocam fantasmas de desmembramento, de deslocação corporal, de que os de castração são apenas uma imagem valorizada por um complexo particular. As atividades de preensão e de sucção do bebê predominam nos primeiros meses de vida. Estas atividades conduzem, segundo Lacan, a uma vivência fusional com o objeto que é o corpo da mãe. Esta relação de fusão com a mãe é o único meio de satisfazer os dados proprioceptivos dispersos e, assim, atenuar a angústia de fragmentação. Somente por volta dos seis meses, é que a percepção visual tem uma maturação suficiente para permitir o reconhecimento de uma forma humana. Isto não deixa de implicar uma modificação do vivenciar afetivo e mental do corpo: em prolongamento, em fusão principalmente com os dados proprioceptivos fragmentados, virão inscrever-se os dados visuais ligados ao corpo do Outro; repentinamente, unificar-se-á, sob a forma de representação inconsciente, ou Imago, esta imagem do Outro, e por meio dela, a proprioceptividade que lhe está ligada (LACAN, 1966). Nesse momento, pode observar-se a criança rejubilar diante do espelho. Esta experiência fecunda e rica, ligada ao aparecimento do imago do Outro, é identificada por Lacan como o *estágio do espelho*. Este momento organiza-se essencialmente a partir de uma experiência de *identificação primordial* no decorrer da qual a criança efetua a conquista da imagem do seu próprio corpo. Esta identificação vai permitir a estruturação do Eu, a experiência de um corpo unificado, e vai pôr fim a essa vivência psíquica do fantasma do corpo fragmentado. O estágio do espelho é para Lacan formador da função do Eu, determinando a sua forma, a sua estrutura mental definitivamente marcada por uma ilusória unidade narcísica: a assunção jubilatória da sua imagem especular, para o ser ainda mergulhado na impotência motora ou na dependência alimentar que é o pequeno homem nesse estágio *infans*, parece-nos desde logo manifestar em uma situação exemplar a matriz simbólica onde o Eu se precipita em uma forma primordial, antes que se objetive na dialética da identificação ao outro e que a linguagem lhe restitua no universal a sua função de sujeito. (LACAN, 1966)

Este estágio do espelho organiza-se à volta de três tempos fundamentais:

1 - inicialmente *a criança percebe a imagem do seu corpo como a de um ser real*. Há, portanto, confusão entre si e o outro, tal como a relação que a criança mantém com os seus semelhantes atesta sem equívoco que *é principalmente no outro que a criança se vivencia e referencia primeiramente*;

2 - a criança é sub-repticiamente levada a descobrir que *o outro do espelho não é um ser real, mas uma imagem*;

3 - a criança sabe agora que *o reflexo do espelho não passa de uma imagem que é a sua*. Desde logo, reconhecendo-se por meio desta imagem, a criança recupera assim a dispersão do corpo fragmentado em uma totalidade unificada e representa-se o seu corpo próprio. A imagem do corpo tem, portanto, um papel estruturante da identidade, já que a criança aí realiza a sua *identificação primordial*.

Enfim, para Lacan (1948), o estágio espelho é uma experiência que se organiza anteriormente ao advento do esquema corporal. O mesmo ainda reforça dizendo: "Acreditei eu próprio poder pôr em relevo que a criança, nessas ocasiões, antecipa no plano mental a conquista da unidade funcional do seu corpo próprio, ainda inacabado nesse momento no plano da motricidade voluntária. Há aí uma primeira captação pela imagem onde se desenha o primeiro momento da dialética das identificações". (LACAN, 1948)

3 - Françoise Dolto

Foi a sua atividade de analista de crianças com uma patologia marcada por perturbações de involução psíquica, que incitou Dolto a desenvolver a sua teoria da "imagem inconsciente do corpo". No seu trabalho clínico, supõe que há uma regressão do que é sentido pelo sujeito a uma imagem arcaica do seu corpo, imagem que não consegue sozinho ultrapassar de novo (DOLTO, 1957). Para Dolto, a imagem do corpo do sujeito é constituída por sobreposições das imagens passadas do seu corpo e da imagem atual. Esta imagem é o lugar de integração das zonas desse corpo investidas por trocas estruturantes e criativas. Nesta óptica, o corpo torna-se um lugar de linguagem arcaica, não verbal, uma forma dinamicamente estruturada de um sistema de significações. Dolto insiste em que não se "confunda imagem do corpo e esquema corporal" (1984, p.17). O esquema corporal é uma realidade, é o nosso vivido corporal em contato com o mundo psíquico. Este vivido perceptivo da realidade depende da integridade do nosso aparelho sensorial, do nosso sistema nervoso, em suma, do bom estado do nosso corpo. Embora uma afecção orgânica possa provocar perturbações do esquema corporal, esta doença poderá facilmente coexistir com uma imagem sã do corpo. Dolto dá o exemplo daquelas crianças afetadas por poliomielite muito precoce, antes da experiência do andar, que não recuperaram um esquema corporal íntegro do ponto de vista motor e neurológico. No entanto, por meio dos seus desenhos, a imagem do corpo aparece intacta. Tal é possível, segundo Dolto, quando a explicação adequada respeitante ao *deficit* da criança lhe foi fornecida, mas sobretudo: "É preciso também que possa, em linguagem mímica e verbal, exprimir e fantasmar os seus desejos, sejam eles realizáveis ou não conforme o seu esquema corporal deficiente. [...] Assim uma criança paraplégica tem necessidade de brincar verbalmente com a sua mãe, falando de correr, de saltar, coisas que a mãe, tal como ela, sabe que nunca poderá fazer" (DOLTO, 1984, p. 19). Este jogo projetivo de uma imagem do corpo são, simbolizada pela palavra, permite ao sujeito integrar na linguagem esses desejos, apesar da real enfermidade do seu corpo. Enfim, Dolto propõe uma distinção sistemática entre esquema corporal e imagem do corpo (*Op. cit.*, p. 22-24):

ESQUEMA CORPORAL	IMAGEM CORPORAL
O esquema corporal é o mesmo para todos os indivíduos	A imagem do corpo é específica de cada um, está ligada ao sujeito e à sua história.
O esquema corporal é uma parte inconsciente, mas também pré-consciente e consciente.	A imagem do corpo é eminentemente inconsciente. Pode tornar-se em parte pré-consciente quando associada à linguagem consciente.
	A imagem do corpo é a síntese viva das nossas experiências emocionais. Pode ser considerada como a encarnação simbólica inconsciente do sujeito que deseja. É em cada momento memória inconsciente de todo o vivido relacional.
É graças à nossa imagem transportada por – e cruzada com – nosso esquema corporal que nós podemos entrar em comunicação com outrem.	
	A imagem do corpo é o suporte do narcisismo.
O esquema corporal é evolutivo no tempo e no espaço.	Na imagem do corpo, o tempo cruza-se com o espaço, o passado inconsciente ressoa na relação presente.
O esquema corporal, abstração de um vivido no corpo nas três dimensões da realidade, estrutura-se por meio da aprendizagem e da experiência.	A imagem do corpo estrutura-se pela comunicação entre sujeitos, dia a dia memorizado, do gozo frustrado, reprimido ou interdito (castração do desejo, no sentido psicanalítico)
O esquema corporal refere o corpo atual no espaço da experiência imediata. Pode ser independente da linguagem.	A imagem do corpo reporta o sujeito do desejo à sua fruição mediatizada pela linguagem memorizada da comunicação entre sujeitos.
	A imagem do corpo é sempre inconsciente, constituída pela articulação dinâmica de uma imagem de base, de uma imagem funcional e de uma imagem das zonas erógenas, onde se exprime a tensão das pulsões.

A imagem do corpo que se elabora na história do sujeito constrói-se e remodela-se ao longo do desenvolvimento da criança. A partir daí, Dolto distingue três modalidades de uma mesma imagem do corpo: "imagem de base, imagem funcional e imagem erógena, as quais todas juntas constituem e asseguram a imagem do corpo vivo e o narcisismo do sujeito em cada estágio da sua evolução" (*Op. cit.*, p. 49). A imagem de base é o que permite à criança sentir-se em uma "mesmidade de ser", ou seja, em uma continuidade narcísica ou em uma continuidade espaço-temporal que se mantém e enriquece desde o seu nascimento. Ela descreve uma imagem de base própria de cada estágio; uma imagem de base respiratória, olfativa e auditiva, logo após o nascimento; uma imagem de base oral; uma imagem de base anal. Se bem que a imagem de base seja estática, a imagem funcional é a imagem de um sujeito que visa à satisfação do seu desejo. Uma zona erógena localizada no esquema corporal vai ser fonte de desejo: é a imagem funcional que permite às pulsões manifestarem-se para obter prazer, objetivando-as na relação com o mundo e com outrem. Assim, a imagem funcional deve permitir uma utilização adaptada do esquema corporal. A terceira componente da imagem do corpo é a imagem erógena. Associa-se a uma ou outra imagem funcional do corpo, lugar onde se focaliza o prazer ou desprazer erótico na relação com outrem. Esta imagem erógena permite um prazer partilhado, humanizado, simbólico, prazer que se vai exprimir por palavras ditas por outrem. Estas palavras, memorizadas pela criança, serão utilizadas devidamente quando a criança falar. Enfim, estas três imagens: de base, funcional e erógena são atualizadas pelo sujeito naquilo a que Dolto chama a imagem dinâmica. Esta imagem dinâmica corresponde ao *desejo de ser*, é uma espécie de tensão desejante: "A imagem dinâmica exprime em cada um de nós o Sendo, chamando o Advir: o sujeito com direito a desejar, preferiria dizer em *estado de desejo*" (*Op. cit.*, p. 58). Para Dolto, a criança cresce graças à evolução das imagens do corpo cujo destino é a *castração simbolígena*. O desejo, agindo na imagem dinâmica, procura cumprir-se graças à imagem funcional e à imagem erógena onde se focaliza para atingir o prazer. Mas, na sua busca, o desejo encontra obstáculos à sua realização. Imaginemos, por exemplo, o momento do desmame em que se vai privar a criança do seio materno para lhe dar uma alimentação mais sólida, esse seio tão desejado e que proporciona um grande prazer por meio da sucção, do calor e da plenitude. Esta privação do seio pode ser considerada como uma castração oral no sentido psicanalítico do termo. Esta castração torna-se simbolígena e humanizante a partir do momento em que a mãe põe em palavras a privação especificando a zona erógena (a boca). A partir daí, a criança, reconhecendo esta zona como erógena, fonte de prazer, vai satisfazer a sua fome e a sua sede por um outro meio que não o seio. "É a palavra que, dada a função simbólica, provoca mutação de nível de desejo: da satisfação erótica parcial à relação de amor que é comunicação de sujeito a sujeito [...]" (*Op. cit.*, p. 64). Estas provas, as castrações, vão permitir a simbolização e, ao mesmo tempo, vão contribuir para modelar a imagem do corpo por meio da história do sujeito. No nosso exemplo, o fruto humanizante da castração oral (desmame do corpo a corpo alimentar) é a possibilidade de a criança aceder a uma linguagem compreensível por seres humanos diferentes da sua mãe; o que lhe vai permitir ganhar independência em relação a esta.

4 - Gisela Pankow

Gisela Pankow propõe uma definição original da imagem do corpo inspirada na sua prática clínica, em particular com psicóticos. Ao introduzir esta noção, Pankow desejava que a imagem do corpo fosse uma referência para o diagnóstico e a terapia de patologias psiquiátricas. Ela afirma a singularidade do seu conceito de imagem do corpo tanto em relação ao esquema corporal e ao seu aspecto neurológico como no que respeita Schilder e à sua *estrutura libidinal da imagem do corpo* (1935 *in* SCHILDER, 1968), e afasta-se de Dolto (1961) e de Fischer e Cleveland (1958). O que lhe importa é tomar o corpo como modelo de uma estrutura espacial, estrutura que só lhe interessa quanto ao seu aspecto dialético entre as partes e a totalidade do corpo. É esta correlação entre as partes e a totalidade do corpo o que para ela permite envolver o doente psicótico em um movimento dialético no decurso de uma psicoterapia psicanalítica. É portanto trabalhando em volta da imagem do corpo que Pankow procura reconstruir uma função simbólica destruída no psicótico. Para esta autora, a imagem do corpo e o seu modo de estruturação é o que marca a separação entre as duas grandes linhas estruturais da personalidade: "A diferença entre a neurose e a psicose consiste em que estruturas fundamentais da ordem simbólica, que aparecem no seio da linguagem e que contêm a experiência primeira do corpo, são destruídas na psicose e deformadas na neurose" (1960 *in* G. PANKOW, 1976, p. 287). Para Pankow, a imagem do corpo tem uma dupla função simbólica. A primeira diz respeito à "sua estrutura espacial enquanto forma ou *Gestalt*, ou seja, enquanto esta estrutura exprime uma ligação dinâmica entre a totalidade e o todo" (*Op. cit.*, p. 288). A segunda função da imagem do corpo já não diz respeito à estrutura como forma, mas como conteúdo e sentido. Além disso, as zonas de destruição na imagem do corpo dos psicóticos correspondem às zonas de destruição na estrutura familiar dos doentes.

5 – Evolução do conceito de corpo e sua extensão em Psicanálise

Desenvolvemos anteriormente os conceitos relacionados com a imagem do corpo de certos psicanalistas incontornáveis. Aqui, sobre o modelo de Sanglade (1983) que integrava o conceito de *Eu-pele* no de imagem do corpo, desejaríamos sucintamente estender o conceito de imagem do corpo aos trabalhos de outros psicanalistas. Foi no domínio das investigações respeitantes às primeiras etapas do desenvolvimento psíquico que os psicanalistas foram levados a propor noções que podemos aproximar da imagem do corpo. A interrogação incide sobre esses misteriosos momentos dos primeiros recontros do bebê com o mundo no qual se encontra projetado pela expulsão para fora do ventre materno. Já na obra de Schilder (1950), a imagem do corpo é esse referencial que permite sentir a unidade corporal que está *una* no espaço, entre as outras e delas separada. Sublinha também que é exatamente por referência à imagem do corpo que é possível estabelecer a diferença entre o dentro e o fora do corpo próprio. A partir daqui, esta diferenciação entre um lugar no interior do corpo e um lugar no exterior pode ser aproximada da noção de *continente*. O continente psíquico permite a criação de um espaço interno, de um espaço de pensamento; este conceito foi retomado de diferentes formas por clínicos e investigadores que trabalhavam essencialmente sobre o autismo e a psicose. Foi Esther Bick quem introduziu a noção de *função continente* e de *pele psíquica* (CICCONE & LHOPITAL, 1991). Diz no seu artigo sobre "*L'expérience de la peau dans les relations d'objet précoces*" (BICK, 1968) que a necessidade de um objeto continente pareceria, no estágio não integrado da primeira idade, induzir uma procura frenética de um objeto, uma luz, uma voz, um odor ou um outro objeto que pudesse reter a atenção e, por conseguinte, ser aprovado, pelo menos momentaneamente, como tendo agrupadas as partes da personalidade [...] Este objeto continente é experienciado como uma pele (*In* MELTZER, 1975). Para este autor, a pele psíquica é assim constituída pela introjeção da função continente do objeto externo. Para não complicar o nosso propósito, não abordaremos a função continente tal como a desenvolve Bion, se bem que fosse essa a sequência lógica. Reenviamos o leitor ao capítulo respeitante a esta noção em "Às fontes da experiência" (BION, 1962, p. 24-36). No entanto, propomos a definição que dá Didier Houzel, dizendo que esta função continente deve perceber-se no que Bion refere [...] como um processo de transformação íntima, que permite que sensações e emoções impensáveis se tornem pensáveis, possam ser integradas em uma atividade de pensamento, em vez de serem pura e simplesmente descarregadas em atos ou desviadas para afecções somáticas, ou provocar rompimento entre o mundo interior e o mundo exterior em uma atividade alucinatória (HOUZEL, 1987). Seria desviarmo-nos demasiado do nosso propósito, mergulharmos mais fundo nos meandros destes conceitos que permitem pensar o arcaico e o originário, todavia, não podemos evitar falar do conceito de *Eu-pele* de Didier Anzieu (1985). Todos os conceitos psicanalíticos que exprimem estruturas delimitantes, envolventes e continentes podem ser reagrupados sob o termo de *envelopes psíquicos*. Houzel dá-nos a seguinte definição: é ao plano de demarcação entre o mundo interior e o mundo exterior, entre mundo psíquico interno e mundo psíquico de outrem, que eu chamo *envelope psíquico* (HOUZEL, 1987). Foi Anzieu em 1974 e 1975 quem, em primeiro lugar, utilizou o termo envelope para descrever as estruturas fronteiriças e as diferentes formas de organização de Si ou do Eu. Um conceito maior aparece então – o de *Eu-pele*: "Por Eu-pele, designo uma figuração de que o Eu da criança se serve, no decurso das fases precoces do seu desenvolvimento, para se representar a si próprio como Eu contendo os conteúdos psíquicos a partir da sua experiência da superfície do corpo" (1985, p.39). Vê-se até que ponto o *Eu-pele* de Anzieu e a *pele psíquica* de Bick representam entidades muito parecidas. No entanto, para sermos meticulosos, citemos Ciconne e Lhopital (1990, p. 126-129) para quem o *Eu-pele* representa um objeto psíquico proveniente da experiência corporal, enquanto a pele psíquica é concebida como um objeto psíquico proveniente da experiência psíquica de envolvimento por uma pele exterior. Não iremos mais longe na descrição dos envelopes psíquicos. Para os leitores interessados, recomendamos, além da leitura dos autores já citados, a do artigo de Jacques Touzé "*L'image du corps : des origines du concept à son usage actuel*". (1996)

Considerações finais

Para concluir, apresentamos aqui uma síntese que integra um certo número de dados respeitantes ao esquema corporal e à imagem do corpo. Como fomos levados a ler mais acima, a noção de esquema corporal apresentada na sua acepção mais lata obriga-nos a apresentar os seus aspectos artificialmente isolados (esquema postural, esquema corporal, imagem de si, imagem do corpo...). Pensamos que são diferentes níveis de organização de uma mesma realidade originária que a clínica nos obriga a distinguir. De fato, é mais pertinente falar de esquema postural quando precisamos de pôr em evidência perturbações gnoso-práxicas e encetar uma reeducação da marcha, tal como é mais pertinente evocar a imagem inconsciente do corpo para explicar o trabalho psicoterapêutico com uma criança que apresenta uma desarmonia evolutiva. Talvez possamos ver, como Sanglade (1983), a *noção de imagem do corpo* como o que, pela sua dupla pertença, *faz a ponte entre o esquema corporal e a representação de si*. Evoca o aspecto somático pelo « corpo » e o aspecto psíquico pela « imagem ». Esquema corporal, imagem do corpo e representação de si são considerados, por este autor, como partes constituintes de Si. Estas diferentes acepções são a garantia do sentimento de *permanência de Si*, isto é, o sentimento de ser inteiro, não fragmentado, de sermos nós-mesmos, não dissociados. O sentimento de ter limites corporais e físicos, que nos diferenciam dos outros, dos objetos externos. Assim, estas noções permitem descrever, em uma óptica psicanalítica, as relações entre o corpo e o psiquismo, postulam o Eu-corpo como continente fundamental do psiquismo. A partir daí, esquematicamente, podemos dizer que o esquema corporal assegura a presença de si no espaço, a imagem do corpo assegura-a no tempo, e a representação de si assegura-a nas relações com o mundo. Todavia, apesar da intenção integrativa destes diferentes conceitos, é difícil escapar à conotação dualista da formulação.

Por espírito de clareza, resumiremos sucintamente as noções de esquema corporal e de imagem do corpo.

1 – O esquema corporal

Para Bonnier et Head (HÉCAEN, AJURIAGUERRA, 1952), este esquema ou modelo do corpo é uma *realidade permanente*. É um *padrão*, se bem que incessantemente posto em causa, que dá o valor espacial de todas as sensações e o sentimento e presença do corpo. Enfim, Lhermitte (1942) insiste na necessidade de observar as práxis por meio do esquema corporal. Para agirmos sobre os objetos que nos rodeiam, para nos deslocarmos, é necessário possuir de forma mais ou menos consciente *a ideia do nosso corpo*, isto é, uma percepção ligada às aferências atuais, mas também uma *imagem recordação*. Ele concede aos dados cinestésicos e visuais, tal como às aferências vestibulares, um papel preponderante nesta edificação. A partir daqui, o esquema corporal é concebido como "nascido do contributo dos sentidos, e emancipando-se deles para se tornar condição da experiência". (LHERMITTE, 1942)

Alimentado por estes diferentes trabalhos, Ajuriaguerra propõe a seguinte definição do esquema corporal: edificado sobre as impressões táteis, cinestésicas, labirínticas e visuais, o esquema corporal realiza, em uma construção ativa constantemente remodelada dos dados atuais e do passado, a síntese dinâmica, que fornece aos nossos atos, tal como às nossas percepções, o quadro espacial de referência onde eles adquirem significado (AJURIAGUERRA, 1970). Vai mais longe quando explica que, na constituição da imagem do eu corporal do homem, a sensório-motricidade, a imagem de outrem e a vida instintivo-afetiva só podem ser separados artificialmente. Em consequência, a somatognosia elabora-se na idade em que nasce a consciência da pessoa como sujeito autônomo, não é construída definitivamente, e qualquer experiência nova pode modificá-la.

O esquema corporal apoia-se no sistema corticoanatômico. Deriva de uma estrutura que integra as percepções sensoriais e traduz o vivido de um hemicorpo (SCHILDER, 1950). É o substrato neurológico da imagem do corpo, mas não é uma imagem, está ligado à experiência motora, ao sentir muscular e cinestésico que permite a integração no espaço. É de integração precoce, provavelmente por volta do primeiro ano de vida. (SANGLADE,1983)

O esquema corporal pode ser *consciente* por efeito de uma excitação ou pesquisa voluntária. É sobretudo da ordem do *pré-consciente*, já Lhermitte (1942) o situava *na retaguarda da nossa consciência*. Funciona com base em organizações sensório-motoras e cognitivas. É uma representação permanente, figuração espacial do corpo e dos objetos. Se é permanente, também é permeável, a ele se reportando as novas experiências que o enriquecem (ANZIEU, 1985). Os psicanalistas veem-no como pré-consciente com uma função essencialmente constitutiva do eu. Contudo, Schilder atribuía um aspecto *inconsciente orgânico* ao esquema corporal.

Os trabalhos de Schilder (1968) respeitantes ao esquema corporal marcam uma viragem de grande importância. Ele admite que existe um mecanismo neurológico essencial em nível parietal, contudo avança concepções psicanalíticas de investimento libidinal do corpo e fala de imagem do corpo. Assim, o esquema corporal fica na dependência dos processos emocionais e das necessidades biológicas que representam a sua energia e força diretriz.

2 - A imagem do corpo

A imagem do corpo designa as percepções e representações mentais que temos do nosso corpo, como objeto físico, mas também carregado de afetos. Ela é a dimensão imagética do corpo e pertence ao imaginário, ao inconsciente, tendo como suporte o afetivo. A imagem do corpo é a primeira **representação inconsciente de si**, representação que assume o corpo como princípio unificador, que delimita o dentro e o fora. (SCHILDER,1968)

Podemos salientar algumas características desta imagem do corpo. Em primeiro lugar, a sua aquisição é mais tardia que a do esquema corporal (SANGLADE, 1983). Como nos ensinam os fenomenologistas, a imagem inconsciente do corpo sela a nossa *ligação com o tempo*, está ligada ao sujeito e à sua história. A imagem do corpo pode também ser assimilada à *representação de si*, isto é, ao corpo objetalizado que mediatiza a relação com o outro e age como a passagem entre o dentro e o fora, entre o Eu e os outros. Esta representação de si depende das relações com os outros e da sua qualidade, tal como da formação do narcisismo. Em qualquer momento, pode ser modificada. Pode revelar-se sólida ou destruída, desejada ou rejeitada, está ligada à experiência do narcisismo e à vida de relação (SANGLADE, 1983). Esta definição sublinha o laço da imagem do corpo e do narcisismo (DOLTO, 1984). Da mesma maneira, o conceito de imagem do corpo visto como um espaço mental pode ser alargado ao de *Eu-pele*, esta *pele para o pensamento* descrita por Anzieu (1985).

Referências

AJURIAGUERRA, J. *Manuel de psychiatrie de l'enfant.* Paris: Masson, 1970.

ANZIEU, D. *Le Moi-peau.* 5 ed. Paris: Dunod, 1985.

BICK, E. L'expérience de la peau dans les relations d'objet précoces. *In:* MELTZER, D. *Exploration dans le monde de l'autisme.* Paris: Payot, 1968.

BION, W. *Aux sources de l'expérience.* Paris: PUF, Bibliothèque de Psychanalyse, 1962.

BERTHAUD, G. Gibello B. *Schéma corporel et image du corps.* Perspectives psychiatriques. 29, 23-35, 1970.

BONNET, C. *Processus intégratifs dans la perception et dans l'action. In* Cours de psychologie : structures et activités. Dunod, tome 5,166-235, 1995.

BRUCHON-SCHWEITZER, M. Pour une approche quantitative de l'image du corps, adaptation française du body focus questionnaire. *Revue de Psychologie Appliquée.* 3ème trim. 27(3), 157-176, 1977.

CHANOIT, P. GARRABE J., & ZANA, J. Techniques corporelles en thérapeutique psychiatrique. *Encycl. Méd. Chir. Pychiatrie*, 37870 A10, Novembre, Paris, 9 p., 1988.

CICCONE, A. & LHOPITAL, M. *Naissance de la vie psychique.* Paris: Dunod, 1991.

DOLTO, F. Cas cliniques de régression. *In: Evolution Psychiatrique*, III, 431-435, 1957.

DOLTO, F. Personnologie et image du corps. *In: Au jeu du désir.* Paris: Seuil, 1961.

DOLTO, F. *L'image inconsciente du corps.* Paris: Seuil, 1984.

FONTAINE, A.-M. Jalons pour le développement précoce de la conscience de soi *In:* GHIGLIONE, R. & RICHARD, J. *Processus et applications.* Paris: Dunod, Tome 6, 37-65, 1995.

FISCHER, S., CLEVELAND, S. *Body image and personality.* New York: D. Van Nostrand, 1958.

FREUD, S. *Le Moi et le ça. Essais de psychanalyse.* Petite Bibliothèque Payot, 1981.

HEAD, H. *Studies in neurology.* Londres: Frowde, Hoder and Stoughton,1920.

HÉCAEN, H., & AJURIAGUERRA, J. *Méconnaissances et hallucinations corporelles.* Paris: Masson, 1952.

HOUZEL, D. Le concept d'enveloppe psychique. *In:* ANZIEU D. *Les enveloppes psychiques.* Paris: Dunod, 23-54, 1987.

LACAN, J. Ecrits. Le stade du miroir comme formateur de la fonction du Je telle qu'elle nous est révélée dans l'expérience psychanalytique. Paris: Seuil, 1966.

LACAN, J. *Ecrits.* L'Agressivité en psychanalyse. Paris: Seuil, 1948.

LAPLANCHE, J., & PONTALIS, J-B. *Vocabulaire de la psychanalyse.* 9 ed. Paris: PUF, 1967.

LHERMITTE, J. De l'image corporelle. *Rev. Neurol.* 1942, 74, 20-38.

MERLEAU-PONTY, M. *Phénoménologie de la perception.* Paris, 1945.

PANKOW, G. Image du corps et objet transitionnel: données principales de l'image du corps. *Revue Française de Psychanalyse.* 1976, 2, 285-302.

PICK, A. Zur Pathologie des Bewussteins vom eigenen Korper. *Neurol. Centralbl. 1915,* 34, 257-265.

SANGLADE, A. Image du corps et image de soi au Rorschach. *Psychologie Française.* 1983, 28(2), 104-111.

SCHILDER, P. *L'image du corps.* Gallimard, 1968.

TOUZÉ, J. *L'image du corps: des origines du concept à son usage actuel.* Champ Psychosomatique. N.° 7, Editions La Pensée Sauvage. 23-37, 1996.

VAN BOGAERT, L. Sur la pathologie de l'image de soi. *Ann. Med. Psychol. 1934,* 2(5), 746-759.

WALLON, H. & LURÇAT, L. *Dessin, espace et schéma corporel chez l'enfant.* Paris: Les Editions ESF, 1987.

WALLON, H. *Les origines du caractère chez l'enfant.* Paris: Boivin, 1934.

ZAZZO, R. *Image du corps et conscience de soi.* Delachaux et Niestlé, 1962.

ZAZZO, R. *Reflets de miroir et autres doubles.* Paris: PUF, 1993.

Cap. 3

Corpo e relação

Maria da Graça Duarte Santos

O estudo do corpo está intrinsecamente ligado à Relação. Relação com o seu interior, relação com o seu exterior, com o próprio, com o Outro. Outro subjetivo, de quem só temos uma experiência indireta, mediada por indicações corporais.

Esta mediação, fundadora da comunicação, tem inerente a si própria a subjetividade de quem percepciona e interpreta, sendo base do grande equívoco relacional: o exterior é tomado pelo interior. O signo é tomado pelo significado. A expressão é tomada pelo que é expresso. E a Relação entre dois passa a ser sempre um discurso inter-subjetivo que esbarra com a própria superfície do corpo do Outro, tentando, nos seus limites, profundidades e emanações, encontrar-lhe a Essência para com ela comunicar, em uma troca (partilha) de substâncias.

Mas, desta forma, também o interior do sujeito é organizado e esquematizado pelo exterior e pelo Outro, ou seja, a inter-relação é também estruturante da relação interna.

A representação que a criança elabora do interior do seu próprio corpo começa a ser feita a partir da transferência (mimética, por identificação) da imagem interior do corpo da mãe proporcionada primeiro por meio da experiência vivida e agida do corpo da mãe (enquanto prolongamento do seu) dando progressivamente lugar à construção da imagem exterior do seu próprio corpo.

É neste pressuposto prismático que aqui tentamos perspectivar algumas pontes entre o corpo e a relação. Relação com o próprio, relação com o Outro conduzindo ao conceito fundamental de Imagem do Corpo (enquanto vivência corporal das representações relacionais).

1. O corpo mediador da vinculação precoce

A *Relação* não se aprende, ela é um processo em continuidade dinâmica desde a vida intrauterina. Assim como a comunicação.

Ambas têm as mesmas origens e raízes nas *interações precoces* entre as mensagens corporais do recém-nascido e as mensagens simbólicas (verbais e não verbais) transmitidas pelo corpo materno e pelo meio envolvente (GAUBERTI, 1992), ou mesmo antes quando o feto está ainda imerso no "envelope sonoro" (ANZIEU, 1976) feito de ressonâncias e melodias que se incrustam.

Segundo Sami Ali (1987), o que existe desde o início é a Relação, e antes da relação entre o sujeito e o objeto, há a relação entre um sujeito por definir e um objeto igualmente por definir. É nesta progressiva definição que a função materna na sua relação com os aspectos cronobiológicos e sociais se manifesta como determinante.

De qualquer modo, além dos aspectos de cronobiologia, são os processos sensoriais um dos principais sistemas de suporte da relação e ligação do bebê ao mundo (GOMES PEDRO, 1985a). Desde o nascimento e durante os primeiros meses de vida, verifica-se uma progressiva estruturação dos diferentes padrões de comunicação da díade mãe e filho. O contato visual e a capacidade de atenção recíproca estão na base de consolidação das primeiras relações sociais do recém-nascido.

Esta reciprocidade e capacidade de alternância são especialmente objetiváveis nas interações vocais estando estes dois tipos de mutualidade e dinâmica interativa na base de toda a integração social e afetiva da criança (BUSTANET, 1994; HARDING, 1992). Se o olfato e o gosto são também determinantes na estruturação da relação da criança com a mãe, o contato físico e a relação tátil parecem ser, sem dúvida, das que induzem um maior impato, quer em nível das interações, quer em nível da estruturação do próprio espaço interno da criança.

Existem diferenças individuais significativas nas reações e disponibilidades do bebê em face do contato físico, nomeadamente diante da pressão ou temperatura da mão ou do corpo que o afaga (GOMES PEDRO, 1985a), o que inevitavelmente induz uma reação psicológica por parte das figuras parentais que, consequentemente, influencia também a interação.

Toda esta vivência sensorial e sensitiva tem ressonância e impacto em nível emotivo, evocando e provocando reações de maior ou menor satisfação interior, muitas delas traduzíveis em nível de comportamento não verbal como o sorriso, o seu estado de alerta e a forma como se proporciona a interação. Este tipo de comportamento não verbal, por seu turno, desencadeia sucessivamente outros tipos de estimulação, diversos em qualidade, intensidade, frequência etc.

Já Ajuriaguerra (*cit.* MARTINS, 2001a) referia que esta relação tônica deixará traços que permanecem latentes e que serão relembrados mais tarde (apesar de reelaborados), deixando a influência do outro sempre presente.

Esta *circularidade interativa* que tem como elemento primordial o Corpo é a base do núcleo funcional de toda a *dimensão socioafetiva*. Acrescentaremos ainda que muita desta interatividade se processa inicialmente em nível da expressão face a face, ao que não será estranho o desenvolvimento do seu grau de maturidade neuromuscular.

Diversos autores (GOMES PEDRO, 1985b; EISENBERG *et al.*, 1995) consideram assim que a *capacidade de interação social* do bebê está dependente essencialmente de dois fatores: primeiro, do desenvolvimento das suas capacidades perceptivas (orientação e atenção aos estímulos sociais) e de reatividade; segundo, do controle motor e organização do bebê em face do estresse.

De qualquer modo, todas estas referências iniciais a uma interatividade mais sensorial (o pegar nos braços, o calor do corpo, o odor do cabelo, o olhar, o toque, o ritmo e a melodia da voz) vão progressivamente adquirindo um caráter de individualidade, na medida em que cada conjunto de sensações começa a delinear um ritmo de vida subjetivo, o dela (a mãe – o Outro), uma presença única feita de entoações, mímicas, sentimentos, emoções que se associam em lembranças, sonhos e representações a Ela (Outro).

"Esta alquimia da Vida que precede toda a experiência de relação (...) é iniciada desde os primeiros instantes (...) aos últimos instantes da Existência (...) constituindo o fundo do Ser, a sua Essência" (GALACTEROS, 1992, p.62). É desta mescla de comunicações pré-verbais que emergem progressivamente todas as comunicações simbólicas. É nesta mescla interativa Primeira (intersubjetividade primária) que se consubstancia a passagem do Perceptível ao Sensível, do Ver ao Sentir, em uma progressiva construção da subjetividade (que nos une enquanto espécie e nos diferencia enquanto Seres).

Se na sua base estão, sem dúvida, os aspectos sensório-motores inscritos no SNC que conferem ao recém-nascido as competências necessárias para uma intervenção ativa na interação com as figuras parentais, rapidamente estes aspectos sensório-motores vão facilitar trocas que estão na origem do sentimento de Amor e de relacionamento amoroso.

Para a gênese deste sentimento de Amor, contribuem, assim, a tendência inata do recém-nascido em procurar a proximidade de outros membros da espécie (em encontrar Outro). A intimidade precoce, nascida da interação face a face (principalmente do olhar) com a mãe, permite ao bebê progressivamente experienciar o Sensível, além do Perceptível, por meio da oferta espelhada e nua do rosto da mãe, em um processo interpessoal responsivo de autodescoberta.

2. O corpo na construção e expressão (comunicação) do Eu

É neste processo interativo que surge o "pedido" do Ser. Pedir é um ato de comunicação que visa obter do outro objetos ou serviços, mas também (e muito provavelmente ou principalmente) o reconhecimento, a aprovação, o Amor. E o modo como o Ser (o Indivíduo, o bebê) veicula o pedido modifica-se ao longo do desenvolvimento do processo de comunicação.

Segundo Straten (1992), o *desenvolvimento da comunicação* nos dois primeiros anos de vida passa por três fases distintas:

• uma fase de *comunicação expressiva*, caracterizada por reações espontâneas do recém-nascido que têm um efeito de pedido sobre os pais. É um efeito seletivo na medida em que só com pessoas particulares essas reações provocam uma interpretação e adquirem significado. Nesta fase, todos os comportamentos que têm um efeito de pedido sobre as figuras parentais são, antes de mais, modos de comunicação fundados na expressividade das atitudes do corpo todo;

• uma fase de *comunicação indicativa* que se caracteriza por uma forma de comunicação baseada na orientação de uma parte do corpo. Primeiro de orientação do olhar, depois movimentos de início de ação, depois de apontar, depois gestos de ação direta sobre o outro, depois de ação com um objeto e, por fim, comportamentos de indicação vocal;

• uma fase de *comunicação simbólica* onde a criança associa à fase anterior por meio de sinais gestuais, vocais e verbais, elementos que vão estruturar o seu processo de simbolização.

Inicialmente, o *pedido* da criança centra-se sobre cinco grandes áreas (STRATEN, 1992): um pedido de regulação do contato com o outro, um pedido de jogo, um pedido de objeto, um pedido de ajuda ou um pedido de informação. Qualquer destas formas são sobretudo formas mais ou menos implícitas e explícitas de se expressar ao Outro, formas que, por uma maior ou menor compreensão e descodificação, estabelecem os primórdios da comunicação com o outro, os fundamentos de um sentimento de empatia e sincronia interpessoal. (EISENBERG *et al.*, 1996; HARDING, 1992)

Aprender a pedir é, mais do que aprender palavras. É, antes de mais, "aprender a dominar condições sociais necessárias à validação de um pedido". (STRATEN,1992, p.17)

Muitos outros autores conceitualizaram as diferentes etapas do desenvolvimento da comunicação intencional dos quais destacaremos Piaget (1968) (com a sua teoria onde é possível correlacionar níveis específicos de desenvolvimento cognitivo a níveis específicos de desenvolvimento da comunicação) e Vigotsky (com a sua conceitualização de "zona de desenvolvimento proximal").

Harding (1992), com base nestes dois autores, defende que a natureza cooperativa das interações conduz à construção de escolhas que estão na base da capacidade da criança agir e interpretar as ações, logo, de construir o seu espaço interno.

Outras conceitualizações tocam e abordam o mesmo processo referindo à existência de um sujeito cujo Eu cognitivo é, primeiramente, um Eu corporal. São predisposições individuais decorrentes da filogênese, da ontogênese e da cultura (na perspectiva Vygotskiana de memória socio-histórica da espécie) que possibilitam ao indivíduo, na sua relação com o ambiente (humano ou não), e por meio da ação, estruturar progressivamente a sua representação interna do mundo e de si próprio. (WALLON, 1968; FONSECA, V., 1988)

A obra de Wallon valoriza também e especialmente a presença do corpo e da motricidade na construção do pensamento, do Eu e da sua comunicação no mundo. Desde a maturação do sistema nervoso – que segundo ele, representa a base do desenvolvimento e da integração experiencial, por meio da hierarquização das funções nervosas – até ao próprio desenvolvimento da inteligência, também perspectivada como evoluindo de uma inteligência prática para uma discursiva e onde a passagem de um pensamento sincrético para um objetivo se dá pela possibilidade de diferenciação Eu-Outro.

Neste percurso, Wallon valoriza, entre outros, os processos:

- da motricidade como base da comunicação, enfatizando o diálogo tônico na expressão das emoções e na gênese da linguagem;
- a função tônico-postural associada às vivências das emoções e à expressão da afetividade;
- a identificação do outro no espelho, como processo de autoconhecimento.

Se alguns autores centram mais os seus estudos sobre a *análise do comportamento da criança* (seja na perspectiva do pedido ou, em geral, na de ação), outros há que se centram mais sobre o próprio *comportamento interativo* (enquanto estrutura nuclear de toda a comunicação futura), considerando e dando maior ênfase às próprias competências das figuras parentais (ou "*caregivers*") não só enquanto estruturantes do significado, mas mesmo como organizadores da comunicação. (HARDING, 1992; AINSWORTH, BELL & STAYTON, 1983; LESAGE, 1995)

Harding (1992) considera que, para uma *interação* ser considerada *comunicação,* não necessita de nada mais além da coordenação física entre dois corpos, considerando nesta perspectiva que mesmo os primeiros cuidados corpo a corpo dados ao bebê são comunicação.

Bronfenbrenner (1979), no desenvolvimento da sua fundamental teoria sistêmica, afirma que uma *relação* se obtém desde que uma pessoa em um dado *setting* dê atenção ou participe na atividade de outra, considerando, assim, a *díade* não só como um contexto crítico para o desenvolvimento mas também como uma pedra basilar na construção do mais pequeno sistema exterior (micro), tornando possível a formação de largas estruturas interpessoais. Este autor conceitualiza ainda três formas funcionais de díade: díade de observação (em que um observa a atividade do outro), díade de junção (em que os dois se percepcionam como fazendo algo juntos, evidenciando mais a reciprocidade e o balanceamento do poder e da relação afetiva) e díade primária (em que cada um surge nos pensamentos ou sentimentos do outro, influenciando-o, mesmo que não presentes).

Em qualquer destas três formas de interação diádica, o Corpo está presente de forma igualmente diversa, correspondendo ao progressivo desenvolvimento não só da comunicação interpessoal (passando de aspectos mais sensoriais a outros mais fenomenológicos) como da própria organização psíquica do sujeito (passando de uma posição de maior passividade e dependência objetal a outra onde o espaço interno já permite e suporta a ausência do objeto).

Em outras palavras, parece ser por meio da *interação corporal da díade* que se desenvolvem as dimensões *expressivas* e *comunicativas* em uma progressiva construção do *Eu*, que, em uma circularidade dinâmica, continua em permanente expressão e comunicação (em sistemas cada vez mais alargados) ao longo da sua Existência.

Os primórdios da comunicação (não verbal) e os modelos de interação das díades mãe e bebê não parecem decorrer apenas de pré-disposições biológicas, evidenciando-se comportamentos sociais muito diversificados (mesmo em nível de olhar, vocalizações e posturas) consoante os grupos sociais e os contextos (STERN,1977; HARDING, 1992; BRONFENBRENNER, 1979). De qualquer modo, as relações primárias de vinculação estabelecidas essencialmente por um modo de relação corporal são determinantes, não apenas na estruturação e dinâmica de individuação do bebê (WINNICOTT, 1971; GAUBERTI, 1992) mas também na gênese dos posteriores modos de expressão e comunicação (quer verbal quer não verbal).

Se atendermos a que a comunicação humana se desenvolve essencialmente por meio do uso do gesto, posição espacial, distância interpessoal, postura, orientação e movimentação da cabeça e corpo em geral, do contato corporal, expressão do rosto, do olhar e tom de voz, entre outros aspectos (GOBBI, 1996; ARGYLE, 1980), percebemos, sem dúvida, como a maioria de toda a *comunicação humana* se processa por meio deste *não verbal*.

Por seu turno, parece ser efetivamente a *linguagem do corpo* a que dá mais informação sobre o plano da *relação* (plano analógico) e sobre a metainformação; por contraponto à *linguagem* do código verbal que dá *informação* situando-se em nível de conteúdos (plano digital). Assim sendo, a *linguagem não verbal* é, sem dúvida, a que melhor exprime os sentimentos, os estados emotivos, possibilitando uma comunicação afetiva de grande riqueza.

E se comunicar é uma coreografia de movimento e pausas (como a música é feita de silêncios), se movimento é comunicação e relação... o prazer pode surgir inevitavelmente da trama de emoções suscitadas... assim como a dor... e neste balancear estruturante e/ou destruturante do Prazer e da Dor que nos investem o Corpo... situa-se a intervenção possível, nesta realidade fenomenológica que é a nossa Corporeidade.

3. Imagem do corpo

A imagem do corpo é um conceito que difere significativamente consoante os contextos teóricos onde é abordado (seja a Neurologia, a Psiquiatria, a Psicanálise, a Psicologia do Desenvolvimento, a Psicologia Social ou outros) e consoante as operacionalizações conceituais que são feitas.

Sem pretendermos fazer nenhuma retrospectiva histórica sobre o conceito nem entrarmos em abordagens filosóficas, referiremos, contudo, que as primeiras conceitualizações científicas sobre a experiência do corpo e as suas ligações com os aspectos psicológicos provieram da Neurologia com os estudos de Pick ("imagem espacial do corpo"), de Head (com a noção de "imagem postural do corpo e esquema corporal") e mais tarde com Schilder (e a primeira definição de "imagem do corpo").

Qualquer destes três conceitos tiveram repercussões fundamentais em toda a intervenção psicomotora, quer esta seja de cariz educativo ou terapêutico. (LE BOULCH, 1969; VAYER, 1976; KASLOW, N..J. & EICHER, 1988)

Em 1968, Schilder definiu o esquema corporal como a imagem tridimensional que cada um tem de si próprio. Para Dolto (1984), o *esquema corporal* é idêntico para todos os indivíduos da espécie humana, diferenciando-o da *imagem do corpo* pela subjetividade que lhe é inerente, na medida em que esta última está ligada ao indivíduo e à sua história. História pessoal-relacional onde a pele e o contato tátil (*envelope tátil*) assume uma função integradora dos outros envelopes psíquicos, permitindo a *unificação do Eu* e o sentimento básico de *identidade*. (ANZIEU, 1978; SOULIER & COUTEBLE, 1994)

Ainda segundo outros autores, o esquema corporal equivale a uma representação mental do nosso corpo, convertendo-se simultaneamente no ponto de referência em torno do qual se organiza o espaço circundante e as ações corporais nesse espaço, e no ponto de referência das praxias que o indivíduo constrói e organiza tendo em conta a realidade externa (BOSCAINI, 1989). Mas esta abordagem do corpo torna-se limitativa na medida em que não dá conta do processo afetivo (ou investimento libidinal, consoante as perspectivas) que habita o próprio "sentimento do corpo" e que lhe confere toda a sua subjetividade.

É neste sentido que, incluindo dados de Psicanálise e da Patologia Orgânica, inicialmente Schilder (1968) começa por definir o conceito de *"imagem do corpo"* como sendo o modo como vemos o nosso corpo, incluindo elementos conscientes e inconscientes e, de um modo eclético, dimensões perceptivas, cognitivas, emotivas e interativas.

E, depois de Schilder, várias conceitualizações sobre a imagem do corpo se desenvolveram segundo alguns dos grandes paradigmas teóricos das ciências humanas. Referimos sinteticamente:

• *modelo cognitivo-comportamental* – que inclui as componentes perceptiva e afetiva da imagem do corpo, assim como a atitude em face de cada uma delas, na medida em que, nesta perspectiva, tudo o que é sentido é também pensado. Assim a *dimensão perceptiva* da imagem do corpo diz respeito à interpretação cognitiva das sensações externas ou internas. A *dimensão afetiva* da imagem do corpo inclui as respostas emocionais caracterizadas pelos pensamentos conscientes sobre o corpo. A *dimensão da atitude* em face da *imagem do corpo* diz respeito às ideias e normas que organizam a nossa própria visão do Eu físico (FREEDMAN, 1990). Esta abordagem postula ainda que "o comportamento reflete e afeta a imagem do corpo pela influência das cognições" (FREEDMAN, p.272);

• abordagem psicodinâmica e desenvolvimental – já Freud (1923 a 1989) referia que "o Ego é antes de mais e essencialmente um Ego Corporal (...) em última instância deriva de sensações corporais (...) considerado como a projeção mental da superfície do corpo" (1989, p.26). A imagem do corpo é definida nesta abordagem como "a representação mental do Eu Corporal" (KRUEGER; 1980, p.255), cujo desenvolvimento se processa em três etapas: por meio da experiência precoce do corpo, do conhecimento precoce da imagem do corpo por meio da integração de experiências internas e externas e da definição e coesão do Eu Corporal como fundação do Autoconhecimento. Se o esquema corporal se pode construir por si só, em uma perspectiva psicodinâmica do desenvolvimento, a *imagem do corpo* é (des)estruturada na inter-relação com as figuras significativas, estando na base da *dinâmica afetiva e relacional* (intra e inter). Mas, se inicialmente ela é uma composição conceitual de todas as modalidades sensoriais, posteriormente, e ao "longo do desenvolvimento (...) ela sofre influências que incluem a reação dos outros à nossa própria aparência" (KRUEGER, p.259), surgindo, assim, como um processo fluido e modificável;

• abordagem desenvolvimental e contextual – a imagem do corpo diz respeito à apreciação (sentimentos e cognições) que a pessoa faz do seu corpo que, por sua vez, é influenciada pela dinâmica social dos outros em face de si mesmo e do desenvolvimento cognitivo e emocional (em uma perspectiva piagetiana), envolvendo o seu próprio corpo. Lerner e Jovanovic (1990) descrevem a *imagem do corpo* como um constructo dinâmico que deriva não só do contexto das relações pessoais e sociais e do desenvolvimento cognitivo e emocional da pessoa, mas que igualmente contribui para ambos os processos. É assim um *produto* de interações sociais e de desenvolvimentos psicológicos, mas também um *produtor* de interações e desenvolvimentos perspectivado de uma forma continuada, dinâmica e dialética ao longo da vida. A concepção que lhe está subjacente enquadra-se em uma abordagem ecológica (BROFENBRENNER, 1979; CASH, 1990; LERNER & JOVANOVIC, 1990) na qual cada pessoa – com a sua individualidade física-psíquica – elícita diferentes reações na sua relação com os outros, sendo estas, por sua vez, a base de futuros desenvolvimentos positivos e adaptativos ou desajustados.

Um aspecto fulcral de todas as abordagens da *Imagem do Corpo* é que ela é uma experiência subjetiva, mas multifacetada.

Na sua essência, ela é construída no espaço das *interações precoces* no qual o corpo dá os meios de entrar em relação (por meio do seu equipamento sensorial) com o exterior (meio, outro), mas também com a percepções internas. Por meio da motricidade, o corpo tem ainda a possibilidade de agir sobre o meio, sendo o lugar de reencontro e de trocas entre o interior e o exterior. (MALIAUD, 1997; PONS, 1995)

Mas é o próprio corpo anatomofisiológico enquanto suporte organizador das emoções (WALLON, 1966, AJURIAGUERRA, 1967), do imaginário (SAMI ALI, 1987) e das operações cognitivas (PIAGET, 1968) que estrutura igualmente as relações.

O olhar do Outro assenta em um corpo com uma forma, um ritmo e um desejo específico "Não vejo o rosto em mim; e no rosto dos outros vejo a minha relação (de força afetiva) que com eles estabeleço". (GIL, 1997, p.170)

Este olhar e esta interação estruturante da *comunicação simbólica* funciona em um processo constante de natureza identificatória onde o cinestésico tem um lugar preponderante. (PRUZINSKY, 1990)

A pele, por seu turno, é o espaço do nosso primeiro limite, da primeira definição de um dentro e de um fora. Esta superfície do Eu funciona como um envelope, uma interface e uma zona primária de trocas: é lá que, tocando, somos tocados (ANZIEU, 1985). Ela é a proteção física, imaginária e relacional. "Como uma ardósia mágica (...) é a pele que instaura a memória: memória da forma e memória de si" (LESAGE, 1995,p.28) suportando a integração da distinção entre Eu e Outro.

A passagem das respostas de tipo sensorial às de orientação ou de apreensão do objeto delineia-se pele a pele (PONS, 1995), organizando uma tridimensionalidade onde a simbolização é possível. (WINNICOTT, 1971)

Nós vibramos entre dois espaços: o espaço do corpo ("espaço corporal") e o espaço do não corpo ("espaço relacional") onde se estrutura a relação.

O espaço corporal da criança "elabora-se na interatividade e esta elaboração entrecruza-se com a estruturação da imagem do corpo" (GAUBERTI, 1992, p.87). É o processo comum de passagem da *fusionalidade* (dos contatos pele a pele – e da unicidade do espaço relacional) à *individuação* (abertura do espaço relacional a um diálogo tônico e a uma comunicação primeiro gestual depois verbal). É o processo que assegura a possibilidade da comunicação.

E é sobre este processo que trabalhamos, principalmente em abordagens terapêuticas de mediação corporal. Cada uma das várias perspectivas tem especificidades, mas em todas podemos, na "escuta empática" do funcionamento interno e das percepções externas do indivíduo, na escuta do seu material não verbal, aceder à Pessoa e aos seus conteúdos simbólicos, no seu fluxo verbal e não verbal, na unidade de movimento, afeto e palavras.

Referências

AINSWORTH, M., BELL, S. & STAYTON, D. *A ligação filho-mãe e o desenvolvimento social*: a "socialização" como um produto de resposta recíproca a sinais. Lisboa: Livros Horizonte, 1983.

ANZIEU, D. L'enveloppe sonore du corps. *Narcisses. 1976*, 13, 161-179.

ANZIEU, D. A pele: do prazer ao pensamento. *In: A vinculação*, Lisboa: Sociocultur, 1978.

ANZIEU, D. *Le Moi-Peau*. Paris: Bordas;1985.

ARGYLE, M. Verbal and non-verbal communication. *In:* COFFER, Y. & HAWTHORN, Y. *Communication Studies*. London: Arnold, 1980.

BOSCAINI, F. Identidad corporal y rehabilitación, *Psicomotricidad, 1989,* 132, 19-29,

BRONFENBRENNER, U. *The ecology of Human Development*. London: H.U.P., 1979.

BUSTANETT, A. & VERDEAU-PAILLES *Le sonore et le musical dans le developpment de l'enfant. Les relations mére-enfant à travers la music.* (material policopiado de aulas do curso de Musicoterapia da Madeira), 1994.

CASH, T. Body-image affect: gestalt vs summing the parts. *Perceptual and motor skills*, 69,17-18, 1989.

DOLTO, F. *L'image inconsciente du corps*. Paris: Seuil, 1984.

EISENBERG, N., FABER, R., MURPHY, B., MASZK, P., SMITH, M., & KARBON, M. The role of Emotionality and Regulation in Children's Social Functioning: A Longitudinal Study. *Child Development,* 66, 1360-1384, 1995.

EISENBERG, N., FABER, R. & MURPHY, B. Parents Reactions to Children's Negative Emotions: Relations to Children's Social Competence and Conforting Behavior. *Child Development,* 67, 2227-2247, 1996.

FONSECA, V. Contributo Para o Estudo da Génese da Psicomotricidade. Lisboa: Notícias, 1988.

FREEDMAN, R. Cognitive-Behavioural perspective on Body-Image change. *In: CASH, T., PRUZINSKY, T., & HARTLEY P. Body-Images*:development, deviance and change. London: Guilford Press, 272-296, 1990.

FREUD S. *Para além do príncipio do prazer in Textos essenciais da Psicanálise*. Vol. I, Sintra, Publicações Europa-América, 1920/1989.

GALACTEROS, E. La communication ne s'apprend pas. Elle se cultive, s'eprouve et se partage. *Thérapie psychomotrice et recherches*. 96, 60-70, 1992.

GAUBERTI, M. Distortions spatiales des liens mère-bébé. *Thérapies Psychomotrice et Recherches*. 96, 86-93, 1992.

GIL, J. *Metamorfoses do Corpo*. Lisboa: Relógio de Água, 1997.

GOBBI, G. Il "non verbale" R e S. 2, 11-12, 1996.

HARDING, C. Le développement de la communication pré-linguistique:les bébés et leurs partenaires adultes. *Bulletin de Psychologie*, T.XLVI. 409,18-27, 1992.

KASLOW, N. J. & EICHER, V. W. Body image therapy: a combined creative arts therapy and verbal psychotherapy approachs, *The Arts in Psychotherapy*. 15, 177-188, 1988.

KRUEGER, D. Developmental and Psychodynamic perspectives on Body-Images change. *In*: T. CASH & PRUZINSKY (Eds) *Body Images*: development, deviance and change. London: Guilford Press, 1990.

LE BOULCH, J. *La educatión por el movimento en la ededad escolar*. Buenos Aires: Paidós, 1969.

LERNER, R. & JOVANOVIC, J. The role of Body Image in Psychosocial Development across the Life Span: a Developmental-Contextual Perspective. *In: T. CASH & PRUZINSKY. Body Images*: development, deviance and change. London: Guilford Press. 110-131, 1990.

LESAGE, B. De la sensoriomotricité à l'intégration psychomotrice: relations d'object précoces et identifications. *Thérapies Psychomotrices et Recherches*. 104, 20-31, 1995.

MALIAUD, B. La médiation corporelle en psychomotricité. *Thérapie Psychomotrice et Recherches*. 112, 32-37, 1997.

MARTINS, R. A Relaxação Psicoterapêutica no Contexto da Saúde Mental – O Corpo como Ponte entre a Emoção e a Razão. *In:* FONSECA e MARTINS (Eds). *Progressos em Psicomotricidade*. Cruz Quebrada: F.M.H. 95-108, 2001.

PEDRO, J.G. O comportamento do recém-nascido:considerações gerais e dimensões socioafectivas. *Jornal de Psicologia.*1995a; 4(2): 7-10, 1995[a].

PEDRO, J.G. O comportamento do recém-nascido: os processos sensoriais. *Jornal de Psicologia.* 4(3), 8-17, 1995b.

PIAGET, J. *La formation du symbole chez l'enfant.* Delachaux et Niestlé, 1968.

PONS, N. S. De la sensoriomotricité à l'integration psychomotrice: relations d'object précoces et identifications. *Thérapies Psychomotrices et Recherches.* 104, 32-43, 1995.

PRUZINSKY, T. Psychopathology of Body Experience: Expanded Perspective. *In:* CASH & PRUZINSKY. *Body Images*: development, deviance and change. London: Guilford Press, 170-190, 1990.

SAMI-ALI. *Pense le somatique*: imaginaire et patologie. Paris: Dunod, 1987.

SCHILDER, P. *L'image du corps.* Paris: Gallimard, 1968.

SOULIER, G., & COUTABLE, P. Le message d'éveil sensoriel du bébé (0-6 mois). *Thérapie psychomotrice et recherches.* 100, 44-51, 1994.

STERN, D. *The first relationship*: Infant and Mother. Cambridge: H.U.P., 1977.

STRATEN, A. Que demendent les bébés et comment? *Bulletin de Psychologie.* XLVI, 409,11-17, 1992.

VAYER, P. *O diálogo corporal.* Lisboa: Sociocultur, 1976.

WALLON, H. *Do acto ao pensamento.* Porto: Portugália, 1966.

WALLON, H. *A evolução psicológica da criança.* Lisboa: Edições 70, 1968.

WINNICOTT, D. *Jeau et réalité* – L'espace potentiel. Paris: Galimar, 1971.

Cap. 4

Ligar o corpo à emoção – intervenção psicomotora na promoção de crianças emocionalmente competentes

Guida Veiga e Carolien Rieffe

Emoções

Somos movidos (socialmente) pelas nossas emoções. Quer as mais simples interações do dia a dia, quer os momentos críticos das nossas vidas, são influenciados pelas nossas emoções. Na verdade, o seu propósito é iniciar, manter ou modificar as relações com o envolvimento, em especial com as pessoas à nossa volta (FRIJDA, 1986). Por exemplo, o amor (re)afirma a relação (imagine a sua reação quando não existe uma resposta recíproca à sua expressão de amor), enquanto a raiva mostra à outra pessoa que atingiu o limite e que deve parar de agir da forma como está a agindo.

Pessoas emocionalmente inteligentes têm melhores desempenhos nas mais diversas áreas: saúde (física e mental), social e profissional. Há até quem argumente que a inteligência emocional, ou competência emocional, é tão ou melhor preditora de uma vida de sucesso como a inteligência cognitiva (por exemplo, veja o trabalho de K. V. Petrides). Crianças emocionalmente competentes revelam melhores competências sociais (e.g. DENHAM *et al.*, 2003; TRENTACOSTA & FINE, 2010; WATSON, NIXON, WILSON,

& CAPAGE, 1999), melhor saúde mental (e.g. CIARROCHI, SCOTT, DEANE, & HEAVEN, 2003) e melhor desempenho na escola. (E.G. GARNER & WAAJID, 2008; LEERKES, PARADISE, O'BRIEN, CALKINS, & LANGE, 2008)

Porém, as crianças precisam aprender a tornar-se emocionalmente competentes. Este processo ocorre por meio da socialização das emoções, que se baseia na modelação, ou seja, observando os outros e falando das emoções com outros mais experientes. A competência emocional inclui várias áreas. Neste capítulo, vamos discutir dois aspetos que são cruciais na promoção de crianças emocionalmente competentes: a consciência emocional e a regulação emocional.

Para melhor compreender os dois conceitos, é importante entender a experiência emocional. O processo começa com uma alteração na situação que a pessoa está vivendo (por exemplo, a criança vê um cão a ladrar) que faz com que comece a experienciar a emoção (medo). Esta alteração pode ocorrer não só no envolvimento mas também na mente da pessoa, por meio, por exemplo, de uma recordação ou de um pensamento (pensar no teste do dia seguinte). Esta alteração é acompanhada por uma agitação emocional (*arousal*) associada a uma variação fisiológica (aumento da frequência cardíaca, da frequência respiratória, da tensão muscular etc.) que prepara o indivíduo para reagir rapidamente e de forma adaptativa à situação. A gestão e a regulação da intensidade da agitação emocional requer o uso de determinadas estratégias, chamadas estratégias de *coping*, que influenciam os resultados do processo, em termos da expressão emocional e da tendência para *agir* (i.e., fugir, esconder etc.). (DENHAM, 1998)

Consciência emocional

A consciência emocional é definida por Rieffe, Oosterveld, Miers, Meerum Terwogt e Ly (2008) como um processo atencional que permite não só monitorizar e diferenciar as emoções mas também identificar os seus antecedentes e perceber as alterações fisiológicas associadas à experiência emocional.

As emoções refletem as intenções da pessoa em relação a um objetivo ou a outra pessoa. Por isso, conhecer as próprias emoções, implica estar consciente do que se quer manter ou mudar em uma relação. Normalmente, as situações evocadoras das emoções podem despoletar mais do que uma emoção. Por exemplo, quando alguém parte o brinquedo favorito a uma criança, ela pode sentir tristeza pela perda do brinquedo, mas também raiva contra a pessoa responsável por o ter partido. (RIEFFE, TERWOGT, & KOTRONOPOULOU, 2007)

Uma parte essencial de uma emoção é a tendência para a ação, a prontidão para reagir à situação, sem necessariamente agir de impulso. Por exemplo, a criança pode sentir-se tão zangada por causa do brinquedo partido que sente vontade de bater na outra criança. Contudo, a socialização emocional ensinou-a a controlar este impulso inicial. Não obstante, a prontidão para a ação está lá, envolvendo a ativação de respostas fisiológicas e motoras (SCHERER, 2000). As crianças pequenas precisam aprender a ligar estas sensações físicas às situações evocadoras da emoção: "Tu sentes o teu corpo duro porque estás zangada com o menino que te partiu o brinquedo", "Tu sentes uma dor na barriga porque estás nervoso por ires a esta aula pela primeira vez". À medida que as crianças começam a compreender que as sensações físicas fazem parte do processo emocional, elas também aprendem a ignorá-las e a focar-se antes na situação evocadora da emoção. Contudo, quando lhes é pedido para refletir retrospetivamente sobre as sensações corporais, as crianças (e os adultos) conseguem claramente identificar que sentiram os músculos tensos quando estavam zangados, ou tensão no estômago quando estavam nervosos.

Muitos estudos confirmam que, durante a infância, problemas no domínio da consciência emocional estão associadas a mais problemas internalizados, como a depressão, ansiedade, as queixas somáticas, a preocupação e a ruminação (RIEFFE, CAMODECA, POUW, LANGE, & STOCKMANN, 2012; RIEFFE, OOSTERVELD, & MEERUM TERWOGT, 2006; RIEFFE, TERWOGT, & JELLESMA, 2008; RIEFFE et al., 2007; RIEFFE, VILLANUEVA, ADRIÁN, & GÓRRIZ, 2009). Estas associações enfatizam a importância da consciência emocional na promoção da saúde mental.

Regulação emocional

Apesar de ser importante saber o que estamos sentindo e compreender as suas causas (i.e. consciência emocional), é igualmente importante para o funcionamento social adaptativo, comunicar esses estados emocionais de forma que se garantam as interações sociais positivas.

As emoções básicas, como a raiva, o medo, a tristeza ou a alegria, desencadeiam programas funcionais de resposta, cuja função é a adaptação imediata às mudanças do envolvimento (LEVENSON, 1999). A conhecida resposta de luta (raiva) ou fuga (medo) é um bom exemplo de como podemos reagir de forma rápida e adaptativa a situações inesperadas e ameaçadoras, como um predador no nosso caminho. Contudo, nos dias de hoje, não encontramos facilmente situações diretamente ameaçadoras para as quais precisamos deste tipo de padrões de resposta imediata. Pelo contrário, as nossas interações sociais beneficiam mais de um certo nível de controle emocional.

De fato, muitos dos nossos contatos sociais do dia a dia não são muito tolerantes à expressão bruta dos nossos impulsos iniciais. Enquanto a expressão bruta e o simples agir das próprias emoções têm sido considerados como pouco adaptativos, comunicar os estados emocionais é considerado adaptativo (SUVEG & ZEMAN, 2004). Na verdade, as crianças aprendem desde cedo a modificar os seus impulsos emocionais iniciais para formas socialmente aceitáveis. Em outras palavras, as crianças aprendem a encontrar o equilíbrio entre os seus desejos e as necessidades e os objetivos e as exigências da sociedade, sem colocar em risco as suas relações sociais. Este processo é referido como regulação emocional e compreende a capacidade de gerir as emoções (usando estratégias de *coping*) e de as expressar adequadamente. (WIEFFERINK, RIEFFE, KETELAAR, & FRIJNS, 2012)

Existem dois tipos de estratégias de regulação emocional. As estratégias baseadas na resposta à emoção compreendem a capacidade de suprimir as emoções sentidas, também referida como "regra de exibição" (*"display rule"*) (ZEMAN & GARBER, 1996). Por exemplo, esconder a raiva em uma situação de conflito entre pares, ou esconder a decepção com um presente de aniversário. Contudo, a tendência para esconder ou disfarçar as emoções sentidas é geralmente considerada *mal-adaptativa* e, nas crianças, está associada a maior ansiedade social e a pensamentos de preocupação. (RIEFFE, TERWOGT, *et al.*, 2008; RIEFFE *et al.*, 2009)

A outra forma de regulação emocional foca-se no antecedente da emoção, em que o nível de excitação é controlado ou voluntariamente diminuído (GROSS & THOMPSON, 2007). As crianças pequenas tendem a adotar ações comportamentais de regulação emocional baseadas nos antecedentes, por exemplo, evitando as situações evocadoras de emoções negativas. Com o aumento da idade, as crianças começam a usar estratégias mentais, como mudar os seus pensamentos acerca da situação que evocou a emoção ("Ele não quis dizer o que disse"; "Eu sei que ele está passando uma fase má", ou "Não é assim tão importante, eu sei que para a próxima vai correr melhor"). Esta estratégia é denominada de reavaliação (FIELDS & PRINZ, 1997). As estratégias de *coping* que diminuem ou extinguem o nível de excitação estão associadas a melhor saúde mental. (WRIGHT, BANERJEE, HOEK, RIEFFE, & NOVIN, 2010)

Em suma, problemas em nível de consciência emocional impossibilitam a criança de lidar e resolver situações conflituais (internas ou externas), abrindo, assim, a porta a processos de regulação emocional menos adaptativos, nomeadamente às tendências ao embotamento afetivo e à somatização, que, por sua vez, promovem perturbações de externalização e/ou de internalização (VAN DER KOLK, 2005). Sentir, compreender, regular e expressar as emoções de forma adaptativa é fundamental, quer para o bem-estar físico e mental, quer para o desenvolvimento social. No entanto, quando há falhas nas relações precoces e uma exposição repetida a traumas relacionais (e ao consequente estresse crônico), ou quando as figuras de referência falham no reconhecimento dos seus estados emocionais internos, torna-se bastante difícil para a criança aprender a compreender e regular as suas emoções. Por outro lado, também a privação de oportunidades de interação social tem sido associada a comprometimentos em nível de compreensão, regulação e expressão das emoções. pelo que as crianças com dificuldades neste domínio estão particularmente vulneráveis. (WAY, YELSMA, VAN METER, & BLACK-POND, 2007)

Intervenção psicomotora na competência emocional

As falhas nos processos de identificação, compreensão e expressão das emoções comprometem a eficácia das Psicoterapias orientadas para o *insight,* já que estas implicam precisamente a capacidade de refletir e verbalizar as emoções (SINGER, 1977). Pelo contrário, o fato de a Terapia Psicomotora se basear no corpo como meio de comunicação das próprias emoções, como elemento de acesso ao mundo da representação e da simbolização, faz com que as crianças com dificuldades em sentir, pensar e falar das emoções sejam frequentemente encaminhadas para a consulta de Psicomotricidade. Por terem graves problemas em nível de consciência emocional, estas crianças encontram grandes limitações na autorregulação e na comunicação das emoções, o que perpetua o sofrimento físico e mental e compromete o sucesso das relações interpessoais. Na verdade, estas crianças requerem a intervenção de um terapeuta, especialista em entender o valor comunicativo do corpo, do movimento e do comportamento e em "restaurar o elo psicossomático, de forma que se possam diminuir os distúrbios da expressividade, da agitação, da impulsividade ou da passividade motoras". (FERNANDES, 2012, p.10)

Por atuar no campo do *sentir* e do *mover-se,* valorizando a comunicação não verbal do corpo e do movimento, a Psicomotricidade assume um papel importante na intervenção terapêutica com crianças com problemas no domínio da consciência e da regulação emocional, crianças que, muitas vezes, se servem da agressão ao mundo exterior, ou da agressão ao próprio corpo como forma de comunicação. Neste âmbito clínico, o psicomotricista deverá levar a criança a sentir e a compreender o corpo como palco das múltiplas emoções, que podem ser geridas e expressas de forma adaptativa. Com base nos construtos teóricos apresentados e de forma que melhor se sistematize a intervenção psicomotora neste domínio, propomos cinco objetivos de intervenção: (1) reconhecer os estados corporais; (2) associar as alterações corporais às situações evocadoras da emoção; (3) autorregular os estados emocionais; (4) analisar as estratégias de autorregulação adotadas; e (5) comunicar os estados emocionais.

Reconhecer os estados corporais

As emoções são frequentemente sentidas pelas crianças como reações físicas mais ou menos notáveis (aceleração dos batimentos cardíacos quando o professor faz uma pergunta, tensão na zona abdominal em dia de teste etc.). Quando as crianças sentem dificuldades em interpretar estes sinais, elas ficam impedidas de gerir as suas emoções de forma adaptativa (RIEFFE, TERWOGT, & BOSCH, 2004). É por isso importante que o psicomotricista fomente a consciência das alterações corporais associadas às diferentes emoções. Neste âmbito, destacam-se as técnicas de relaxação que promovem o estabelecimento e a interiorização da "ponte entre o que é sentido e vivido" (MARTINS, 2001, p.95), em momentos de observação e de escuta do próprio corpo.

Desde a Relaxação Progressiva de Jacobson (1938) até à Relaxação Ativo-Passiva de Henry Wintrebert (2003), vários são os métodos de relaxação que promovem o reconhecimento dos estados corporais. Por exemplo, na técnica que Gerda Alexander (1983) chamou de *Investigação objetiva das sensações de tipos diversos*, pedimos à criança que, em qualquer posição ou mesmo em movimento, observe e se concentre de forma objetiva nas diferentes sensações corporais: peso, temperatura, dormência (formigueiro), pulsações etc. (BRIEGHEL-MÜLLER, 1987)

Se a criança tem dificuldade em focar a sua atenção nos estados internos, podemos, por exemplo, promover um jogo de contração-descontração progressivo em nível de segmentos corporais, baseando-nos nos princípios enunciados por Edmund Jacobson (1974). Com crianças de idade pré-escolar, podemos recorrer a imagens facilitadoras do processo: *"Faz de conta que tens uma laranja na tua mão direita. Aperta-a com muita força. Tenta espremer todo o seu sumo. Sente o aperto na tua mão e no braço à medida que a vais espremendo. Agora, larga a laranja, deixa-a cair. Repara bem como a tua mão e o teu braço ficam quando estão descontraídos, quando não estás a fazer força. É bom, não é?...".*

Para muitas crianças, a imobilidade implícita a grande parte das técnicas de relaxação, é difícil de suportar. Para estas situações, destaca-se, por exemplo, a atividade *Consciência do Movimento*, apresentada por Fontana e Slack (1998) no método *Mindfulness*. Nesta atividade, o terapeuta pede às crianças que se movimentem pela sala tão suavemente quanto possível, como se estivessem andando sobre cascas de ovos ou sobre um piso de vidro delicado. De seguida, sugere-se que reparem em cada movimento que fazem, que sintam os músculos da coxa levantando a perna e movendo-a para a posição seguinte. Sugere-se que sintam o pé saindo do chão e voltando novamente para baixo, sentindo as mãos e os braços no ar etc. Podem induzir-se movimentos umas vezes mais rápidos e outras mais lentos.

Independentemente da forma da atividade, o objetivo do psicomotricista deve ser o de aumentar a conscênica que a criança tem dos diferentes estados corporais.

Ligar as alterações corporais às situações evocadoras da emoção

Como referimos anteriormente, o reconhecimento das alterações corporais não é por si só suficiente para identificar um estado emocional. Por exemplo, a tensão abdominal pode ser entendida como uma reação de antecipação a um teste de avaliação ou a um almoço farto. De fato, para identificar a emoção sentida, a criança necessita de ter não só a consciência das alterações corporais provocadas pela emoção mas também o conhecimento da situação evocadora da reação física. Neste sentido, é importante que o psicomotricista reforce o conhecimento das situações-tipo e das emoções que lhes estão associadas. Este reforço pode ser feito, por exemplo, durante o brincar ao faz de conta ou quando, na conversa inicial, a criança fala dos eventos ocorridos durante a semana. O objetivo do terapeuta será o de reforçar a ligação entre a situação-tipo e a emoção evocada por tal situação.

Uma atividade que envolve a consciência interna da emoção e o conhecimento da situação-tipo consiste em sugerir à criança que se desloque pela sala de acordo com diferentes estados corporais (por exemplo, com o corpo rijo ou mole, com a respiração rápida ou lenta etc.). Posteriormente, introduzimos situações-tipo e sugerimos que a criança se desloque como se estivesse experimentando a situação enunciada (por exemplo, andar como se o amigo tivesse partido o seu brinquedo favorito, andar como se tivesse recebido um presente). Em uma terceira fase, introduzimos a emoção (por exemplo, andar como se estivesse zangado; andar como se estivesse feliz). Em outras palavras, o psicomotricista deverá levar a criança a estabelecer a ponte entre a sensação corporal, a situação-evocadora e a respectiva emoção.

Uma outra estratégia é ter na sessão cartões com expressões emocionais ilustradas e escritas e pedir à criança que, no início e/ou no final da sessão, identifique o seu estado emocional, explicando a(s) situação(ões) antecedente(s) à emoção e descrevendo as sensações corporais correspondentes.

Autorregular os estados emocionais

Além de levar a criança a sentir o corpo em diferentes estados emocionais, é também importante ensinar a criança a regular a intensidade da emoção sentida por meio da autonomização do próprio relaxamento. Para conseguirmos este objetivo, necessitamos muitas vezes de passar por uma fase de regulação tônica por intermédio de movimentos passivos induzidos pelo terapeuta, em que a criança conquista a consciência de um corpo calmo e relaxado, primeiro pelas ações do terapeuta e depois pelas suas próprias ações. Neste âmbito, destacamos a relaxação ativo-passiva de Henry Wintrebert (2003), em que, em uma primeira etapa, o terapeuta realiza uma série de mobilizações lentas, de forma que se diminuam as resistências e a se promova a pacificação das tensões corporais. Após uma etapa intermédia de imobilidade, em que é feita a palpação e a nomeação dos segmentos mobilizados anteriormente, segue-se uma terceira etapa em que é pedido à criança que mantenha um gesto por um tempo determinado, seguido do autorrelaxamento (e.g. braços no ar ou chão; perna contraída ou relaxada).

Analisar as estratégias de autorregulação adotadas

À medida que a criança vai ganhando capacidade de sentir e pensar as suas emoções, passa a ser importante ajudar a criança a pensar as estratégias de autorregulação adotadas. Com alguns grupos terapêuticos, é possível combinar com as crianças um código verbal que, quando proferido pelo terapeuta (ou mesmo pelas crianças), implicará que todos parem e permaneçam tal qual estavam. Assim, em situações emocionalmente críticas, pode parar-se a situação e analisar as expressões corporais e faciais das diferentes crianças do grupo, identificar os antecedentes da situação e a forma que cada criança encontrou para lidar com a situação, podendo ainda refletir-se sobre as possíveis consequências. No fundo, o terapeuta pode explorar com as crianças as questões ligadas à identificação e discriminação das expressões emocionais e às estratégias de *coping* mais e menos adaptativas. Neste trabalho, o uso do vídeo pode ser uma mais valia, já que permite ao terapeuta selecionar e explorar várias cenas de sessões anteriores. Por exemplo, expondo às crianças diferentes situações ocorridas durante as sessões que ilustram diferentes estratégias que a mesma criança utilizou para gerir a mesma emoção.

Comunicar os estados emocionais

A capacidade de discriminar e identificar as expressões emocionais é determinante, quer para a regulação emocional, quer para as interações sociais, sendo importante levar a criança a focar a atenção na sua expressão corporal e, em específico, facial. Neste sentido, o espelho da sala de Psicomotricidade destaca-se como material imprescindível na expressão, identificação e discriminação das próprias emoções. Pode fotografar-se a criança, sugerindo-lhe que adote uma cara (postura) como se estivesse zangada, triste etc. Com as fotografias impressas, pode pedir-se à criança que identifique os estados emocionais expressos anteriormente (caras e posturas zangadas, tristes, alegres, assustadas etc.), que discrimine os estados positivos dos negativos (caras e corpos alegres *versus* caras e corpos tristes e zangados), que discrimine os diferentes estados negativos (caras tristes *versus* caras zangadas). Em grupo, estas atividades ganham uma maior riqueza, não só pela maior variedade de expressões mas também pela maior complexidade exigida pela identificação dos estados emocionais nos outros.

É fundamental que o terapeuta verbalize a identificação dos estados emocionais correspondentes às expressões faciais ("Olha para os teus olhos tão abertos, pareces mesmo feliz!"), às expressões corporais ("Repara na força com que atiraste a bola, pareces mesmo zangado!") e às expressões vocais das crianças ("A tua voz está a tremer... parece-me que estás assustado..."). (WAY *et al.*, 2007)

Por último, é importante passar do corpo à palavra e investir na expressão verbal. Segundo Gerber (1994), o desenho pode fomentar a expressão emocional não verbal que precede a verbalização das emoções. Por outro lado, o jogo simbólico e a dramatização permitem que a criança explore diferentes emoções típicas de diferentes situações. O terapeuta deverá modelar o uso de linguagem específica e da respetiva expressão corporal. (WAY *et al.*, 2007)

Considerações finais

Neste capítulo, tentamos expor de uma forma simples e resumida os fundamentos teóricos que devem suportar a prática psicomotora com crianças com problemas no domínio da competência emocional. O psicomotricista, especialista em "(...) criar uma ponte entre o corpo e a mente, entre sensações, emoções e pensamentos, entre a linguagem verbal e a não verbal" (BOSCAINI, 2012, p.158), tem um papel fundamental na intervenção terapêutica com crianças com problemas no domínio do sentir, compreender e comunicar as emoções, que necessitam de olhar e escutar o próprio corpo, encontrar as palavras do (no) corpo e comunicar as suas emoções de forma que se tenha sucesso nas suas relações com os outros.

Referências

ALEXANDER, G. *A Eutonia: um caminho para a experiência total do corpo.* São Paulo: Editora Martins Fontes, 1983.

BOSCAINI, F. Uma semiologia psicomotora para um diagnóstico e uma intervenção específica. *In:* J. FERNANDES & P. GUTIERRES FILHO, *Psicomotricidade:* abordagens emergentes. Barueri: Manole, 2012.

Brieghel-Müller, G. *Eutonia e relaxamento.* São Paulo: Summus Editorial, 1987.

CIARROCHI, J.; SCOTT, G.; DEANE, F. P. & HEAVEN, P. C. Relations between social and emotional competence and mental health: A construct validation study. *Personality and individual differences. 2003, 35*(8), 1947-1963.

DENHAM, S. A. *Emotional development in young children.* New York: Guilford Press, 1998.

DENHAM, S. A.; BLAIR, K. A.; DEMULDER, E.; LEVITAS, J.; SAWYER, K.; AUERBACH–MAJOR, S. & QUEENAN, P. Preschool emotional competence: Pathway to social competence? *Child Dev. 2003, 74*(1), 238-256.

FERNANDES, J. Abordagem emergente... em Psicomotricidade... *In*: J. FERNANDES & P. GUTIERRES FILHO (Eds.), *Psicomotricidade*: abordagens emergentes. Barueri, SP: Manole, 2012.

FIELDS, L. & PRINZ, R. J. Coping and adjustment during childhood and adolescence. *Clinical psychology review. 1997, 17*(8), 937-976.

FONTANA, D. & SLACK, I. *Teaching meditation to children*: A practical guide to the use and benefits of meditation techniques: Element, 1998.

FRIJDA, N. H. *The emotions.* Cambridge University Press, 1986.

GARNER, P. W. & WAAJID, B. The associations of emotion knowledge and teacher–child relationships to preschool children's school-related developmental competence. *Journal of Applied Developmental Psychology. 2008, 29*(2), 89-100.

GERBER, J. The use of art therapy in juvenile sex offender specific treatment. *The Arts in Psychotherapy.* 1994, 21(5), 367-374.

GROSS, J. J. & THOMPSON, R. A. Emotion regulation: Conceptual foundations. *In*: J. J. GROSS (Ed.), *Handbook of emotion regulation* (Vol. 3, pp. 3-24). New York: Guildford Publications, 2007.

JACOBSON, E. *Progressive relaxation.* Oxford, England: The University of Chicago Press, 1938.

LEERKES, E. M.; PARADISE, M. J.; O'BRIEN, M.; CALKINS, S. D. & LANGE, G. Emotion and cognition processes in preschool children. *Merrill-Palmer Quarterly.* 2008, 54(1), 102-124.

LEVENSON, R. W. The intrapersonal functions of emotion. *Cognition & Emotion.* 1999 13(5), 481-504.

MARTINS, R. A relaxação terapêutica no contexto da saúde mental – o corpo como ponte entre a emoção e a razão. *In*: V. FONSECA & R. MARTINS (Eds.), *Progressos em Psicomotricidade* (pp. 95-108). Cruz Quebrada: FMH Edições, 2001.

RIEFFE, C.; CAMODECA, M.; POUW, L. B.; LANGE, A. M. & STOCKMANN, L. Don't anger me! Bullying, victimization, and emotion dysregulation in young adolescents with ASD. *European Journal of Developmental Psychology.* 2012, 9(3), 351-370.

RIEFFE, C.; OOSTERVELD, P. & MEERUM TERWOGT, M. An alexithymia questionnaire for children: Factorial and concurrent validation results. *Personality and individual differences.* 2006, 40(1), 123-133.

RIEFFE, C.; OOSTERVELD, P.; MIERS, A. C.; MEERUM TERWOGT, M. & LY, V. Emotion awareness and internalising symptoms in children and adolescents: The Emotion Awareness Questionnaire revised. *Personality and individual differences.* 2008, 45(8), 756-761.

RIEFFE, C.; TERWOGT, M. M. & BOSCH, J. D. Emotion understanding in children with frequent somatic complaints. *European Journal of Developmental Psychology.* 2004, 1(1), 31-47.

RIEFFE, C.; TERWOGT, M. M. & JELLESMA, F. C. Emotional competence and health in children *Emotion Regulation* (pp. 184-201): Springer, 2008.

RIEFFE, C.; TERWOGT, M. M. & KOTRONOPOULOU, K. Awareness of single and multiple emotions in high-functioning children with autism. *Journal of autism and developmental disorders.* 2007, *37*(3), 455-465.

RIEFFE, C.; VILLANUEVA, L.; ADRIÁN, J. E. & GÓRRIZ, A. B. Quejas somáticas, estados de ánimo y conciencia emocional en adolescentes. *Psicothema.* 2009, *21*(3), 459-464.

SCHERER, K. R. Emotion. *In*: M. HEWSTONE & W. STROEBE (Eds.). *Introduction to Social Psychology*: A European perspective. Oxford: Blackwell, 2000.

SINGER, M. T. Psychological dimensions in psychosomatic patients. *Psychotherapy and psychosomatics.* 1977, *28*(1-4), 13-27.

SUVEG, C. & ZEMAN, J. Emotion regulation in children with anxiety disorders. *Journal of Clinical Child and Adolescent Psychology.* 2004, *33*(4), 750-759.

Trentacosta, C. J. & Fine, S. E. Emotion Knowledge, Social Competence, and Behavior Problems in Childhood and Adolescence: A Meta-analytic Review. *Social development.* 2010, *19*(1), 1-29.

VAN DER KOLK, B. A. Developmental trauma disorder. *Psychiatric Annals.* 2005, *35*(5), 401-408.

WATSON, A. C.; NIXON, C. L.; WILSON, A. & CAPAGE, L. Social interaction skills and theory of mind in young children. *Developmental Psychology.* 1999, *35*(2), 386.

WAY, I.; YELSMA, P.; VAN METER, A. M. & BLACK-POND, C. Understanding alexithymia and language skills in children: Implications for assessment and intervention. *Language, speech, and hearing services in schools.* 2007, *38*(2), 128-139.

WIEFFERINK, C. H.; RIEFFE, C.; KETELAAR, L. & FRIJNS, J. H. Predicting social functioning in children with a cochlear implant and in normal-hearing children: The role of emotion regulation. *International journal of pediatric otorhinolaryngology.* 2012, *76*(6), 883-889.

WINTREBERT, H. *La relaxation de l'enfant.* Paris: Editions L'Harmattan, 2003.

WRIGHT, M.; BANERJEE, R.; HOEK, W.; RIEFFE, C. & NOVIN, S. Depression and social anxiety in children: Differential links with coping strategies. *Journal of abnormal child psychology.* 2010, *38*(3), 405-419.

ZEMAN, J. & GARBER, J. Display rules for anger, sadness, and pain: It depends on who is watching. *Child development. 1996, 67*(3), 957-973.

Cap. 5

Comunicação não verbal na intervenção psicomotora

*António Ricardo Mira e
Jorge Manuel Gomes de Azevedo Fernandes*

A Psicomotricidade pertence a um campo transdisciplinar que estuda e investiga as relações e as influências recíprocas e sistêmicas entre o psiquismo e a motricidade (FONSECA, 2005). Por sua vez, Sérgio (1994) refere que a motricidade humana significa que o ser humano é, fundamentalmente, relação com o outro, com o mundo e com o absoluto. Em nosso entender, no âmbito psicomotor, a motricidade deve ser compreendida como expressão da estrutura funcional, do esquema corporal e imagem corporal, como meio de relação com o envolvimento onde, em um determinado espaço e tempo, manifestam-se todas as emoções. Assim, os psicomotricistas associam a esta motricidade a estrutura psíquica que está subjacente à integração gnoso-práxica e tônico-emocional que constitui o fundamento de toda a expressividade motora, simbólica e afetiva do comportamento humano (FERNANDES, 2012). Nunca é demais relembrar que a especificidade da Psicomotricidade deve centrar-se na compreensão e no significado do "corpo em relação" (AJURIAGUERRA, 1962) e na aplicabilidade da "motricidade em relação" (JOLIVET, 1972), ou seja, em uma práxis que se realiza por meio da "motricidade lúdica em relação". (JOLY, 2010)

A Psicomotricidade utiliza diferentes mediações corporais que perspectivam a aquisição de comportamentos motores associados às capacidades relacionais, simbólicas e emocionais da criança. Neste sentido, os psicomotricistas têm de estar receptivos à escuta da expressão motora, ou seja, à leitura corporal da expressividade da criança a partir das relações não verbais que ela estabelece consigo própria, com os outros e com os objetos.

Nas universidades onde existe formação em Psicomotricidade, dá-se grande importância ao ensino e à aprendizagem de diversos protocolos de observação. A observação dos parâmetros psicomotores permite o conhecimento da expressividade motora da criança que é fundamental para constatar a evolução do seu comportamento. Em todo o processo de observação, existe sempre algo do próprio observador, ou seja, existe a influência dos sentimentos e da vontade do psicomotricista que é influenciada pelas suas projeções e afetos, que Aucouturier (2007) denomina de "ressonâncias tônico-emocionais". Refere, ainda, este autor que o observador deve questionar-se sobre o seu próprio olhar e entender o que se passa com ele próprio, antes de interpretar qualquer ação da criança. Isto porque a observação do não verbal solicita as emoções, os fantasmas e as angústias mais arcaicas. É fundamental que o psicomotricista conheça e compreenda as angústias e emoções que sente quando observa certas situações vividas pela criança. Toda esta contra-transferência emocional deve ser "filtrada" pelo psicomotricista, pois, como nos refere Contant e Calza (1990), o terapeuta deve escutar o seu próprio comportamento, as suas próprias reações, os seus próprios desejos em relação ao sujeito. Desta forma, consegue descentrar-se das suas próprias projeções e realizar as observações com mais eficácia e empatia.

Uma das condições fundamentais para que a prática psicomotora seja efetiva, será definir, antes de qualquer coisa, a atitude relacional do psicomotricista. Esta atitude relacional centra-se, como já referimos, na disponibilidade corporal e na adaptação tônico-emocional do psicomotricista, mas também na capacidade de transmitir segurança, tornando-se como um "espelho" tônico-emocional tranquilizador e não culpabilizante ao serviço da evolução da criança. A capacidade de o psicomotricista repetir ou de espelhar as ações da criança permite que esta se sinta aceitada e em segurança.

Em termos educativos, profiláticos ou mesmo terapêuticos, a atitude relacional do psicomotricista é de permitir que a criança brinque livre e espontaneamente, e que possa vivenciar uma relação com quem está disponível para as suas ações e emoções. Fundamentalmente, esta relação deve basear-se em um acolhimento empático que permita à criança evoluir do prazer de agir ao prazer de pensar (AUCOUTURIER, 2007). Ao permitir que as crianças se expressem, espontaneamente, em um ambiente empático, solicitando as estruturas simbólicas, estas vivenciam os fantasmas de ação, reasseguram as angústias de perda e integram a realidade associada ao prazer de agir, de criar e de serem elas próprias. Brincar de esconde-esconde, de ser perseguido, de ser protegido, em identificar-se com o agressor permite o desenvolvimento da função simbólica, dos processos de reasseguramento em face das angústias e do processo de descentração tônico-emocional. Quando existe uma desestruturação psicossomática, aparecem os problemas de expressividade, de agitação, de impulsividade ou de passividade motora. Estes distúrbios são reflexo de falhas no processo de reasseguramento provocado pela intensidade das angústias de perda que a criança não conseguiu assimilar ou que foram insuficientemente contidos. Nestas situações, pretende-se ajudar a criança a adquirir a capacidade de reasseguramento simbólico e profundo de perda e desfragmentação do corpo e a ultrapassar as angústias, por meio da mediação corporal, pelo prazer de agir, tendo como facilitador a relação empática estabelecida com o psicomotricista. Como refere Jolivet (1982) nesta relação entre sujeito e psicomotricista, constrói-se uma linguagem infraverbal onde a palavra apenas é utilizada para orientar, melhorar a relação, ou dar segurança.

O que acabamos de referir sobre a Psicomotricidade, a intervenção psicomotora e sobre o psicomotricista e a criança radica, como se poderá depreender, naquilo que reputamos de poderoso processo de relação (comunicação) entre os *actantes* envolvidos no processo terapêutico. É, pois, essa relação (comunicação) que vai permitir ou não o sucesso de todo e qualquer trabalho psicomotor que se realize, em qualquer uma das suas dimensões: preventiva, educativa, reeducativa e terapêutica. Esse processo pressupõe que ambas as partes, psicomotricista e criança[1] interessados em um determinado tipo de relação ou em determinados tipos de relação, escolham o(s) modelo(s) de comunicação que lhe(s) permita(m) a criação, a manutenção, a alteração e o término do(s) referido(s) relacionamento(s). Convém, contudo, realçar que se entende que esse(s) relacionamento(s) terá(ão) sempre os limites que circunstâncias de tempo, lugar e modo, associadas a este contexto profissional específico, impõem. Se, em qualquer situação em que se

---

[1] Mutatis mutandis, o mesmo será válido para adolescentes, jovens e adultos.

considerem dois seres humanos em contato, em um primeiro momento e mesmo em momentos subsequentes, muitas dessas escolhas de relação e de comunicação se situam em um nível inconsciente. A verdade é que essa inconsciência não pode permanecer no psicomotricista, pelo menos de forma plena, enquanto profissional envolvido em determinado processo terapêutico. O psicomotricista não pode permanecer, dentro do possível, na inconsciência da relação (comunicação) que o envolve e a criança, pois é esse tipo de parentesco relacional (comunicativo) existente, a cada momento, entre si e o outro, que funcionará como adjuvante ou como oponente no trabalho preventivo, educativo, reeducativo e terapêutico que esteja a ser por si levado a cabo com a criança e que se quer realizado simbioticamente. Simbioticamente, no sentido em que o psicomotricista não deve ser o agente nem a criança a agida. Ambos serão uma coisa e outra, o que só se conseguirá por meio de uma relação (comunicação) em que seja possível "pôr em comum"[2] um largo número de volições e "fazer comunidade"[3] de sentimentos e emoções conducentes ao sucesso. Nesse estar, poder-se-á ser. Nesse estar, operar-se-á a transformação. Contudo, se a gestão da relação (comunicação) não for adequada aos objetivos do encontro entre psicomotricista e criança, os resultados esperados desse momento terapêutico não serão atingidos ou só deficientemente serão alcançados. E se esta circunstância, só por si, já não é um bem, por não terem sido alcançados os objetivos da terapia que se apresentaram, a verdade é que o mal não está só em não terem sido atingidos tais propósitos. Uma situação falhada, percebida pelas duas partes em ação ou só por uma delas, pode inviabilizar um acerto relacional que, definitivamente, levará a intervenção ao fracasso, total ou parcial, ou a deixará sem que se produzam progressos, totais ou parciais.

A relação de que falamos tem de criar-se a partir de escolhas de modelos comunicacionais. A presença da comunicação verbal e digital é inevitável em todo o processo que estamos referindo, mas "a linguagem digital é uma sintaxe lógica sumamente complexa e poderosa mas carente de adequada semântica no campo das relações" (WATZLAWICK, BEAVIN & JACKSON, 1967, p. 61). A comunicação não verbal como linguagem analógica, contudo, "possui a semântica mas não tem uma sintaxe adequada para a definição não ambígua da natureza das relações" (WATZLAWICK, BEAVIN & JACKSON, 1967, p. 61). Não obstante, a ambiguidade que a caracteriza

---

[2] Veja-se o sentido etimológico da palavra comunicação.
[3] Veja-se o sentido etimológico da palavra comunicação.

é, por veicular as emoções e os sentimentos, a mais relevante para criar a relação, para possibilitar a percepção da criança pelo psicomotricista e para humanizar o programa terapêutico que deve superar, no caso da intervenção psicomotora, as práticas meramente instrumentais. A comunicação analógica é a comunicação não verbal, sendo que esta é mais do que a linguagem do corpo (*body language*). Devemos considerá-la como Fernando Poyatos (1994) a entende, ou seja, como

> las emisiones de signos activos o pasivos, constituyan o no comportamiento, a través de los sistemas no léxicos somáticos, objectuales y ambientales contenidos en una cultura, individualmente o en mutua coestruturación. (p. 17)

Daqui se pressupõe que, além de nós, seres sociais, também o ambiente, natural, modificado ou construído, que nos rodeia, está constantemente emitindo signos não verbais. (POYATOS, 1994)

Esta realidade deve pressupor, pois, que o psicomotricista deva considerar, nesta esfera não verbal, por um lado, tudo o que à linguagem do corpo (*body language*) diz respeito e, por outro, o contexto em que decorrem as ações de Psicomotricidade. Mais do que o apuramento da consciência da leitura do que é não verbal na comunicação, quer na perspectiva de emissor, quer na de receptor, o psicomotricista tem de ter preparação acadêmica e/ou outra em comunicação não verbal.

Quanto à linguagem do corpo (*body language*), há de se saber usar e interpretar os códigos prosódicos (tom, duração, intensidade, entoação, pausa), sons da fala com uma força comunicativa de 38%, em que a palavra joga com 7% e a linguagem geral do corpo com 55% desse poder de comunicação (persuasão), em um efeito combinado de comunicação em que estão, pois, presentes, em simultâneo, os elementos prosódicos da linguagem verbal, a linguagem verbal e a linguagem do corpo (MEHRABIAN, A. & FERRIS, S.R., 1967).[4] Ainda quanto a este último aspecto, o conhecimento e a gestão adequada dos signos quinésicos (gestos e mímicas: adaptadores, ilustradores, reguladores, emblemas e expressões afetivas), proxêmicos (espaço: zonas íntima fechada, íntima, pessoal, social e pública) e cronêmicos (tempo), parecem-nos essenciais em contexto profissional. Além do conhecimento desta informação presente em qualquer

---

[4] Segundo Mehrabian, A. e Ferris, S.R. (1967), esta percentagem não se verifica quando o sujeito está falando sobre os seus sentimentos e/ou atitudes.

situação de comunicação humana, não pode, similarmente, o psicomotricista ignorar a sua especificidade na prática terapêutica psicomotora. Em um processo incessante e de revisão constante, para que seja possível criar, manter, alterar e fechar a comunicação e atuar, profissionalmente, no seu quadro, é necessário que, a par da preparação em Psicomotricidade, o psicomotricista saiba como iniciar o processo de comunicação não verbal pela "calibragem", ou seja, pela observação possível das alterações neurofisiológicas provocadas por imagens mentais, diálogos interiores e por recordação de sensações do interlocutor (BERTOLOTO VALLÉS, 1995). Tal como este autor elenca, tal pode ser feito por meio da leitura do ritmo e da posição da respiração, do movimento das asas do nariz, da tonalidade da pele (ruborização, acrescentamos nós), da dilatação dos poros da pele, do movimento e tamanho dos lábios (intumescimento, clarificamos nós), do movimento dos músculos do maxilar, da dilatação e contração das pupilas, do movimento dos olhos, da velocidade do pestanejar, da postura, do ritmo cardíaco, dos pequenos movimentos, dos gestos, da inclinação da cabeça. O psicomotricista terá também de saber, fazer e reconhecer o "compassamento" também chamado de "espelhamento", em que os comportamentos corporais se reproduzem, acusando acordo, relação (comunicação). Mas é tão importante identificar o "espelhamento" para entender o que está acontecendo entre os atuantes e como identificar a sua ausência. Se a sua existência pode significar acordo, relação (comunicação), a sua ausência pode significar o contrário. Será a partir dessas leituras que se terá de adequar os procedimentos para que seja possível atuar com sucesso terapêutico. É exigível refletir a postura do outro; reproduzir os seus movimentos; acertar com ele o seu nível físico; ser capaz de gerir o contato ocular (*eye contact*) entre os dois; respirar com e como o outro; espelhar, verbalmente, com ele, tendo em conta não só os elementos prosódicos da sua linguagem mas também o vocabulário que utiliza. A partir das condições criadas, faltará, então, chegar ao *rapport*. Para Bertoloto Vallés (1995), estar em *rapport* é partilhar uma emoção, um estado de relação ou de empatia, sair do nosso próprio modelo de mundo e contatar com o paradigma de mundo do outro, o que exige alma. Se tudo isto acontecer, este terapeuta estará em condições de poder liderar, como acabará por dever fazê-lo, o processo em que ele e a criança já estão vinculados de modo que consigam vencer as dificuldades diagnosticadas. "*Liderar* é ser capaz de criar um mundo ao qual as pessoas queiram pertencer". (BERTOLOTO VALLÉS, 1995, p. 61)

A experiência da vivência psicomotora (preventiva, educativa, reeducativa e terapêutica), bilateral, mútua, simbiótica, entre psicomotricista e criança, tem, ainda, de contar com um tempo (cronemia) e com um espaço (proxemia) que lhe sejam favoráveis, de modo que ambos atinjam não só os objetivos gerais, que antes enunciamos, mas também alcancem aqueles que terão de ser especificamente determinados para e por aquele, quando possível, que, participando na intervenção psicomotora, é o seu primeiro e último destinatário, a criança. O tempo deverá ser o tempo cronológico marcado em um horário cíclico, tabela de mesmos dias e de mesmas horas, escrupulosamente cumprido pelos dois atantes, ao longo de um tempo criteriosamente determinado. A criação de uma rotina temporal na intervenção psicomotora é favorável, por parte da criança, à criação de sentimentos de pertença, de não abandono, de asseguração, de existência de uma relação certa e duradoura, de exclusividade nessa mesma relação. O sentimento de ter a disponibilidade certa de alguém para, especialmente, o cuidar, o sentir-se cuidado, também não são despicientes (sem importância) neste processo nem estranhos a esta forma de usar o tempo. A delimitação e limitação do tempo para a realização de determinados procedimentos na intervenção psicomotora e para a duração total do processo desta operação, respectivamente, devem ser regulados por imperativos de necessidades da criança e a todo o momento avaliadas (reavaliadas). Só a avaliação (reavaliação) constante pode conduzir à regulação adequada dos tempos nas ações. Também, quer na ação, quer na sua regulação, o tempo psicológico da criança tem de ser considerado. Sobretudo, as suas respostas não verbais serão decisivas para que o psicomotricista calibre a forma de gerir ou de como está administrando o tempo. Signos não verbais presentes na linguagem corporal da criança podem acusar cansaço físico e/ou psicológico ou, até, desmotivação para a tarefa. Nesses casos, o tempo de uma tarefa, de uma sequência de tarefas ou de uma sessão terão chegado ao fim. Impõe-se, pois, uma mudança de trabalho, de sequência de trabalhos ou, mesmo, o terminar de tudo isso, incluindo o cessar da própria sessão.

A questão proxêmica, ou seja, a gestão do espaço na Psicomotricidade relacional também pode ser encarada nesta perspectiva rotineira. O espaço físico onde se desenrolam as ações de intervenção psicomotora deve ser sempre o mesmo para que a criança, depois de ter sido apresentada, previamente ao seu trabalho com o psicomotricista, por visita guiada, e por si usado uma e várias vezes, passe a ser-lhe tão familiar que, não lhe sendo já estranho, possa ser por ela vivido como um espaço pessoal, tão familiar como o da sua própria casa. O que esse espaço deve ter é uma superfície adequada que permita a realização de laborações necessariamente diversificadas em que se possa jogar com os benefícios que advêm de uma adequada gestão e exploração, na intervenção, orientada pelo psicomotricista, da distância íntima[5], da distância pessoal, da distância social e da distância pública, tal como definidas por Hall (s/d). Nesse aproveitamento das potencialidades do espaço para o sucesso das atividades que nele se desenvolvem, terá ainda de considerar todo um cenário em que os móveis e objetos aí colocados deverão constar com intenção funcional e comunicativa em que serão ponderadas as suas propriedades de volume, de forma, de cor e de textura, além de deverem também ser avaliadas as possibilidades que devem possuir como elementos organizadores de um espaço de estrutura móvel.

No caso das rotinas espaço-temporais, achamos que deve ser uma das preocupações do psicomotricista o não deixar que, por meio delas, se criem fenômenos perniciosos de dependência da criança relativamente a este profissional, a estes tempos e a estes espaços. De entre outros possíveis aspectos negativos associados às rotinas, neste caso, este parece-nos ser aquele que, com prioridade sobre os outros, se deva acautelar.

As concepções que acabamos de expender estão certamente ligadas às bases que estruturam um modelo teórico de intervenção psicomotora, de alguma forma já sugerido, que se organiza e emerge das sinergias que se edificam entre as seguintes linhas mestras de concepção teorética plural:

1. aceitando que a motricidade humana radica no fato de que o ser humano é fundamentalmente relação com o outro, com o mundo e com o absoluto (SÉRGIO, 1974). A intervenção psicomotora deve ser cometida nesta perspectiva relacional, como tem sido apresentada ao longo dos tempos por Ajuriaguerra (1962), Jolivet (1972) e Joly (2010);

2. partindo do princípio que, no âmbito psicomotor, a motricidade deve ser entendida como expressão da estrutura funcional, do esquema corporal e imagem corporal, como meio de relação com o envolvimento onde, em um determinado espaço e tempo, se manifestam todas as emoções, a prática psicomotora deve ser abordada em uma perspectiva em que a relação se estabelece, fundamentalmente, por intermédio de modelos de

---

[5] A esta distância é possível o toque expressivo, também dito afetivo, o toque instrumental e o toque expressivo-instrumental ou instrumental-afetivo, de acordo com as designações e definições de Watson (1975). As outras distâncias proporcionarão outras manobras de relacionamento e de condução à autonomia e socialização da criança.

comunicação não verbal, pois são eles que, de uma forma analógica, transportam em si os signos em que tais emoções e sentimentos se codificam;

3. ao psicomotricista compete, antes de mais nada, escolher o tipo de relação que quer estabelecer com a criança e esta com ele, tendo em vista o sucesso da intervenção psicomotora participada que querem levar a cabo. Na sequência dessa escolha, cabe-lhes eleger o tipo de comunicação, sobretudo não verbal, que sirva esse padrão de relação predeterminado, permitindo-lhes a criação, a manutenção, a alteração e o fechamento do referido relacionamento;

4. o trabalho preventivo, educativo, reeducativo e terapêutico será sempre realizado simbioticamente, no sentido em que o psicomotricista e a criança serão ambos agentes e agidos nesse labor;

5. o programa de intervenção psicomotora deve ser humanizado pelo que terá de superar as práticas meramente instrumentais;

6. no contexto (cenário) em que se passam as ações de intervenção psicomotora, terá o psicomotricista de considerar os signos não verbais, ativos e/ou passivos, somáticos, objetais e ambientais, individualmente ou em mútua coestruturação, de modo que seja capaz de ler os seus significados e agir corretamente, tendo em vista o sucesso dessa sua mesma intervenção.

Referências

AJURIAGUERRA, L. Le corps comme relation. *Revue Suisse de Psychologie puré apliquée.* 1962, 21, 137-157.

AUCOUTURIER, B. *O método Aucouturier.* Fantasmas de ação e prática psicomotora. São Paulo: Ideias e Letras, 2007.

BERTOLOTO VALLÉS, G. *Pogramação neurolinguística.* Lisboa: Editorial Estampa, 1995.

CONTANT, M. & CALZA, A. *L'unité psychosomatique en psychomotricité.* Paris: Masson, 1990.

FERNANDES, J. & GUTIERRES FILHO, P. *Psicomotricidade*: abordagens emergentes. São Paulo: Manole, 2012.

FONSECA, V. *Desenvolvimento psicomotor e aprendizagem.* Lisboa: Âncora Editora, 2005.

HALL, E. T. *A dimensão oculta.* Lisboa: Relógio D'Água; (s/d).

JOLIVET, B. De la relation en psychomotricité. *Perspectives Psychiatriques.* 1972, 29, 37-40.

JOLIVET, B. Le corps en Fuite. *Thérapie Psychomotrice.* 1982, 53, 23-34.

JOLY, F. Psychomotricité: une motricité ludique en relation. *In:* POTEL, C. (Ed.) *Psychomotricité*: entre théorie et pratique. 3 ed. Paris: In Press, 2010.

MEHRABIAN, A. & FERRIS, S. R. Inference of attitudes from nonverbal communication in two channels. *Journal of Consulting Psychology,* 1967, 31(3), 48-58.

POYATOS, F. *La comunicación no verbal.* Madrid: Istmo, 1994.

SÉRGIO, M. *Motricidade Humana*: contribuições para um paradigma emergente. Lisboa: Instituto Piaget, 1994.

WATSON, W. H. The meaning of touch: geriatric nursing. *Journal of Communication.* 1975, 25(3), 104-112.

WATZLAWICK, P.; BEAVIN, J. & JACKSON, D. *Pragmática da comunicação humana.* São Paulo: Cultrix, 1967.

Cap. 6

Equilíbrio versátil na perspectiva psicomotora

*Jorge Manuel Gomes de Azevedo Fernandes e
Anthony Coler*

Alguns estudos da Física demonstram que o equilíbrio ocorre quando a força resultante que atua em um sistema é nula ou, dito de outra forma, quando o somatório das forças aplicadas ao sistema é igual a zero. Quando diversas forças e momentos atuam sobre o corpo em sentidos opostos e se anulam, denomina-se de equilíbrio estático. Já o equilíbrio dinâmico ocorre quando todas as forças estão equilibradas, mas movem-se a uma velocidade constante (SEARS, ZEMANSKY *et al.*, 1991; DRAKE, 1978). Não é fácil percepcionar se o equilíbrio que nós experimentamos como seres humanos é estático ou dinâmico. São evidentes as suas características diferentes, mas também as suas interdependências. O que pode parecer um processo de desenvolvimento separado torna-se, pelo contrário, um processo único devido às suas qualidades inseparáveis.

Durante o crescimento da criança, a mãe auxilia o controle do seu equilíbrio, manipulando os fatores externos que permitem uma adaptação progressiva ao meio envolvente. O seu desenvolvimento motor evolui de uma reptação a uma quadrupedia, transformando-se mais tarde em uma quadrumania e, finalmente, na aquisição da posição bípede. Desde o nascimento, a criança opera uma transformação na sua motricidade e na sua organização tônica pela maturação das estruturas do sistema nervoso central. Esta transformação faz-se no sentido próximo-distal (COGHILL, 1929) ou, como refere Ogden (1959), no sentido próximo-distal-próximo e, também, na direção cefalocaudal e cúbito-radial (GESSELL, 1953), constituindo o substrato necessário para a aquisição da evolução motora até a posição bípede. Vai também evoluir de uma praxia fina grosseira para uma praxia fina com dextralidade bimanual e dissociação digital, que constituirá a base para a realização de atividades visório-manuais cada vez mais adaptadas.

A criança nasce com o sistema nervoso por e para acabar, ou seja, imaturo e, por meio das relações que estabelece com o envolvimento, desenvolve todo um processo de mielinização, o que significa uma maior velocidade na transmissão dos impulsos nervosos (GARBAY et al., 2000) que é fundamental para a qualidade do equilíbrio e da motricidade. Além do processo de mielinização das estruturas corticais responsáveis pela dimensão práxica do comportamento, que estão associadas ao equilíbrio e à motricidade, não devemos esquecer a importância das estruturas límbicas e hipotalâmicas que participam nas percepções e nas emoções (PHELPS, 2004, VANDERWOLF et al., 1988). Queremos referir que existirá toda uma maturação neuronal que expressa de forma lenta e progressiva o equilíbrio tônico-emocional, o equilíbrio afetivo e o equilíbrio das estruturas gnoso-práxicas. A causa efeito destes processos maturacionais permitirá, com o tempo, o aparecimento da capacidade de reflexão a partir de um estado inicial de expressões reflexas (FONSECA, 2010), o desenvolvimento do pensamento a partir dos atos motores (WALLON, 2008) e a aquisição do prazer de pensar a partir do prazer associado à realização de ações espontâneas. (AUCOUTURIER, 2007, 2010)

Winnicott (1975), pediatra e psicanalista, estudou os processos inerentes ao equilíbrio psicológico da criança e introduziu o conceito de *mãe suficientemente boa* (MSB), ao abordar o papel fundamental que esta tem no processo de maturação do filho. Após o nascimento, o bebê e a mãe formam uma unidade fusional. Nesta fase, ainda não existe Eu e não Eu, não há objetos externos, não há mãe, não há externalidade, a mãe é parte do bebê. A partir desta dependência absoluta, a MSB promove condições de segurança que vão permitir que o bebê se integre no mundo. Por meio deste ambiente facilitador, será possível um crescimento equilibrado e saudável. Com o passar do tempo, a relação de confiança que a mãe estabelece com o filho vai permitir que este perceba a existência de um mundo interno e um mundo externo.

Se certas teorias nos referem que o recém-nascido não tem consciência de ser diferente da pessoa que lhe é continente, outras teorias referem que ele tem consciência do objeto, mas de forma muito primitiva (BÉGOIN, 2005). No entanto, podemos deduzir que, quando o recém-nascido mama, não tem consciência onde começa o peito da mãe e termina a sua boca, ou melhor, não tem consciência que está um peito na sua boca, que existe uma mãe e um bebê. Podemos entender que pouco a pouco se vai realizar uma diferenciação, por meio da ausência temporária do peito quando a mãe se afasta, que terá como efeito apreciar a sua presença quando voltar a mamar. Assim, por meio deste desequilíbrio – presença agradável *versus* ausência desagradável – o bebê toma consciência de que o peito não faz parte da sua boca. Com o tempo, além de percepcionar a diferença entre o seu corpo e o corpo da mãe, ele começa, e como nos refere Quinodoz (1997), a diferenciar o seu Eu da pessoa-mãe, desde que a frustração provocada pela ausência desta não seja exagerada, e não sinta essas separações como definitivas. Se isto não acontecer, poderá sentir o vazio, o buraco negro que se traduz na angústia da queda, da separação, na sensação de desequilíbrio e de vertigem (AUCOUTURIER, 2007, QUINODOZ, 1997). A sensação de ameaça do equilíbrio acontece de forma muito precoce, mesmo antes de a criança ser capaz de manter a postura bípede, pois podem-se observar comportamentos de agarrar e de segurar, que representam tentativas para se manter segura e apoiada, como que procurando a sensação do apoio fornecido pela mãe. (WINNICOTT, 1975)

Para se promover o desenvolvimento da criança, é necessário criar ambientes pouco restritivos e preparados para vivenciar diversas interações com os outros, os objetos e com a força da gravidade. Desta forma, ela poderá melhorar o seu equilíbrio, a coordenação geral, e, também, reassegurar as suas angústias arcaicas. (AUCOUTURIER, 2007, 2010)

Pretendemos transmitir a ideia de que a noção de equilíbrio está associada a dois lados de uma mesma moeda, onde existe um todo com lados distintos, mas inseparáveis. Considerando os fundamentos acima citados, propomos que o conceito de equilíbrio psicomotor inclua os dois lados desta moeda, e que seja entendido como equilíbrio versátil, que engloba tanto o lado psicológico como o lado motor.

O desenvolvimento do equilíbrio versátil como consequência da adaptação da criança ao seu envolvimento é realizado pelas repetições das ações que envolvem as *quedas, o estar sustentado*, o *tentar e o manter-se de pé, e as interações que realiza ao explorar o mundo envolvente*.

A queda

Vivenciamos a nossa primeira *queda* ao nascer. Durante o parto, o recém-nascido é expelido de um ambiente estável para um ambiente desconfortável da realidade exterior. Podemos assumir que a criança ao nascer vivencia de forma abrupta a passagem de uma posição fetal confortável no ventre materno para o vazio do mundo exterior. O recém-nascido fica em estado de alerta e manifesta o seu desconforto por ser atraído em direção ao solo pela força da gravidade. Nestes primeiros momentos, o choro manifesta a dor da abertura das cavidades dos pulmões ao vivenciar a sua primeira respiração, mas também permite marcar a sua existência no espaço e no tempo. É também nesta fase que o recém-nascido em situação de queda tenta agarrar aquilo que não existe e, portanto, responde por um reflexo braquial que promove o desencadear de um mecanismo de defesa motora. Esta expressão do recém-nascido é conhecida como reflexo de Moro. Este reflexo traduz o medo de cair e expressa-se por intermédio de movimentos de abdução e adução dos braços, assim como, pelo choro. Quando observamos um bebê no colo da mãe, e esta realiza um movimento repentino, ele reagirá de forma semelhante ao reflexo de Moro, exprimindo uma sensação de aflição como se sentisse uma perda de si mesmo.

Se as interações que o recém-nascido estabelece nos primeiros tempos de vida forem atendidas na relação objetal, ele irá *desabrochar como uma flor*, mas, se, pelo contrário, não existir interação, ele irá *murchar* e começar a manifestar sinais de sede de afetividade (BAYLE, 2006). Se há uma boa qualidade nestas interações em que existe um receber e um agir efetivo por parte da criança, esta desenvolve uma abertura tônico-emocional-corporal em relação ao mundo exterior e ao outro (AUCOUTURIER, 2010). Se isto não suceder, vai sentir-se abandonado, como se caísse no vazio, somatizando tensões corporais de âmbito tônico-afetivo, que, de acordo com Quinodoz (1977), são um sinal de alarme à falta da função continente do objeto. Estas somatizações são inerentes à desilusão da perda do objeto. Estas falhas nas interações que acontecem nos cinco ou seis primeiros meses de vida, provocam as angústias arcaicas de perda do corpo. Tustin (1986) e Eshel (1998) referem-se a elas como ansiedades primitivas provocadas pelo medo de cair em um buraco negro.

O estar sustentado

Após a primeira experiência de queda, o recém-nascido é abraçado e consolado pela mãe. Os batimentos cardíacos da mãe são as únicas informações familiares que ele percepciona. Procura estabelecer uma relação simbiótica com a mãe, que representou até ao nascimento o espaço onde estava o seu corpo.

Depois de nascer, a criança é apresentada pela primeira vez em um *invólucro* – uma espécie de envelope protetor (WINNICOTT, 1979, 1986; ANZIEU, 1989; OGDEN, 1989). Este envelope permite que o bebê vivencie a segurança necessária para enfrentar o novo ambiente. O bebê necessita de uma pele psíquica que lhe proporcione unidade e sensação de satisfação. Para isso, necessita de uma *mãe suficientemente boa* que lhe proporcione situações contentoras, relativamente ao seu equilíbrio estático e dinâmico, e também à sua estabilidade afetiva, a fim de facilitar não só o bem-estar físico mas também psíquico, de forma que se sinta protegido, alcançando, assim, o equilíbrio versátil.

A mãe comunica com a criança por meio da linguagem e das ações. Neste relacionamento, o contato corporal é essencial, pois, ao dar contenção física à criança pelo *handling* ou proporcionar amparo psíquico por meio do *holding*, permite a diminuição das suas angústias (WINNICOTT, 1971). Pelo contrário, quando as mães são demasiado bruscas e pouco carinhosas, podem fazer com que os filhos adquiram estados de angústias insuportáveis que se expressam por instabilidade motora. Estas angústias provocam uma sensação de desintegração, de cair no vazio, de falta de conexão com o corpo e falta de orientação, que traduzem a essência das ansiedades psicóticas. (WINNICOTT, 1979)

Aucouturier (2007) afirma que, a partir dos três ou quatro meses de idade, a criança é incapaz de permanecer confortável nas restrições dos braços da mãe ou fechada no berço por um longo período de tempo. A estrutura do envelope que é criado não consegue conter mais os seus impulsos, pois o aumento das suas demandas vai provocar uma ruptura nesta proteção criada pela mãe. É, também, neste âmbito que Winnicott se refere à *mãe suficientemente boa,* dizendo que esta não deve ser demasiado boa. Tudo o que ela vai transmitir ao filho não tem de chegar nem muito depressa nem de forma excessivamente intensa. A ideia é ser uma mãe presente física e psiquicamente, mas, sem se dar em excesso ou sobrealimentar psiquicamente o filho. Neste sentido, o equilíbrio da mãe é fundamental para o equilíbrio da criança, que, na realidade, se deve sustentar em uma relação equilibrada inerente ao processo de vinculação intrauterina (BAYLE, 2006), e em uma relação equilibrada inerente ao processo de maternação que se traduz por uma mutualidade mãe e bebê. (CHODOROW, 2002)

Ao longo do crescimento da criança, a mãe deve incentivá-la a explorar o ambiente que a envolve (AUCOUTURIER 2007), não se tornando uma mãe exageradamente protetora. A criança sem a proteção direta da mãe adquire, por meio das suas atividades corporais, ou seja, da sua motricidade de exploração do envolvimento, o equilíbrio postural conjuntamente com o prazer em realizar essas mesmas atividades que se traduzem em prazer – prazer em agir, prazer no movimento, prazer na ação.

A experiência da criança que alterna entre as quedas e as tentativas de se levantar é denominada por Quinodoz (1997) como vertigem relacionada com o abandono. O cair traz de volta o medo definido como um sentimento muito realista de ser jogado fora, rejeitado ou aniquilado. Por outro lado, vivenciar a sensação de cair provoca um bem-estar associado à capacidade de vivenciar a noção de que o corpo mesmo caindo no solo se mantém intacto e sobrevive, o que será um jogo de reasseguração de acordo com Aucouturier (2007). Assim, ela começa a perceber que é possível sobreviver sem o apoio da mãe, adquirindo a percepção intacta e inteira de si, e prazer naquilo que realizou. Podemos dizer que a criança se sente sustentada mesmo sem a presença da mãe.

A procura e aquisição da posição de pé

A mãe vai afastando-se gradualmente do seu filho, entregando-o às leis da gravidade, fazendo com que ele vivencie inevitavelmente várias quedas no solo. A procura da posição de pé ocorre a partir do momento em que a criança, ao estar sozinha sem a mãe, adquire a sensação objetiva de não sentir ansiedade quando perde o equilíbrio e cai, mas sentir sim motivação para se aperfeiçoar por meio do prazer emergente em continuar a tentar levantar-se.

A criança aprende a coordenar os movimentos por meio destas vivências repetidas e, mais importante, aprende a desenvolver respostas adaptativas, provocando o que temos definindo como equilíbrio versátil, que é conseguido por meio da confiança e segurança em aceitar a queda, (re)assegurando-se.

Este conceito tem sido classicamente ilustrado por Walt Disney no clássico "Dumbo". A história de um elefante, que se distingue dos demais pelo tamanho enorme de suas orelhas. Ele recebe uma pena mágica do seu grande amigo, o rato Timóteo, que lhe permitirá voar. Quando Dumbo mergulha em um voo aparentemente destinado à queda enquanto segura a pena mágica, o seu amigo rapidamente exclama: *"Dumbo! Vamos, voe! Abra as orelhas! A pena mágica era apenas uma piada! Você pode voar! Honestamente, você pode! Depressa, abra as orelhas!...".*

Como sabemos, no último momento, Dumbo acredita na sua própria capacidade de voar, abana as orelhas e voa sobre a multidão. Podemos inferir que, na fase de queda, a mãe é análoga à pena. A criança não tem de ter a mãe para conseguir andar sozinha. Provavelmente ela vai cair, mas sente que carrega a pena mágica e tentará novamente. A criança está exercendo a capacidade de manter um equilíbrio versátil onde a confiança em si é fundamental. Quando perde o medo de cair, começa a desenvolver a capacidade de desafiar a gravidade.

As suas quedas, apesar de serem acompanhadas por dor e lágrimas, permitem que desenvolva a resistência necessária para se levantar e seguir adiante. A motivação para continuar a levantar-se, após as quedas, até manter-se de pé sem titubear ou cair, permite desenvolver a representação da necessidade de tentar novamente qualquer atividade, o que será muito útil para a sua vida futura. Assim, demonstra alegria em cair como se fosse uma brincadeira e é capaz de repeti-la voluntariamente. Este comportamento da criança resulta da necessidade de mostrar aos pais que é diferente e independente deles. (AUCOUTURIER, 2007)

A criança quando é capaz de se manter de pé e deslocar-se no espaço, se possível sobre os mais variados objetos e se atira para o chão, de forma que vivencie a insegurança gravitacional. Convive em um ambiente de prazer por intermédio de uma relação em que demonstra confiança na interação que realiza com o envolvimento. A capacidade de entrar, sair e apreciar o espaço em que se movimenta é fundamental para o seu desenvolvimento.

Uma criança que é estimulada a adquirir o equilíbrio versátil será capaz de utilizar estratégias que permitem superar obstáculos, por meio da sua capacidade de adaptação, assimilação, acomodação, resistência, tolerância, paciência, mas sobretudo permite-lhe enfrentar, de forma positiva, os seus objetivos. Por outro lado, a criança que não alcança o equilíbrio versátil demonstra dificuldades nas habilidades motoras, na autoimagem, em comunicar as suas emoções, em exprimir o seu mundo interior por meio de pensamentos e a se exprimir corporalmente. Muitas vezes, não consegue associar a linguagem verbal a representações simbólicas e não consegue expressar os seus medos e fantasmas, o que estará associado a questões pendentes relacionadas com o objeto mãe.

A criança que adquire um equilíbrio versátil não permanece na estagnação nem é agressiva negativamente. Reconhece as dificuldades associadas à realidade e compreende que as coisas não acontecem necessariamente da forma que queríamos que fossem, mas são o que são.

O papel do psicomotricista no desenvolvimento do equilíbrio versátil

Reconhecemos a importância da prática psicomotora no desenvolvimento da criança ao permitir melhorar a sua coordenação motora e aumentar a sua capacidade criativa em uma contínua descoberta daquilo que está além de si mesma. Ela adquire confiança para expressar os seus sentimentos por meio da sua corporeidade, demonstrando capacidade em evoluir psiquicamente em um estado de equilíbrio versátil.

Uma das formas de desenvolver tais capacidades é por meio do brincar, que permite à criança movimentar-se e agir livre e espontaneamente, e utilizar a comunicação simbólica por meio das relações que estabelece com os outros e os objetos.

A Psicomotricidade está associada a práticas que permitem a expressão simbólica do corpo e o prazer do movimento espontâneo. Segundo Aucouturier (2007), a motricidade é o caminho privilegiado para expressar os conteúdos inconscientes, que são os conflitos, as ansiedades e os medos, em busca de reasseguramento. Estamos perante uma prática que utiliza a unidade do corpo e da mente integrando o cognitivo, o emocional, as interações simbólicas e físicas na capacidade de o indivíduo ser e agir em um contexto psicossocial.

O principal papel do psicomotricista é observar a criança durante o jogo e facilitar a sua disponibilidade para ser ela mesma na relação com o envolvimento. O psicomotricista é um facilitador da participação emocional das crianças durante as brincadeiras. A este respeito, Aucouturier (2007) declarou que jogar é o antídoto para a ansiedade. O objetivo é proporcionar à criança uma forma prazerosa de brincar e incentivá-la a explorar livremente o espaço, os materiais e as relações com os outros de forma autônoma. Neste sentido, o psicomotricista deve: (a) ter um olhar não provocador, não autoritário, mas um olhar que procura o sentir, estando ele presente, mas não sendo visto; (b) ser facilitador do jogar natural da criança; e (c) incentivar a prática espontânea proporcionando ações simbólicas que expressam a sua emocionalidade muitas vezes associada à ansiedade inconsciente provocada pelas perdas arcaicas.

Para que o psicomotricista crie estas situações, necessita de respeitar algumas condições de intervenção, que, de acordo com Thiebo (2008), se caracterizam pela:

a) *importância dada ao corpo como instrumento de relação entre a pessoa e o mundo*, onde a motricidade é entendida como a forma de permitir a comunicação da criança com os outros, a forma de satisfazer os seus desejos e também de exprimir as suas emoções.;

b) *comunicação que vai do infraverbal ao verbal*, em que o corpo acede ao símbolo e exprime as tensões tônicas e motoras internas;

c) *unidade psicomotora*, que tem como estruturas charneiras a tonicidade, o diálogo tônico-emocional, o *holding* psicomotor e a espacialização;

d) *empatia tônico-emocional do psicomotricista*, por intermédio de um diálogo afetivo que permite ao psicomotricista partilhar o mundo do outro, estar com o outro partilhando as suas experiências internas;

e) *disponibilidade e adaptação corporal do psicomotricista*, que não se reduz a um ajustamento, mas a um diálogo tônico-emocional que pode traduzir diferença, novidade, limite, ruptura, oposição, alteridade, com o objetivo de alcançar a integração psicomotora, que vai desde o nível tônico ao representativo;

f) *identidade corporal do psicomotricista*, que se exprime a partir dele próprio, de todo o seu corpo, que será reflexo das suas experiências pessoais e vivências inerentes a uma formação pessoal a que esteve sujeito em termos formativos, e lhe permite dominar e aplicar situações proxêmicas adequadas e adaptadas às situações. Assim, o psicomotricista pode ser a escuta do outro em si próprio, em uma tentativa ilusória de compreensão do outro. Ele escuta a sua contratransferência emocional.

A qualidade destas condições permite ao psicomotricista envolver-se completamente, ou seja, de forma sintônica com a criança, e mediatizar as atividades propostas.

Como já referimos, por meio das brincadeiras espontâneas impregnadas de simbolismo, as crianças mediatizam os fantasmas de ação e asseguram ou reasseguram as angústias de perda e, paralelamente, favorecem a integração da realidade e a vivência do prazer de ser ela própria (AUCOUTURIER, 2010). Para este autor (2007), os objetivos globais desta prática são: (i) favorecer o desenvolvimento da função simbólica pelo prazer de agir e de criar; (ii) favorecer o desenvolvimento dos processos de asseguramento em face das angústias por meio do prazer de realizar atividades motoras; e (iii) favorecer o desenvolvimento do processo de descentração tônico-emocional, que leva ao prazer de pensar e, por consequência, ao prazer de aprender.

Na tentativa de resumir o que foi apresentado, podemos afirmar que existe um equilíbrio versátil associado a duas dimensões paralelas: o equilíbrio fisiológico e o equilíbrio psicológico. Como as funções do corpo e da estrutura psicológica influenciam os comportamentos, é imperativo que auxiliemos a criança na aquisição deste equilíbrio fundamental para as relações com o mundo exterior.

O conceito de equilíbrio versátil como um processo em que a criança adquire a capacidade de autonomia explorando o mundo exterior por meio da motricidade, é entendido por nós como um equilíbrio psicomotor. Para o fundamentar, revisitou-se a teoria de Winnicott e do papel da *mãe suficientemente boa* no desenvolvimento da criança, bem como a capacidade de tornar-se um ser independente por meio da experiência da queda, do estar sustentado, do tentar e manter-se de pé e das interações que realiza ao explorar o mundo envolvente. Abordamos, também, a prática psicomotora de Aucouturier por meio da qual a criança interage de forma espontânea e lúdica, o que lhe permite descobrir o prazer de ser por meio do prazer de reconhecer o outro e reassegurar as suas angústias. Ressaltamos que a visão da Psicomotricidade sobre o equilíbrio versátil concentra-se na capacidade humana de integrar os medos e as ansiedades por meio de atividades prazerosas que o jogo espontâneo permite vivenciar e, simultaneamente, as mais variadas situações sensório-motoras que permitem também o desenvolvimento das praxias e do controle do equilíbrio postural.

O Equilíbrio Versátil representa a conclusão, o encerramento, a capacidade de se movimentar a fim de sentir a sua própria presença entre os outros. É também por meio do equilíbrio versátil que a criança desenvolve a sua capacidade empática em se relacionar com os objetos e os outros. Assim, o desenvolvimento humano pode ser facilitado por meio do jogo em que a criança vai vivenciar *o cair, o ser sustentado, o aprender a levantar, e o explorar espontaneamente o envolvimento*. Para nós, psicomotricistas, é necessário, diria antes, obrigatório, enquadrarmos todo este desenvolvimento em uma dinâmica em que existe um *corpo em relação* (AJURIAGUERRA, 1962), uma *motricidade em relação* (JOLIVET, 1972), ou, como diz Joly (2010), uma *motricidade lúdica em relação*.

Referências

AJURIAGUERRA, L. Le corps comme relation. *Revue Suisse de Psychologie puré et apliquée.*1962, 21, 137-157.

ANZIEU, D. *The Skin Ego.* New Haven, CT: Yale University Press, 1989.

AUCOUTURIER, B. *O método Aucouturier:* Fantasmas de açāo e prática psicomotora. Sāo Paulo: Ideias e Letras, 2007.

AUCOUTURIER, B. *Dificuldades do Comportamento e Aprendizagem.* A pedagogia da escuta e a prática psicomotora para o acompanhamento do crescimento da criança. Lisboa: Trilhos, Coisas de Ler, 2010.

AYRES, J. *Sensory Integration and the Child.* 25 ed. Los Angeles: Western Psychological Services, 2005.

BAYLE, F. *À volta do nascimento.* Lisboa: CLIMEPSI, 2006.

CHODOROW, N. *Psicanálise da maternidade.* Rio de Janeiro: Editora Rosa dos Tempos, 2002.

COGHILL, G.E. *Anatomy and the problema of behavior.* New York: Macmillan, 1929.

DRAKE, S. *Galileo at Work.* Chicago: University of Chicago Press, 1978.

ESHEL, O. "Black Holes," deadness and existing analytically. *Internat. J. Psychoanal.*1998, 79, 1115-1130.

GARBAY, B.; HEAPE, A.M.; SARGUEIL, F.; CASSAGNE, E. & MYELIN, C. Synthesis in the peripheral nervous system. *Progress in Neurobiology.* 2000, 61, 267-304.

GESELL, A. *L'embryologie du comportement.* París: PUF, 1953.

JOLIVET, B. De la relation en psychomotricité. *Perspectives Psychiatriques.* 1972, 29, 37-40.

JOLY, F. Psychomotricité: une motricité ludique en relation. *In*: POTEL, C. (Ed.) *Psychomotricité*: entre théprie et pratique. 3 ed. Paris: In Press, 2010.

OGDEN, D.P. On the extension of Coghill's developmental principles. *American psychologist.* 1959, 14, 301-302.

OGDEN, T. *The Primitive Edge of Experience*. Northvale, NJ: Aronson, 1989.

QUINODOZ, D. *Emotional* Vertigo: Between Anxiety and Pleasure. London: Routledge, 1997.

PHELPS, E. A. Human emotion and memory: interactions of the amygdala and hippocampal complex. *Current Opinion in Neurobiology*. 2004, 14, 198-202.

SEARS, F.; ZEMANSKY, M. & YOUNG, H. *Study to accompany college physics*. Mass: Addison-Wesley, 1991.

THIEBO, B. Unité psychomotrice des enjeux développementaux aux enjeux thérapeutiques. *Neuropsychiatric de L´enfance et de L'adolescence*. 2008, 56, 148-151.

TUSTIN, F. *Autistic Barriers in Neurotic Patients*. London: Karnac Books, 1986.

VANDERWOLF, C.H.; KELLY, M.E.; KRAEMER, P. & STREATHER, A. Are emotion and motivation localized in the limbic system and nucleus accumbens? *Behavioural Brain Research*. 1998, 27, 45-58.

WINNICOTT, D. *Objetos transicionais a fenômenos transicionais*. Rio de Janeiro: Imago, 1975.

WINNICOTT, D. *The Maturational Process and the Facilitating Environment*. London: The Hogarth Press, 1979.

WINNICOTT, D. *Through Pediatrics to Psycho-Analysis*. New York: Basic Books, 1975.

WINNICOTT, D. *Holding and Interpretation*. London: Hogarth Press, 1986.

WINNICOTT, D. *Playing and Reality*. London: Tavistock, 1971.

Cap. 7

Psicomotricidade e Psicanálise: a linguagem faz corpo

Gleci Mar Machado de Lima,
Jorge Manuel Gomes de Azevedo Fernandes e
Luiza Elena Bradley Alves de Araújo

Considera-se que as vivências em uma sessão de Psicomotricidade por meio de um olhar psicanalítico não são simplesmente e apenas vividas no corpo mas também funcionam como o trabalho de verbalizações, tornando-se capaz de ressignificar, de fazer inscrição, possibilitando ao indivíduo dar conta da falta, ser capaz de instaurar a lei simbólica e social e inserir-se na cultura.

Partindo deste ponto, verifica-se ser fundamental pesquisar mais a respeito do sujeito em Psicanálise e o corpo em Psicomotricidade. No caso do sujeito em Psicanálise, é o funcionamento triangular e simbólico que dá origem a um inconsciente, um sujeito de desejo, para assim poder expressar com mais clareza e compreender mais o saber dos sentidos.

O indivíduo, por meio do corpo, responde com sintomas da motricidade, ainda que não tenha consciência no ato. Lacan (1960-1961/1992, p. 341) apoia-se na ideia de que "o inconsciente está estruturado como linguagem", ou seja, no discurso do Outro que pode operar uma alienação do homem no desejo do Outro, gerando muitas vezes sintomas distorcidos e reproduzidos pelo inconsciente na identificação com o Outro.

A Psicomotricidade revela a importância do psiquismo na ação motora. Lapierre e Aucouturier (2004) dizem que o ponto de partida é o corpo, um corpo que age diretamente com os objetos, os sons, o espaço, o contato direto com o mundo externo. Para a Psicanálise, o corpo não tem ocupado o lugar do discurso, no entanto, fenômenos psicossomáticos podem ser desencadeados.

Lacan (1957-1958/1999) introduz no Seminário 5, com muita ênfase, a questão dos três tempos do Édipo. No entanto, deve-se destacar que Édipo é fruto da invenção freudiana, sendo uma das suas maiores contribuições à clínica psicanalítica.

No primeiro tempo, a criança fica alienada à mãe, faz tudo para agradar à mãe. Ao se relacionar com a mãe, ela se depara com o desejo desta. A relação do bebê com a mãe é de corpo a corpo, é tempo de prazer, de desejo do Outro,[1] sendo objeto de desejo da mãe. Enquanto no segundo tempo do Édipo, o pai real barra o gozo da mãe, a perda do gozo é estabelecida nesse segundo tempo, em que o pai se faz presente, proibindo esse gozo. No terceiro tempo, o pai entra no jogo pela permissão da mãe, é o pai imaginário, a lei simbólica, aquele que interdita. O pai real interdita o gozo entre a mãe e o filho, e vice-versa. Porém, é importante lembrar que Lacan nos chama a atenção para o fato de que esses três tempos não são cronológicos.

Lacan (1957-1958/1999), no primeiro tempo, trata da percepção e da consciência motora, do eu como sujeito do inconsciente. Lebrun (2008), citando Jacqueline Godfrind, considera que, no primeiro tempo, a mãe empresta seu aparelho de pensar ao filho. Por meio de uma comunicação empática que inclui a presença e ausência, vai permitir ao filho elaborar a falta. Já no segundo tempo, o imaginário é o privador, ou seja, o pai que remete a mãe à lei, sendo o Outro quem faz a interdição. Lebrun (2008), citando Melman, diz que a relação com o pai é da ordem da fé do simbólico. No terceiro tempo, é a mãe que dá a palavra ao pai, mas é necessário que o pai sustente a palavra, o pai aqui é o detentor da lei simbólica.

Para Lacan (1956-1957/1995), o pai simbólico é o significante de que jamais se pode falar, não está em parte alguma, é o próprio real, é o drama da castração. O pai imaginário é o da identificação, o da idealização, pelo qual

---

[1] Outro: Lacan descreve o Outro com uma letra maiúscula para nomear a lei, o simbólico; o qual se trata de um lugar, ou seja, é o lugar de linguagem de um "Outro" a quem denunciamos um suposto saber. "Outro" deve-se ler "o grande outro".

o sujeito tem acesso à identificação com o pai, mas tudo se passa no imaginário, é o pai imaginário, o assustador.

Podemos referir que o pai simbólico também se integra nas sessões de Psicomotricidade, em que seria um sujeito de inconsciente, servindo, aí, para retomar a dimensão da linguagem, ou seja, do Outro significante, que é o Outro do desejo. O que queremos destacar é que o psicomotricista pode ser agente de intervenção, aquele que pode dar sentido, aquele que tende a fazer a lei, e assim conduzir a sessão de Psicomotricidade, não necessitando de se ocupar com o processo decifração ou interpretação do sucedido.

Considerando o material utilizado no espaço da intervenção psicomotora preconizada por André Lapierre (2002), percebe-se que o inconsciente se articula também nos objetos utilizados, tais como: bolas, cordas, caixas, arcos, tecidos etc. Poder-se-ia dizer que esses materiais algumas vezes são facilitadores no desvelamento do inconsciente, aquilo a que chamamos em análise o desdobramento do significante. É isso que se pode esperar a respeito do que se passa nesse espaço de intervenção, em que o corpo deixa mostrar algo do imaginário, do inconsciente da linguagem, retratando os fantasmas originários.

As vivências na intervenção psicomotora podem organizar o sujeito na busca de conviver e lidar com a realidade por meio das relações que estabelece. O sujeito do inconsciente revela-se no jogo simbólico em que se pode perceber a relação do corpo da criança no contato com o psicomotricista, com os pares, ou com os objetos.

Em Freud (1923/1969), temos o corpo erógeno em que a libido é expressa no corpo pela expressão do jogo simbólico. Por meio da descodificação desses jogos, entendemos o porquê do brincar, a finalidade dos jogos, o porquê da constituição de diferentes grupos. Pode-se citar o jogo do *fort-da* tão trabalhado por Freud (1920-1922); *fort* palavra alemã que significa "longe" e *da* (aqui). Esse é um jogo de reaparecimento e desaparecimento, significando o reaparecimento e desaparecimento da mãe. Para Chemama e Vandermersch (2007), esse jogo possibilita que a criança signifique "Vai embora, não preciso de ti, eu mesma te mando embora". Lacan (1953-1954) retoma esse tema no Seminário 1. Ele diz que a criança leva em conta a perda do objeto, que é dado pela linguagem simbólica, a partir da relação com o outro, objeto "a" jamais encontrado.[2]

---

[2] O objeto "a" é o objeto causa de desejo. De acordo com Charles Melman (2003), trata-se de uma "invenção" realizada por Lacan em 1936.

No que respeita ao movimento e implicitamente ao corpo, a criança poderá revelar por meio dele o seu estado psíquico. Na Psicomotricidade, o corpo fala por meio do jogo, por meio da atividade lúdica e preferencialmente espontânea. Jerusalinsky (2004) refere que é o jogo que revela a comunicação, ele não acredita na comunicação corporal sem o simbólico. O simbólico é o que nos permite dizer que algo falta; assim, podemos dizer que a falta na Psicanálise e na Psicomotricidade é simbólica.

Observa-se que, nas sessões de "Psicomotricidade relacional", durante o jogo, a criança vai da compulsão à repetição, quando o psiquismo se revela também no corpo por meio das ações vivenciadas e da comunicação tônica. Essas vivências permitem à criança entrar em contato com as emoções mais arcaicas, sendo o corpo lugar de expressão de dor ou prazer.

Do ponto de vista econômico, para Freud (1920-1922), a criança não se cansa da repetição. Se o mecanismo que foi aprendido é de prazer, então o prazer vai ser repetido. A novidade é sempre uma condição de prazer, mas, muitas vezes, a criança solicita ao adulto que repita o jogo até não poder mais prosseguir, levando-a, assim, a uma repetição que a faz chegar à exaustão.

A satisfação das crianças que Freud (1905/1969) relata em sua obra é da ordem da pulsão do prazer. Relendo Freud, nota-se que a atividade muscular intensa causa um prazer enorme, inclusive podem-se observar nas brincadeiras certos contatos corporais em que a criança revela o prazer no brincar com o corpo do outro ou com os objetos. Lapierre e Aucouturier (2004) destacam que a comunicação da criança é de maneira infraverbal, ou seja, de modo psicomotor, em que o corpo revela todas as tensões, positivas ou negativas. Acrescenta Lapierre (2002) que o educador será o representante, o substituto materno ou paterno, referência essa que não toma o lugar da mãe, mas a substitui na fantasia da criança.

Na realidade, não é possível para uma intervenção psicomotora renegar as evidências que vão do real, do imaginário ao simbólico. Por essa razão, entendemos ser um trabalho de fala e corpo, de significado e significante.

Quando falamos de corpo, referimo-nos ao corpo por inteiro. Vive-se um tempo em que o corpo se torna um dos elementos principais da cultura contemporânea, principalmente no que diz respeito à imagem corporal. O corpo não deve ser reduzido a objeto físico, pois, por meio do corpo, expressa-se a emoção, o Eu subjetivo, levando em conta toda a sua totalidade, o que permite romper com o pensamento cartesiano.

Manuel Sérgio (2004), fazendo uma reflexão na prática pedagógica, cita o pedagogo Lauro de Oliveira Lima, que nos chama a atenção para o ensino no Japão e na Patagônia, onde o desenvolvimento da inteligência das crianças faz-se a partir do processo da sua motricidade. O conhecimento não é pura razão, mas uma construção entre a razão e a vida, entre o corpo e o mundo. Observa-se que o Eu pode ser expresso na Psicomotricidade pelo movimento; sobretudo na atividade lúdica, permitindo o desvelamento do oculto do "eu".

Na formação do "eu", o ser humano passa do corpo objeto ao corpo sujeito, em que o corpo não é só órgão ou carne, mas, antes de tudo, é linguagem, desejo, cultura e motricidade que utiliza na relação com o outro.

Jerusalinsky (1999) diz que a Psicanálise se centra no campo da escuta, que não está associada ao olhar ou ao tocar, e sim à ordem do discurso, mas que isso não deve impedir o psicomotricista de aplicar o saber da Psicanálise no atuar da sua práxis. Da mesma forma, o psicanalista deve reconhecer o seu limite na atuação do corpo. Do ponto de vista da Psicanálise, a formação do Eu faz-se na dialética da identificação com o outro, na matriz simbólica, no sentido do significante.

Lacan (1949/1966), no "Estádio do espelho" como formador da função do Eu, fala sobre a formação do eu a partir das identificações. Nasio (2009) declara que a criança amargurada e na desilusão utiliza a imagem especular que Lacan chamaria de reconhecimento do Outro, em que a criança necessita do olhar do Outro, o reconhecimento da imagem especular em prol de seu narcisismo.

Freud (1914/1969) fala do narcisismo primário na criança que é uma herança do ideal narcísico dos pais. A criança ocuparia o lugar daquilo que ficou perdido para os pais, ou seja, a própria falta; portanto, o papel da criança é recuperar para os pais os projetos e sonhos perdidos. Pois bem, estamos falando desse engodo que os pais projetam na criança, tendo como consequência os primeiros objetos de prazer da criança, que são derivados das suas experiências de satisfação, vividas com quem cuida da criança ou exerce a função materna. Parece que o sujeito tem dois objetos de satisfação, ele próprio e quem o criou. Freud (1914/1969) afirma que a escolha objetal narcisista está sempre presente.

Freud (1914/1969), no narcisismo primário, declara que a satisfação pulsional é autoerótica, estabelecendo uma relação entre o narcisismo e o autoerotismo, que corresponde ao estado inicial da libido. A negação do desprazer é evitada, a busca pelo prazer é muitas vezes explícita pela repetição, mas, quando ocorre qualquer processo de repressão, podem aparecer determinados tipos de sintoma.

No narcisismo secundário, diz Freud (1914/1969) que o amor por si mesmo que foi vivenciado pelo eu verdadeiro direciona-se para o Eu-ideal, traduzindo uma regressão, ou seja, o retorno da libido que foi investida e retirada dos objetos. É aí que recuperaria o narcisismo para retratar a sua imagem especular. Imagem corpo-visto em que predominará a consciência, e a imagem do corpo-vivido em que predominará o inconsciente, mundo sensual e invisível que se destacará do mundo das aparências.

Nesse sentido, Nasio (2009) refere que as imagens recalcadas durante a nossa existência manifestam-se nas expressões corporais. Imagens inconscientes que determinam a nossa postura, a nossa voz, os nossos gestos, bem como a maneira de nos dirigirmos corporalmente ao outro.

Levin (2007) fala de um corpo abrigo, *parlante*, erógeno, investido, discursivo e simbólico. No fenômeno psicomotor, o tônus é tomado e atravessado pela linguagem, no que respeita ao tocar e ao ser tocado. Esse diálogo tônico inscreve-se no sujeito desde o seu nascimento a partir do desejo da mãe, ou aquele que exerce a função de mãe, uma mãe que é desejante e desejada pelo pai da criança. Esses registros ficarão inscritos no inconsciente, pelo desejo do outro no universo simbólico.

É a autoridade que está implícita, pelo acesso da função simbólica que nos torna sujeito falante, animal de linguagem que interroga a própria existência. Para Dany Dufour (2005), a *palavra* tem em si mesma uma autoridade. A criança encontra-se "falada" no discurso do outro antes mesmo de seu nascimento, no qual a criança responde e questiona em um universo de relações simbólicas.

A intervenção psicomotora implica criar um espaço de escuta do corpo, em que os fantasmas ligados ao desejo expressam-se, corporalmente, pelo tônus muscular, gestos, movimentos, brincar, jogos. Pelo simbolismo dos objetos utilizados no espaço da sessão psicomotora, a observação revela o problema ou sintoma psicomotor, que se manifesta no corpo.

Lacan (1953-1954) escreve que o sintoma pode ser traduzido por desprazer, um sofrimento que volta sempre, sendo essa uma manifestação do processo primário no nível do Eu.

Levin (2007) anuncia que, em todo o transtorno psicomotor, existe uma perturbação do esquema corporal, do tônus e da imagem corporal, que determina confusões espaciais em relação aos movimentos, às coordenações e ao equilíbrio. Acrescenta Levin que os transtornos são visíveis, exteriorizando-se tanto para os outros como para a criança, caracterizando-a, muitas vezes, como diferente das demais. Geralmente são crianças que se isolam da brincadeira ou buscam formas de que o Outro veja que estão ali, e fazem-no a partir do Outro encarnado na mãe que pode ser representado pelo psicomotricista.

Para Lacan (1956-1957/1995), a relação imaginária entre "a", ou a impossibilidade de apreensão do "a", ocorre entre o eu e o outro que é seu objeto típico. Freud, citado por Lacan (1957), chama a atenção para a noção de objeto a partir dos três ensaios sobre a teoria da sexualidade, em que a criança se faz de objeto para o outro, existindo certo tipo de relações em que a reciprocidade é evidente. O objeto para Freud trata-se de um objeto perdido, um objeto a ser reencontrado. Da mesma forma, Lacan (1956-1957/1995) considera que não se trata de um objeto satisfatório, harmonioso, mas sim de um objeto perdido. O objeto encontrado é apreendido pela via do desmame, sendo o objeto o ponto de ligação das primeiras satisfações da criança. Contudo, essa busca torna-se uma repetição em que a procura nunca é igual, surgindo, assim, um novo objeto na tentativa de satisfazer o prazer.

Continuando com o pensamento de Lacan (1956-1957/1995), o princípio do prazer realiza-se por formações irrealistas, enquanto o princípio de realidade implica uma estrutura. Portanto, o sujeito vive nas relações a identificação e a ambivalência do prazer e o desprazer como realidade entre o inconsciente e o consciente. A identificação está em toda a relação com o objeto, principalmente na prática da técnica analítica moderna, a que Lacan chama de imperialismo da identificação.

Voltando ao âmbito da Psicomotricidade, para Lapierre e Aucouturier (2004), quando a criança se coloca em uma situação de objeto para o adulto, deseja ser reconhecida como objeto do outro. Sempre que satisfaz o desejo do outro, a criança sente prazer de ser aceita, mas, quando não se satisfaz, sente o desprazer de ser simbolicamente rejeitada. A criança que permite ser mantida em uma relação de objeto torna-se passiva e dócil, perdendo o dinamismo, a criatividade e autonomia. Porém, a criança que pretende se afirmar como sujeito assume a sua autonomia e torna-se agressiva.

Segundo Lapierre (2002), algumas crianças vivem uma relação de dependência com o adulto como lugar de segurança, sendo este considerado como um protetor indispensável. Nessa situação, a criança coloca-se no lugar de objeto e em submissão total, entrando em um jogo simbólico em que, muitas vezes, não aceita a destruição do seu ídolo, que aqui é representado pela figura do psicomotricista. Muitas vezes, será necessário tranquilizá-la com um sorriso, demonstrando nossa disponibilidade, como que autorizando a criança a viver seu jogo.

Fragmento clínico de uma criança autista

Lucas, uma criança de cinco anos, que não tem fala, as palavras lhe faltam, vem com sua mãe à procura da Psicomotricidade após vários acompanhamentos tradicionais.

Ao entrevistar a mãe, esta relatou que tentou engravidar várias vezes durante três anos. Após muitas tentativas sem sucesso, engravidou, mas perdeu o bebê com dois meses de gestação. Depois de um ano, ficou grávida de Lucas, que nasceu por cesárea. A mãe diz que sempre acompanhou o filho aos médicos e destaca que o marido foi um pai ausente na vida de Lucas.

Relata que, durante dois anos, ficou colada ao filho: "Durante dois anos, não largava dele para nada, vivia 24 horas com ele, tinha medo de que algo lhe acontecesse, que ele caísse; sempre achava que algo pior aconteceria". Continuando: "Deixava-o em um quadrado, e ele andava somente no andador, mas tive de largá-lo para ele ir à escola, então conheceu outras coisas. Sentia-me estranha ao andar só e não ter de colocar uma criança nos braços".

Foi a orientação dos amigos e familiares que levou a mãe de Lucas a perceber quanto era necessário levar seu filho aos cuidados médicos, após os dois anos de idade, sem falar nem caminhar. Ela procurou um fonoaudiólogo, que recomendou aos pais a demanda de carinho e atenção ao filho. A mãe, que nunca havia solicitado carinho a Lucas, depois de dois anos de idade, solicita-lhe um beijo. Quanto à audição, nada foi apresentado pelo médico consultado.

Ao ser examinado por uma neuropediatra, é diagnosticado um atraso de linguagem com transtorno invasivo do desenvolvimento, e encaminha Lucas para a Psicomotricidade relacional. Consultando outra neuropediatra, quando

Lucas estava com cinco anos, foi diagnosticado autismo, onde a médica em tom alto e firme lhe referiu: "Seu filho é autista, é autista".

De acordo com os diagnósticos, consultou uma psicomotricista, com formação em Psicologia, que atende Lucas desde março de 2009. Essa psicomotricista que aceitou Lucas esbarra nos próprios limites. De fato, constata-se na prática quanto é difícil o exercício do profissional com uma criança autista, no qual a fala verbal é ausente e o que posiciona é o vazio. Isso leva a um confronto com o equívoco que se comete em relação à linguagem, mas fora dela, não possuímos corpo, daquilo que não pode ser representado nem dito em palavras.

Lucas foi atendido individualmente durante um ano na Psicomotricidade relacional. Após esse período, sugeriu-se um trabalho em grupo, que lhe provocou mudanças simbólicas relativamente à intervenção individual.

Lucas é uma criança que não tem o menor desejo de participação e se mostra ausente durante quase todas as sessões, isola-se no próprio mundo, dispensa qualquer comunicação verbal ou corporal com a psicomotricista. Ele praticamente não fala nada, pronuncia sons ininteligíveis, gritos, dizendo algumas vezes de modo repetitivo kid, kid, klud, klud, zik, zik em um tom grave. Também apresenta movimentos estereotipados, correndo de um canto a outro da sala, balançando ambas as mãos, dando a ideia de total isolamento. Apresenta um olhar voltado para o nada, dirigido para qualquer local da sala, não emite vontade de brincar, demonstra impaciência indo em direção à porta e perambula durante a sessão em movimentos estereotipados.

Laznik-Penot (1997) chama a atenção para as condutas estereotipadas. Ela comenta que esses comportamentos não são da ordem da compulsão à repetição, pois a repetição pertence ao registro pulsional de onde advém a fala. Porém, as estereotipias são formas de descarga contra as percepções dolorosas do mundo externo.

Na sessão seguinte, Lucas repete o mesmo processo, o de brincar com a própria imagem refletida na parede. Ele permanece em silêncio e parece ignorar completamente a psicomotricista, que fez o mesmo processo, ou seja, isolando-se e ausentando-se de forma completa. A psicomotricista é marcada pela angústia ou pela dimensão de sua transferência.

A psicomotricista em seu modo de isolamento, de ausência com retorno ao próprio vazio que é suporte para dimensão do fantasma inconsciente no contexto da Psicanálise, leva-nos a citar Chemama e Vandermersch (2007), os quais, referindo-se a Lacan, lembram que fantasma inclui as diversas figuras do eu, do outro imaginário, do ideal do eu e do objeto, e que o fantasma recobre o real.

Lapierre e Anne Lapierre (2002) trabalham a partir da concepção psicomotora das faltas. Nesse contexto, dir-se-ia que a ausência corporal estaria concebida como uma forma mais geral, incluindo a carência de relações humanas, contato corporal da relação, perturbações e dificuldades, ainda projeções inconscientes que se produzem na vida da criança, do adolescente e do adulto.

Durante a sessão, às vezes, Lucas mirava a própria imagem na parede, onde permanecia olhando por alguns minutos. Aliás, esse acontecimento era quase frequente nas sessões, tinha comportamentos repetitivos. Ele também não demonstrava interesse pelos brinquedos que a psicomotricista lhe havia oferecido. Porém, corria de um lado a outro da sala para notar a própria imagem na parede, onde permanecia por alguns minutos.

É interessante observar que Lucas repete essa cena por diversas sessões; após mirar sua imagem na parede ou na câmera filmadora, volta seu olhar para a psicomotricista ou para a pessoa que o está filmando, como se pedisse a confirmação da própria imagem refletida ou o papel da imitação.

Lapierre (2002), citando Montagner, diz que imitar a criança é entrar no jogo espontâneo, que representa entrar em acordo corporal que permeia a comunicação de aceitação ou identificação. A psicomotricista aprende a converter seus gestos de uma maneira acolhedora diante do jogo da criança, colocando-se como espelho diante de suas produções e sensações.

Como se constata na imagem espelho, é uma fase da constituição do eu. Lacan (citado por CHEMAMA; VANDERMERSCH, 2007) diz que o estágio do espelho é uma tentativa de elaboração para explicar o primeiro esboço do eu, período em que a criança pré-especular vê-se como fragmentada; não faz diferença entre seu corpo e o corpo de sua mãe. De acordo com esses autores, é necessário compreender o estágio do espelho como o surgimento das identificações secundárias e do narcisismo primário. Ocorre também a identificação imaginária, como a mãe transforma e instaura no mundo simbólico um mundo do qual o imaginário poderá formar o sujeito, a partir do significante. Acrescentam, ainda, que a imagem refletiva é a imagem especular que dá à criança a forma intuitiva de seu corpo. A fase do espelho é específica do nascimento do sujeito, a criança vai reconhecer sua imagem a partir do olhar e da voz do Outro que, no caso, é encarnado pela mãe.

Roudinesco e Plon (1998) descrevem que Lacan, em 1936, pela primeira vez, apresenta os efeitos de um momento, ontológico e psíquico, em que a criança, entre os 6 e 18 meses, antecipa a imagem por meio das identificações secundárias. Para Lacan (1949/1966), o estágio do espelho é uma identificação com a mãe ao fato de que o sujeito assume uma imagem, em uma dialética de identificação ideal com o outro, em uma alienação marcada pelo engodo na inversão da imagem, antes que a linguagem o devolva ao contexto de sujeito.

Alerta-se a psicomotricista para a nomeação dos objetos, assim como chamar a criança pelo nome: Lucas. A partir daí, a psicomotricista começa a nomear dizendo, "sim, essa sou eu, Maria, e esse é você, Lucas", estabelecendo o olhar que marcará a criança no registro pulsional de linguagem. Lacan (1961-1962), no Seminário "A Identificação", no que diz respeito à nomeação, introduz o nome próprio, com efeito no simbólico que representa o Nome do Pai que constitui o significante sujeito do inconsciente de desejo.

Jerusalinsky (1993) chama a atenção para o fato de a criança autista sair do mutismo e entrar na linguagem pela intervenção clínica; se o terapeuta produzir e induzir uma entrada, por meio de alguma articulação fonética, a criança, mesmo sendo tomada pela ecolalia, poderá responder como um sujeito desejante, ainda que seja com limitações. Se o terapeuta se colocar em uma posição desejante, diferente daquele ao qual se instalou, pela via de um Outro primordial, a criança poderá entrar no campo da linguagem.

Observe-se em uma das últimas sessões filmadas o efeito da fala. Percebe-se que o objeto comum pode ser destacado no deslizamento do significante. Trata-se justamente do objeto bola de que decorrem as primeiras palavras pronunciadas por Lucas na palavra "bocaa, bocas, Lucas, brinncaa". Ele repetiu as palavras pronunciadas pela psicomotricista em um gesto de contentamento e prazer. Lucas aqui repete de forma incessante a palavra bocaa, bocaaa, bocaaa, em uma relação de satisfação e alegria dizendo de seu significante Outro que revela o desejo em Lucas, o de falar, inclusive do seu falar no brincaaar, palavra pronunciada pela psicomotricista, que diz: "brincaa", e ele repete "brincaarr".

Nessa mesma sessão, Lucas toca na boca da psicomotricista, momento esse que a psicomotricista repete "a minha boca, a sua boca", nomeado o orifício oral do desejo de sugar. Freud (1905/1969, p. 169) ressalta que "o chuchar (chupar) consiste na repetição rítmica de um contato de sucção com a boca". Daí que a criança parece incorporar parte do corpo do Outro à própria imagem. Pode-se observar que a palavra nomeia um significante, pois um corpo antes da palavra é um nada,³ sem antes nem depois, é com ela que se introduz uma possibilidade de verdade, como se pode observar na gênese, Evangelho segundo São João, capítulo 1.

Nessa linha de pensamento, poder-se-ia recorrer ao ponto de articulação com o simbólico na questão mítica no Nome do Pai, em que Lacan (1966-1967) retoma a gênese em seu Seminário "A lógica do fantasma", pontuando que o corpo é marcado pelo significante, sendo o efeito da inscrição que faz marca no corpo, uma cicatriz, uma ferida que marca. O que acabamos de apresentar está escrito claramente na dimensão Real, Simbólico e Imaginário (RSI), proposto por Lacan (1971-1972), de como o corpo encarna a linguagem. Como Real, o impossível de ser dito ou que não se pode dizer, pois lhe faltam as palavras. O Simbólico como o nomeador, o que inscreve em uma dimensão simbólica, lugar do significante, campo das representações do Outro da linguagem. O Imaginário que enoda o real, como terceiro, sendo o nó do simbólico.

É interessante o modo como Lucas reage ao fato de um objeto bola ter-se destacado no jogo proposto pela psicomotricista, em que ela mesma propõe a relação de esconde-esconde, momento em que Lucas mergulha na linguagem e por ela é tomado. Nesse sentido, o simbólico vivido pelo Lucas por meio da relação presença e ausência retrata a relação entre mãe e bebê.

Faz-se uma analogia a respeito do seio imaginário representado pelo objeto bola em Lapierre e o objeto (*Das Ding*). Ivan Corrêa (2003, p. 32) faz citação ao texto de Freud, publicado somente após a morte deste, intitulado "Projeto de uma psicologia para neurólogos", conhecido como "Projeto". Nesse texto, Freud comenta que a coisa (*Das Ding*), o objeto "essa mãe primordial com o seio e tudo desaparece, some; é nesse momento que o sujeito vai poder representar essa mãe primordial", mas enquanto objeto perdido ou ausência. Portanto, para haver representação do objeto, é fundamental seu desaparecimento para que o sujeito se constitua e surja o desejo.

É pertinente mencionar aqui o objeto transicional em Winnicott (1975), quando ele descreve que os objetos transicionais servem para designar a área intermediária de experiência entre o erotismo oral e a verdadeira

---

[3] "No princípio era o verbo, e o verbo está junto de Deus e o no Verbo era Deus. Ele estava no princípio junto de Deus. Tudo foi feito por ele, e sem ele nada foi feito. [...] E o verbo se fez carne e habitou entre nós, e vimos sua glória, a glória que o Filho único recebeu do seu Pai, cheio de graça e de verdade." (BÍBLIA, N.T. João, 1; 1-3, 14)

relação com o objeto, entre a primeira criatividade da relação e a projeção de que foi introjetado, do que é desconhecido para o conhecido.

Lucas geralmente entrava na sala com algum objeto, mas a psicomotricista solicitava que o entregasse a ela para depois o devolver no final da sessão. Em uma das sessões, ele vem com um boneco que parece ser a própria representação de seu corpo, que era nomeado pela mãe com muita clareza ao dizer: "Vive pronto, como um boneco" e "Tem um corpo 'molinho' como um corpo de bebê". Nessa sessão, Lucas esteve sempre em contato com esse boneco que era "molinho".

Por meio da relação de espelhamento, em um trabalho lento, difícil, desafiador, faz-se a oferta de um outro. Outro que poderia não ser ameaçador, destrutivo, aniquilador, mas que, ao mesmo tempo, poderia receber essas ameaças, essa destrutividade na cena do jogo simbólico. O que queremos destacar é a necessidade de um semblante, um exterior que possa ser confiável, propondo algo diferente da solidão do autista.

Nota-se que, no caso de Lucas, no início do trabalho, ele evidentemente era uma expressão de um corpo não erógeno, sem pulsão, imaginariamente representado pela mãe como um "corpo boneco, um corpo molinho", sem palavra, um corpo carne sem desejo.

Em relação à dimensão da linguagem e interrogações sobre o corpo, pelo viés da Psicanálise e da Psicomotricidade, verifica-se que a imagem especular só toma forma na dimensão que perpassa a estrutura imaginária do corpo. Estrutura essa antecipada pelo olhar materno, em que, por meio do desejo Outro, o corpo toma forma como lugar de significante. Em um eu, em uma relação de espelho, nesse outro imaginário determinado pelo simbólico, que pressupõe um corpo desejo, corpo erógeno *parlante*, em uma relação imaginária entre "eu" (falo) e os objetos.

Não se trata de distinguir corpo e linguagem, mas de introduzir corpo linguagem psicomotor falante; que, no brincar, espaço imaginário, ou na análise lugar da fala, poderá desvelar ou constituir um eu Outro.

É pelo investimento da libido da mãe que o bebê deixa de ser carne para tornar-se corpo, são os cuidados maternos de desejo do Outro que possibilitam um ser sujeito de linguagem. É a partir da interdição do pai simbólico que a criança se inscreve na dialética da linguagem do ter ou não ter o falo. Assim, é no momento lógico da constituição do sujeito que poderá ocorrer a identificação com o traço unário, constituído no ideal do eu. Contudo, por meio da interdição, com a perda do objeto que instaura a cadeia do significante na metáfora Nome do Pai lugar de desejo posto pela mãe.

Na dimensão jogo (brincar), Lucas em um espaço de espelho Outro é tomado pelo olhar da psicomotricista, em que corpo tem um lugar de endereçamento de desejo Outro, fazendo, assim, emergir um sujeito. Desejo esse posto pelo profissional, tendo aí os significantes inscritos no corpo de Lucas, e que emergem do olhar Outro psicomotricista. Lapierre (2002, p. 47) comenta que o olhar, que é espelho do corpo do outro, "torna-se uma imagem visual que penetra em mim pelo olhar [...] e pouco a pouco a criança percebe que a sua própria imagem também é penetrada no corpo do outro e nele provoca reações".

Considerações Finais

Enfim, apresentou-se um fragmento clínico de uma criança autista, considerando a teoria da Psicanálise e da Psicomotricidade. A clínica psicanalítica mostrou que o sujeito é definido como sujeito do inconsciente, dividido na relação ao objeto de desejo, mas o sujeito só se torna dividido quando, na realidade, a interdição ocorre e lhe surge a falta. Porém, no caso do autismo, a estrutura da ordem simbólica, o desejo Outro, revelou que a constituição do espelho na imagem especular não se fez operante.

Entretanto, vislumbrou-se, com a prática psicanalítica e a Psicomotricidade relacional, uma escuta principalmente com criança autista, uma resposta possível de articulação. Também não se nega a importância da Psicomotricidade relacional com o sujeito do enunciado. No entanto, é preciso dizer que há aqueles que se posicionam contra qualquer viabilidade de uma escuta da Psicanálise associada à Psicomotricidade. Há outros que defendem a possibilidade da existência de um trabalho, cada um a seu modo, para explicitá-la.

Espera-se que essa posição tenha ficado clara em relação à dimensão da escuta no fazer clínico ou em Psicomotricidade, no habitar da transferência, tendo como referência uma ética profissional; e mais, que o elemento ético presente não seja só fazer espaço relacional ou fazer clínico, mas pensar em uma escuta, implicando a mudança do que assistimos hoje: a humanidade passando.

Referências

BÍBLIA, N. T. João. Português. *Bíblia Sagrada*. São Paulo: Ed. Ave-Maria. cap.1,vers.1-3,14, 1998.

CHEMAMA, R. & VANDERMERSCH, B. *Dicionário da Psicanálise*. São Leopoldo, R.S: Unisinos, 2007.

CORRÊA, I. *Da tropologia à topologia*. Recife: Centro de Estudos Freudianos, 2003.

DUFOUR, D. R. *A arte de reduzir as cabeças*: sobre a nova servidão na sociedade ultraliberal. Rio de Janeiro: Companhia de Freud, 2005.

FREUD, S. *Além do princípio do prazer, psicologia de grupo e outros trabalhos*. Rio de Janeiro: Imago, 1969. (Obras Psicológicas Completas de Sigmund Freud, vol. 18, 1920-1922)

FREUD, S. *A organização genital infantil*: uma interpolação na teoria da sexualidade (J. Salomão, trad.). Rio de Janeiro: Imago, 1969. (Obras Psicológicas Completas de Sigmund Freud, vol. 19, 1923).

FREUD, S. *Sobre o narcisismo*: uma introdução. Rio de Janeiro: Imago, 1969. (Obras Psicológicas Completas de Sigmund Freud, vol. 14, 1914).

FREUD, S. *Três ensaios sobre a teoria da sexualidade*. Rio de Janeiro: Imago; 1969. (Obras Psicológicas Completas de Sigmund Freud, vol. 7, 1905).

JERUSALINSKY, A. *Letra psicanalítica Psicanálise e desenvolvimento infantil*. Porto Alegre: Artes e Ofícios, 1999.

JERUSALINSKY, A. Psicose e autismo na infância uma questão de linguagem. *Boletim Psicose*: Boletim da Associação Psicanalítica de Porto Alegre. 1993, 4 (9).

JERUSALINSKY, A. Por que as preocupações femininas e masculinas não são as mesmas. *In: Jornada Psicanálise e Cultura*. Recife. Recife: Centro de Estudos Freudianos, 2004.

LACAN, J. (1953-1954). *O Seminário, livro 1*: Os escritos técnicos de Freud. Rio de Janeiro: Zahar, 1986.

LACAN, J. (1956-1957). *O Seminário, livro 4*: A relação de objeto. Rio de Janeiro: Zahar, 1995.

LACAN, J. (1957-1958). *O Seminário, livro 5*: As formações do inconsciente. Rio de Janeiro: Zahar, 1999.

Lacan, J. (1961-1962). *O Seminário, Livro 9*: A Identificação. Recife: Centro de Estudos Freudianos, 2003.

LACAN, J. (1966-1967). *O Seminário, Livro 14*: A Lógica do Fantasma. Recife: Centro de Estudos Freudianos, 2008.

LACAN, J. (1971-1972). *O Seminário, livro 19*: ...ou pior. Salvador: Espaço Moebius Psicanálise, 2003.

LACAN, J. (1958). *A significação do falo.* Die Bedeutung des Phallus. Rio de Janeiro: Zahar, 1998.

LACAN, J. (1949). *Le stade du miroir comme formateur de la fonction du je.* Paris: Editions du Seuil, 1966.

LAPIERRE, A. *Da Psicomotricidade relacional à análise corporal da relação.* Curitiba: UFPR, 2002.

LAPIERRE, A. & AUCOUTURIER, B. *A simbologia do movimento Psicomotricidade e educação.* 3 ed. Curitiba: Filosofart, 2004.

LAPIERRE, A. & LAPIERRE, ANNE. *O adulto diante da criança de 0 a 3 anos*: Psicomotricidade relacional e formação da personalidade. Curitiba: UFPR, 2002.

LAZNIK-PENOT, M. C. Poderíamos pensar numa prevenção da síndrome autística? *In:* D. de B. WANDERLEY. *Palavras em torno do berço.* Salvador: Ágalma, 1997.

LEBRUN, J. *A perversão comum*: viver juntos sem outro. Rio de Janeiro: Companhia de Freud, 2008.

LEVIN, E. *Rumo a uma infância virtual?*: a imagem corporal sem corpo. Petrópolis: Vozes, 2007.

MELMAN, C. *O homem sem gravidade*: gozar a qualquer preço. Rio de Janeiro: Companhia de Freud. 2003.

NASIO, J. D. *Meu corpo e suas imagens.* Rio de Janeiro: Zahar, 2009.

ROUDINESCO, E. & PLON, M. *Dicionário de Psicanálise.* Rio de Janeiro: Zahar, 1998.

SÉRGIO, M. *Alguns olhares sobre o corpo.* Lisboa: Instituto Piaget, 2004.

WINNICOTT, D. (1958). *O brincar e a realidade.* Rio de Janeiro: Imago, 1975.

Cap. 8

Hiperatividade e Psicomotricidade: uma contribuição das Neurociências

Rosa Prista

Dizem que, para se escrever algo que tenha validade, o tema deve partir de algo vivenciado. O convite para escrever sobre o assunto partiu do professor Paulo Gutierres Filho, amigo de muitos anos, mas a vivência e a experimentação da temática é algo que antecede a minha vivência profissional. Ganhei o rótulo de hiperativa na década de 70 quando tinha 12 anos. Submetida a uma terapia medicamentosa com anfetaminas – moda na época – que não provocou maiores prejuízos porque havia uma família cuidadosa e inteligente de apoio e professores vivos à minha volta.

Não será baseado em minha experiência pessoal que este artigo vai se delinear, mas são raízes pessoais que aceitaram o desafio de escrever sobre a temática em um mundo baseado em explicações rápidas e soluções imediatas. A orgia de discussões sobre o tema é desafiador, e o número de crianças medicadas em pleno processo de desenvolvimento cerebral é assustador.

A Psicomotricidade será discutida como uma vertente a ser resgatada desde que se compreenda a formação de quadros hiperativos a partir do desenvolvimento humano. Buscar as origens da formação do comportamento hiperativo compreendendo o sintoma hiperatividade na complexidade que é de todo ser humano.

A busca epistemológica pelo tema vem (re)discutir o que tornou-se simplificável: medicação de crianças em tenra idade quando mediações terapêuticas e familiares eram caminhos ricos de significação; avaliação de pessoas por um simples questionário, subjetivo, aberto e com duplos significados; diagnósticos idênticos para contextos adversos; ausência de diagnósticos diferenciais para superdotados e pessoas portadoras de sofrimento psíquico; tratamento exclusivo da criança sem a participação dos pais e educadores em outras possibilidades terapêuticas.

Hiperatividade: um sintoma na complexidade humana

As palavras hiperatividade, *deficit* de atenção, comportamento opositor passaram a ser frequentemente utilizadas no momento atual. Siglas como ADD – *Attention Deficit Disorders*, DAS – Síndrome do *Deficit* de Atenção, DADH – *Deficit* de Atenção e Distúrbio de Hiperatividade, TDADH – Transtorno do *Deficit* de Atenção e Distúrbio de Hiperatividade, DA/H – *Deficit* de Atenção e Hiperatividade ou ainda TDAH/I – Transtorno do *Deficit* de Atenção e Hiperatividade são citações constantes em livros, revistas, aulas, conversas entre pais e profissionais. Em qualquer âmbito – escolar, familiar, comunitário – há sempre alguém da família ou conhecido com estes problemas. Podemos no indagar o que estas questões querem dizer sobre o momento atual. Parece que todas as crianças desatentas, desobedientes, peraltas, desorganizadas, instáveis estão paulatinamente sendo transferidas para uma categoria diagnóstica de TDAH que, segundo a Organização Mundial de Saúde, 5% de qualquer população é portadora de TDAH/I.

Temos, de modo geral, duas polaridades de opiniões: de um lado os especialistas que veem a criança como a portadora da doença, inclusive confundindo o sintoma hiperatividade como TDAH/I – Transtorno do *Deficit* de Atenção e Hiperatividade. Se a criança é a responsável, então ela deve ser medicada, e a ritalina é o medicamento mais falado no momento. Na outra polaridade, a criança é vista como absorvendo a falta de atenção, tempo e significação da própria escola, da própria família e porque não dos próprios profissionais que lidam com as chamadas pessoas hiperativas.

Nenhum contexto e nem sequer outro podem ser considerados adequados, pois primeiro temos de focar na pessoa que está portadora de comportamento hiperativo, desatento ou diagnosticada como TDAH/I porque, antes da medicação, eu tenho de compreender como o cliente – a complexidade interage no meio, como contextualiza as possibilidades e os limites e como constrói o conhecimento do mundo.

O que não posso perder de vista é que a primeira forma de me tornar humano é na relação com humanos, portanto o meu processo de "humanizar-se" está vinculado à forma como os adultos cuidam de seus filhos. Só por este item, ninguém está destituído desta construção. Também é preciso marcar que, em uma sociedade onde os valores do Ter falam mais fortes do que os valores do Ser, tudo que for imediato e prático é muito mais rapidamente absorvido do que processos terapêuticos onde a família é inserida para rever suas atitudes. O mesmo comportamento serve para as escolas brasileiras que, a cada dia, perdem mais a significação do ato de educar, entupindo as crianças com informações que não são construídas com elas. Resultado: formamos um ser humano robotizado, sem contato com suas questões interiores, sem uso de sua intencionalidade, sem o prazer de sentir a construção própria e sem formatar a capacidade mínima de agir com autonomia. Todos estes dados sobre a construção interna de uma pessoa eram subjetivos na ciência cartesiana, portanto não captados objetivamente. Hoje, por meio dos estudos das Neurociências, reconhecer que somos interdependentes entre o que fazemos e o que sentimos e que a troca relacional e afetiva afeta de forma profunda a formação bioquímica cerebral são contextos aceitos.

O empobrecimento humano atual tem levado à formação de comportamentos imaturos. Um deles é colocar no outro (nas outras pessoas!) o que é nosso. Em uma era cibernética, o espaço do toque, do olhar, do abraço, do diálogo, do brincar, do gozo, ou seja, a linguagem corporal foi sendo substituída por uma linguagem virtual. O grande risco é que a linguagem corporal não é opção: é condição de desenvolvimento humano. O ritmo frenético do dia a dia, a superestimulação das crianças, o acesso indiscriminado de *video games*, jogos estimulantes de atos agressores e a de autoagressão, os programas virtuais que abrem dezenas de janelas virtuais sem tempo de processamento, celulares, que fazem tudo pela criança, estimulam uma adaptação cerebral unilateral – o tempo rápido, estimulante, omitem o tempo lento, tempo de interiorização, tempo do silêncio, necessário à reorganização vestibular e temporal-espacial. O tempo lento permite a escuta de si, perceber o próprio corpo, perceber sentimentos, perceber a parada, perceber o prazer do relaxar, perceber que há distanciamento entre o meu desejo e a realidade, entre mim e o outro. Onde estes aspectos estão sendo trabalhados na escola? A escola mudou de roupagem, mas continua tradicional, não se adequou às necessidades vitais para que a criança e o adolescente encontrem neste espaço, mediações que elevem sua humanização, enriqueçam seu potencial e possam se tornar líderes em um mundo globalizado.

Ao contrário, negamos a *cybercultura* e negamos a humanização como papel da família e não da escola. É na escola que estão os educadores e são estes que têm de estar preparados para o mundo atual. Pais e professores estão sem tempo e paciência. Sem culpar pais e professores, pois estamos na mesma sociedade e somos alvos também desta corrida sem fim, somos os adultos e deste papel não podem se isentar. Cabe a cada adulto a tarefa de educar – enriquecer, significar e transformar. Só adultos que construíram uma escuta interior possuem esta capacidade! Os rótulos aprisionam identidades, excluem a subjetividade e o desejo.

Morin (2002), eminente filósofo francês, solicita um combate vital à lucidez de todos marcando que os caracteres mentais e culturais dependem das disposições psíquicas e culturais, e é preciso detectar as ilusões que encobrem o conhecimento vivo, verdadeiro e construtor. Outro aspecto relevante é observarmos a comunicação, pois, segundo este autor, as percepções do mundo são traduções e reconstruções cerebrais a partir de estímulos ou signos captados pelos sentidos, portanto são relativos. Os erros perceptivos levam a erros intelectuais, e a história marca vários erros denominados científicos, pois a ciência clássica recusou-se a incluir a afetividade como um ponto entrelaçado em todas as teorias, além de se preocupar com produtos e não com processos. Ao contrário do que se discutia anos atrás, a afetividade não asfixia, pelo contrário, ela fortalece uma construção, pois trabalha em unidade onde a afetividade e inteligência estão indissociadas.

Para compreender o sintoma hiperatividade com profundidade, é preciso definir o paradigma sob o qual se assenta a síntese desta compreensão. A cultura impõe aos humanos desde o nascimento um caminho a seguir, implicando conformismo e normalização. Para se lutar contra a ilusão, é preciso ter cuidado com as teorias, pois estas podem ajudar a organizar ou podem aprisionar. Há urgência de processar as teorias sobre a Hiperatividade em um contexto histórico e político, "pois a incerteza mata o conhecimento simplista e é desintoxicante do complexo" Morin (id). Para chegar à possibilidade de perceber a complexidade humana, é preciso estar renovando e interligando novas teorias, mas em um processo construtor, relacional, crítico para se autorreformularem.

Se a renovação teórica se abre, podemos perceber a globalidade da pessoa em questão e observar o dado parcial vinculando o detalhe ao global, as partes à totalidade. Apreender a pessoa no seu contexto, nas suas complexidades e nos seus conjuntos. Apreender relações mútuas e influências recíprocas entre partes e todo em um mundo complexo. Para o mundo dos adultos – família e escola –, é preciso: receber e dar informações situadas em contexto para terem sentido; recompor as informações no todo para conhecer as partes; e sempre captar as várias dimensões que estão envolvidas no processo.

Caminhando a partir de uma busca histórica e política...

Os hiperativos, os desatentos e os distraídos sempre existiram e, nem sempre, foram recortados da história como um grupo específico como ocorre no mundo atual. Com certeza, a educação mais rígida de gerações passadas criaram um sistema repressor onde o comportamento era obrigatoriamente um comportamento atento, disciplinado e controlado. Mas, os casos que ainda assim se destacavam foram estudados. Em 1897, D. M. Bourneville descreveu um comportamento em crianças com ligeiro retardamento e uma instabilidade intelectual e física. Em 1901, J. Demoor descreveu um quadro de instabilidade na criança observando um desequilíbrio da afetividade, excesso de expressão das emoções, ambivalência das reações, falta de inibição e de atenção, necessidade constante de movimentos e mudanças com palavras e gestos entrecortados. Heuyer e Néron chamam a atenção para a ligação desta instabilidade a casos de perversão. Em 1902, Still, pediatra londrino, também anuncia a descrição de quadro instável associado à desatenção e hiperatividade.

No campo da Psicomotricidade, a riqueza de estudos proliferou em 1907, com Dupré, renomado psiquiatra francês que enfatiza a relação entre psiquismo e motricidade, evidenciando o paralelismo psicomotor. Considerado o principal precursor da Psicomotricidade na criança, abalou um dogma, com a introdução genérica da debilidade psicomotora e suas relações com a deficiência mental. A síndrome era colocada em evidência a partir de três estigmas principais: falta de destreza, sincinesias e paratonias, que não eram atribuídas a uma lesão do sistema piramidal – mas somente a uma insuficiência (MORIZOT, 2010). Em 1925, os estudos de Wallon foram relevantes. Sua tese de doutoramento, *"l'Enfant Turbulent"*, foi o marco inicial. Seus estudos mostram a completa interação entre a afetividade, a motricidade e as relações significativas com os adultos que cuidam das crianças. A constituição do diálogo tônico-emocional é condição do estabelecimento de uma orquestra psicomotora capaz de instrumentalizar uma criança a lidar com o meio adaptativo. Este diálogo é estabelecido pelos movimentos entre mãe e filhos, correspondentes corpóreos de significações afetivas e relacionais. Também Abramson (1925) defendeu a tese "A criança e o adolescente instável" que marca bem a posição francesa sobre a instabilidade psicomotora. Estes estudos são reconhecidos até hoje e não podem ser apagados pelas atuais moldagens simplistas de profissionais que não buscam a compreensão dos fatos a partir de um histórico processual.

Na década de 30, há destaque para os estudos de Piaget, entrelaçando dados psicológicos e biológicos e marcando que a estruturação humana depende da ação infantil com autonomia e independência. Os trabalhos de Paul Schilder sobre a autoimagem trazem novas contribuições que marcam o alvo de trabalho necessário para o desenvolvimento humano.

Em 1940, Kiener classifica as instabilidades em dois grupos: as adquiridas e as constitucionais. Em 1947, Strauss e Lehtinen retomam o assunto e buscam estudar as manifestações e associações entre lesões e aprendizado no que se referia a atividades motoras mais específicas e gnósicas. Ajuriaguerra (1972), psiquiatra francês, une as contribuições de Dupré, Piaget, Wallon lançando um olhar diferenciado sobre o corpo e o movimento e redefinindo os transtornos psicomotores. Descreve um quadro denominado Instabilidade Psicomotora (escola francesa) ou síndrome Hipercinética (escola inglesa). Marca que

> desde 1949 defendemos que a eterna discussão que consiste em colocar o conjunto do problema destes tipos de distúrbios motores, ou no terreno da evolução do caráter, ou no terreno da evolução motora pura, parece-nos vã. Pensamos, como M.J.Chorus, que o aspecto motor e o aspecto da forma psíquica são as duas faces de um mesmo estado da personalidade que se chama instabilidade. (AJURIAGUERRA, id)

Continua:

> É tão grave considerar a instabilidade psicomotora como uma síndrome unicamente motora, quando situá-la em um conjunto de comportamentos extremamente diversos, no quadro de uma disfunção cerebral mínima, sem considerar o desenvolvimento afetivo da criança e suas relações com o ambiente. Trata-se aqui, em geral, de um mecanismo de segurança do médico que não considere a complexidade da conduta e do comportamento e confunda, totalmente, patogenias que são de fato diversas e que estão frequentemente baseadas em uma semiologia inadequada e ainda incerta. (id)

É um marco histórico, pois há neste momento o rompimento do imperialismo neurológico e o ser humano é visto como um prisma em movimento vinculado às emoções, aos afetos e às relações. O interesse sobre o tema foi alvo dos neurologistas cujo diagnóstico acontecia sob bases subjetivas, e isto veio a provocar grandes confusões na referência diagnóstica. Em 1962, em Oxford, na Inglaterra, chega-se ao termo "Disfunção Cerebral Mínima – DCM" por não se encontrarem causas lesionais para o quadro em discussão. O quadro é descrito como um distúrbio hipercinético do impulso caracterizado por agitação, hiperatividade, diminuição progressiva de atenção, concentração escassa, distração, irritabilidade e explosividade. Segundo Cypel (2003), suas preocupações dirigiram-se à busca de um substrato orgânico e sinais ao exame neurológico que possibilitassem a evidência do diagnóstico, portanto os recursos existentes na ocasião não permitiram esse avanço, levando à conclusão de que se tratava de um quadro de "lesão cerebral mínima", isto é, as alterações funcionais apresentadas pela criança seriam devidas a pequenas lesões cerebrais.

A qualificação nosológica da DCM foi extremamente importante e merece ser destacada como marco histórico, pois permitiu ao neuropediatra, que estava acostumado às doenças clássicas do sistema nervoso e às manifestações neurológicas mais graves, no interesse pela caracterização de discretas alterações relacionadas com as atividades nervosas superiores, passando a estudar com mais profundidade o aprendizado escolar, a aquisição da linguagem, a atenção, as percepções, a memória e outras funções importantes e relacionadas ao desenvolvimento da criança. (CYPEL, id)

Em 1965, a Organização Mundial de Saúde cria uma classificação que foi aceita com maior validade – a CID-9 e com o DSM-11 da Associação Psiquiátrica Americana em 1968. Surge a síndrome Hipercinética da Infância.

No Brasil, Lefévre em 1972, depois de aprofundada pesquisa, elaborou o exame neurológico evolutivo (ENE), cujo objetivo foi o de definir os padrões normais de várias funções neurológicas para crianças na faixa etária dos três aos sete anos. Foi um instrumento muito utilizado, porém apresentava imprecisão diagnóstica.

Os estudos da Psicomotricidade mostram ao longo dos anos a aplicabilidade desta na reorganização de crianças hipercinéticas, trabalho este desenvolvido com as famílias e com as escolas. Na década de 70, técnicas psicomotoras reeducativas invadem os centros terapêuticos, e a relação entra como foco nos tratamentos por intermédio de uma modalidade psicomotora denominada terapia psicomotora. Esta nova maneira de atuar marca na história a impossibilidade de se pensar o sujeito destituído de seu corpo, e este de suas emoções e processos somáticos. Vários registros foram apresentados nos congressos nacionais e internacionais de Psicomotricidade marcando definitivamente que a questão da hiperatividade estava vinculada à primeira estrutura de relação do sujeito: a motricidade.

Em 1980, a Associação Psiquiátrica Americana (APA) define a nomenclatura Síndrome de *Deficit* de Atenção. O DSM-III-Revisado (APA, 1987), em seguida, altera o termo para Distúrbio de *Deficit* de Atenção por Hiperatividade.

Em 1991, o DSM-IV distribuiu as manifestações clínicas da DADH em dois grupos: desatenção e impulsividade/hiperatividade. Este tem sido o critério usado na maioria dos trabalhos a partir de estudos norte-americanos.

O DM-IV (1994) apresenta a atual denominação: Transtorno de *Deficit* de Atenção e Hiperatividade. Esta classificação reúne sintomas de desatenção, hiperatividade e impulsividade e distingue três subtipos para fins de diagnóstico: o predominantemente desatento, o predominantemente hiperativo/impulsivo e o tipo combinado que reúne características dos dois anteriores. As tentativas de determinar a etiologia se perdem entre termos que brotam de um olhar cartesiano, limitador e unilateral. O TDAH é definido como "um padrão persistente de desatenção e/ou hiperatividade, mais frequente e severo do que aquele tipicamente observado em indivíduos em nível equivalente de desenvolvimento".

As características do TDAH/I são definidas como dificuldade de atenção; de concentração – característica que pode estar presente desde os primeiros anos de vida do sujeito; mostrar-se desligada; com dificuldade de se organizar e, muitas vezes, comete erros em suas tarefas devido à desatenção; esquecimento de informações; perda de objetos; dificuldade para seguir regras, normas e instruções que lhe são dadas; aversão às tarefas que requerem muita concentração e atenção.

O ser humano é uma complexidade e, só seguindo um modelo de entrelaçamento, podemos chegar a compreender a teia que se desenvolve em torno de uma pessoa portadora de comportamento hiperativo. Até a presente data, vários aspectos de caráter bioquímico, psicológico, neurológico e socioambientais foram levantados sem sucesso. O desafio está em compreender estes fatores de forma entrelaçada e atingir a complexidade humana.

Entretanto, com o passar dos anos, o movimento assume um olhar sobre os sintomas e perde-se a busca da etiologia e da compreensão de processo. Há um corte neste momento de um olhar mais aprofundado em bases originais do psiquismo, e isto se refere à motricidade infantil. Apesar de os estudos da Psicomotricidade terem nutrido médicos, neurologistas, psiquiatras e psicólogos, aos poucos, há um rompimento e sugere que a leitura profissional, principalmente médica, passe a olhar o ser humano de forma cartesiana. Mesmo os que sugerem atenção, a família e a escola acabam definindo o que cada grupo deve fazer, detonando uma postura autoritária e minimizante da subjetividade.

Uma pesquisa de campo na Região da Baixada Fluminense

Baseando nossas dúvidas nos pontos sinalizados acima, realizou-se uma pesquisa na Sociedade Educacional Fluminense, Nilópolis, tendo os acadêmicos de Psicologia da Educação e Psicomotricidade a tarefa de investigar a existência de alunos portadores de TDAH/I na região onde estavam situados, sendo aceita também a palavra hiperatividade ou síndrome hipercinética. Os acadêmicos desejavam saber se a quantidade de alunos anunciada pela Organização de Saúde estava implícita naquela cidade e queriam saber como os professores estavam vivenciando este fenômeno abusivo do TDAH/I e da medicação dos alunos. A motivação inicial partiu de uma acadêmica que teve o diagnóstico de TDAH/I para sua filha e, em discussão na supervisão de estágio, acabou contagiando a todos quando apresentou um questionário com vários itens que definiu o quadro patológico da criança.

Este fato isolado foi somado a milhares de situações onde, sem qualquer acompanhamento prévio, as crianças das escolas em que os estagiários trabalhavam eram rotuladas de preguiçosas, lentas, rebeldes, desatentas, terríveis, tagarelas etc. Muitas destas crianças eram chamadas de hiperativas e muitas estavam sob medicação de ritalina.

A partir daí, o Serviço de Psicologia Aplicada decidiu aprofundar estudos sobre o assunto, levando em conta a gravidade que muitas crianças e adolescentes estavam expostos. Na pesquisa bibliográfica, foi encontrada uma campanha denominada "HIPERATIVIDADE NÃO É DOENÇA. DIALOGUE!, de autoria da equipe do Centro de Estudos da Criança do Rio de Janeiro e da Rede de Pesquisadores Internacionais sobre Motricidade Humana que vinham alertando sobre o uso indiscriminado de ritalina. Outros materiais bibliográficos foram listados tendo os estudos americanos com a maior parte da descrição do TDAH/I, estudos franceses e estudos ingleses. Um questionário ao professor foi organizado sobre supostos alunos portadores de hiperatividade e sua noção sobre o assunto. A parceria com a Secretaria Municipal de Educação foi realizada para atuação nas escolas municipais. A pesquisa HIPERATIVIDADE NÃO É DOENÇA. DIALOGUE! obedeceu ao seguinte programa de trabalho: contato com a Secretaria municipal na pessoa da secretária de Educação; contato com cada diretor da unidade escolar; contato com todos os professores de todas as escolas da região; aplicação de questionários aos professores; relação dos supostos alunos hiperativos; indicação de alunos a serem observados; entrevistas com os responsáveis; avaliação do desenvolvimento aplicado aos alunos observando a criatividade, o desenvolvimento psicomotor, o desenvolvimento cognitivo e o desenvolvimento da personalidade. Durante o processo de pesquisa, encontramos muitas crianças usando ritalina. Segundo as famílias, a indicação foi pelo comportamento intenso, entretanto os pais desconheciam a patologia e os efeitos indicados para uso da medicação. A avaliação que foram submetidos os alunos foi descrita por Prista (2009), utilizando ferramentas que pudessem levar a uma compreensão do desenvolvimento humano, mapeando potencialidades, bloqueios e a conexão com os fatores que vieram a permitir, facilitar ou construir a situação apresentada. Os dados coletados foram os seguintes: escolas visitadas =18, alunos listados como hiperativos, hipercinéticos ou portadores de TDAH/I = 269alunos, uso de ritalina = 104 alunos, alunos confirmados como portadores de hiperatividade, TDAH/I ou hipercinéticos = zero.

Foi significativo perceber a postura da equipe da escola diante da seriedade da pesquisa. Apesar de ser um trabalho onde a Secretaria de Educação era parceira, tendo-nos dado permissão para a realização em suas unidades, encontramos muitas escolas despreparadas para o dia do evento, marcando relações fragmentadas em seu núcleo interno. O desconhecimento de nossa presença ficou evidente em muitas escolas onde a Direção agendou previamente com a equipe de pesquisa.

Por outro lado, quando chegaram à escola para as avaliações com os alunos e entrevistas com os pais, não havia espaço físico para a realização das tarefas. Nem o espaço do pátio da escola era cedido. Em outras ocasiões, foi difícil suportar a maneira descortês como os funcionários tratavam os acadêmicos e os alunos. Muitas cenas de agressão verbal, funcionários varrendo o chão quando as crianças merendavam. A sujeira das escolas foi marcante. Em uma das escolas recentemente pintada, encontramos poemas e desenhos que expressavam os sentimentos dos alunos feitos durante horas. Alguns professores ansiosos listaram alunos, além dos previamente acertados. Queriam orientação.

Dos 269 alunos listados e avaliados, nenhum deles foi diagnosticado como comportamento hiperativo ou portador de TDAH/I. Muitos alunos eram inclusive portadores de deficiência mental, alguns superdotados, pessoas portadoras de psicose, outros apenas crianças e adolescentes que, por uma insatisfação com o processo educacional, falavam com seus corpos de um processo opressor à expressão da corporeidade.

A pesquisa iniciou uma discussão muito séria. O que acontece com cada educador que está deixando de olhar, de ouvir, de sentir e de compreender seus alunos. Os alunos listados e que puderam ser avaliados apresentavam significativas alterações em nível psicológico e psicomotor. Na contextualização de suas vidas, encontramos muitos itens justificados, como a ausência de significação familiar, ausência de posicionamento do aluno na família, o que demonstra que este referencial está frágil e não estruturado. Este é um fator significativo na organização psicológica e hierarquização psicomotora. Por outro lado, ficou evidente a ausência de um trabalho educacional que permita a cada sujeito ser autor de seu processo. Os desenhos obtidos demonstraram uma grande fragilidade na sustentação do próprio sujeito e/ou energia muito contida – a agressividade, energia básica para a construção de conhecimento. Em todos os desenhos, a imagem corporal demonstrava ausência de totalidade psicomotora, o que nos direciona para os estudos iniciais da Psicomotricidade sinalizados neste artigo.

De tudo o que foi experimentado pelos acadêmicos, podemos sinalizar que o fenômeno TDAH/I vem velando problemáticas mais profundas em nível familiar e escolar e formatando um fenômeno muito sério que é o de "empobrecimento simbólico" PRISTA (2004). O empobrecimento simbólico é uma construção depreciativa do potencial humano. Quando deixamos de agir como profissionais, negligenciamos dimensões relacionais, afetivas, cognitivas e facilitamos que um aluno inteligente passe a expressar-se de forma limitada, pois passa a minimizar a capacidade cerebral de buscar, de articular, de desdobrar e acostumamos a utilizar áreas básicas, simples e lineares. Rompemos com a capacidade de formar elos, de elaborar com profundidade. O empobrecimento simbólico denuncia a perda do potencial de crianças e adolescentes por práticas inibitórias do desenvolvimento humano.

O lugar do corpo na reorganização de pessoas portadoras de hiperatividade

Na esteira de Merleau Ponty, é preciso marcar que o corpo não é um instrumento, mas nós mesmos, projeto de uma existência de vida. Este corpo que é cada pessoa pode tomar caminhos produtivos, auto-organizados ou caminhos destrutivos a partir das relações estabelecidas.

É preciso hiperativar cada profissional e relembrar a organização psicoafetiva dinâmica e transformadora anunciada por Freud e desenvolvida brilhantemente por Jung; relembrar a prática compreensiva, relacional, reorganizativa do tônus-emocional; relembrar a organização cerebral por meio dos estudos das Neurociências que nos aponta que só há um caminho inicial: o ato motor.

Bem...Neurologia, Pedagogia, Psicologia, Psicomotricidade, Motricidade Humana, Neurociências. Esquecemos todos os estudos que nos mostram como o ser humano atinge a síntese psicomotora? Esquecemos que bloqueios acontecem e podem ser um obstáculo temporário se as condições ambientais favorecerem a auto-organização de crianças e adolescentes? Por que temos tanta pressa por resultados imediatos? Por que estamos nos deixando levar por movimentos mercantilistas de laboratórios americanos?

O desenvolvimento psicomotor depende de cuidados, de mediações, de acompanhamento, de processo, de olhar do adulto que significa o outro, com calma, com profundidade... Na busca desenfreada de fazer por fazer, por resolver, perde-se o eixo interno, nossa capacidade de formatar a autoimagem.

A autoimagem em síntese, sentida, representada depende de dois eixos iniciais constituídos pela maternagem e paternagem. Dependendo da possibilidade de exercício da violência primária e secundária (AULAGNIER), podemos romper definitivamente com a capacidade do sujeito de se auto-organizar. O embalar, o tocar e o significar promovem estados de relaxamento, estados de organização psicomotora, de formação de serotonina, calmante natural cerebral. Se os educadores – pais e professores – não exercitam atividades de enriquecimento humano, estão formatando um único movimento – do rápido, do estresse, da adrenalina e de um organismo que acaba adaptando a estar sempre em um único movimento. Somos capazes de alterar a bioquímica cerebral a partir de nossos atos cotidianos!

A tarefa docente vai muito além do ensinar a ler, a escrever, a trabalhar e a expressar por via oral e escrita. Há valores, habilidades, atitudes diante da globalização. Para este enfrentamento, há de se ter referenciais internos sólidos, capacidade de gerenciar suas emoções, exercitar potencialidades, desenvolver um pensamento aberto, flexível, divergente... É pela complexidade das dimensões internas que devolvemos ao Homem seu próprio processo de transformação.

O fenômeno da hiperatividade jamais poderá ser analisado fora do contexto socioantropológico, pois implica uma rede de fatores, situações e eventos transformadores de nossa capacidade de adaptação. Não basta um simples e superficial questionário para falar do ser humano. É preciso contextualizar, é preciso olhar, sentir, refletir e compreender. Isso parece da responsabilidade de todo profissional de educação e saúde envolvido neste fenômeno.

Para compreender o *deficit* de atenção, preciso compreender o fenômeno atenção. Esta é fácil de entender, mas difícil de pôr em prática em um mundo em que fazemos cinco ou seis coisas ao mesmo tempo. Para se ter atenção, é preciso ter consciência naquilo que está acontecendo dentro de nós e ao nosso redor neste momento – estar atento à vida que pulsa em nós e à nossa volta. Quando estamos lendo, sabemos que estamos lendo. Se os nossos pensamentos se desviam para aquilo que vamos comer no jantar, para os acontecimentos que programamos para amanhã, então não estamos lendo atentamente. Se está lendo, tem de ter consciência de que está lendo. Estando de pé, sentado ou deitado, tem de ter consciência de estar de pé, sentado ou deitado. Parece simples, mas não é, pois alteramos esta capacidade natural do ser humano e alteramos porque passamos a crer que podemos fazer tudo ao mesmo tempo e não é verdade. Nosso cérebro não está adaptado para isto. Há um esforço extraordinário, mas a retenção de todos os dados acaba sendo prejudicado. A atenção depende de uma percepção e de uma respiração consciente. Da percepção à respiração, o movimento é de interiorizar. Segundo Bronzeri (2007), atenção é:

> a energia que joga luz em tudo o que vemos e em tudo o que fazemos. É a consciência daquilo que está acontecendo neste exato momento. A atenção dá apoio à concentração – a arte de focalizar profunda e precisamente a atenção em um objeto ou tarefa à mão – e juntas, as duas nos levam ao contato direto com a realidade na qual o discernimento e a compreensão se originam.

As Neurociências explicam a atenção como a formação de redes neuronais que permitem os estados de alerta, de foco e concentração. Estas redes se formam a partir da ação infantil sobre o mundo (paradigma da ação de Piaget), a partir das relações afetivas significativas que estimulam a criança a olhar, a imitar, a criar e a estabilizar estados tônicos (paradigma da afetividade de Wallon), a partir dos entrelaçamentos com sua sociedade e sua cultura (paradigma do entrelaçamento cultural de Vygotski). A possibilidade do exercício destes paradigmas permite o entrelaçamento com o sistema límbico (centro das emoções) e com as áreas do lobo frontal (centro das funções complexas do cérebro), o que leva à formação de novos entrelaçamentos cerebrais e refinamento do comportamento humano.

Esta orientação prática nada mais é do que a aplicabilidade das teorias de Carl Rogers e Carl Jung que, em seus estudos, marcam o sentido presente do fazer. Estar atento é estar presente com a vida, na vida. Entretanto, à nossa volta, cada vez mais nos exigem fazer várias coisas ao mesmo tempo e acumulamos muitos anos vivendo sem atenção – fazendo uma coisa mecanicamente enquanto pensamos a respeito de uma outra coisa. Este hábito está impregnado em cada ser humano, em cada autoimagem e em muitas outras imagens em contato relacional.

Esta complexidade de fatores deve ser desenvolvida segundo os escritos de Celéstin Freinet, pois, em sua prática, mostrava como era importante revisitar o que já foi estudado para fortalecer as redes neuronais da memória .Os livros da vida – técnicas pedagógicas individuais e coletivas – são um convite à possibilidade de sair da posição de leitor para a de autor, impulsionando sua unidade corporal de forma efetiva.

Nesta corrida incessante onde pouco é saboreado, reside profundas alterações cerebrais. Para a dinamização saudável do cérebro, é preciso aprender a parar, a sentir, a elaborar e a concentrar. Caso contrário, estamos cobrando demais de determinadas áreas em detrimento de outras, e os prejuízos em nível corporal são imensos.

Nesta vertente paradigmática, não cabe mais pensar em corpo, mas em corporeidade onde deve estar implícito um sujeito intencionalizado. Na atual vertente cartesiana, o aluno tem sido visto como um corpo e uma mente dissociados, onde a mente é convidada a liderar a escravidão do corpo.

Devemos também sinalizar que corpo é uma atividade motora em todos os aspectos. Então, além do corpo funcional, fisiológico e anatômico, onde profissionais atuam com ritalina, chega-se à dimensão psicológica, psicomotora, relacional e à fundamental dimensão do vivido que é a única capaz de garantir a unidade do sujeito.

Tratar o corpo nesta dimensão implica inserir o Homem na complexidade como bem marca Morin (2005). Complexo é o que é tecido em conjunto, logo nenhum problema mais pode ser compreendido sem a rede de relações (família, corpo docente, corpo administrativo, corpo comunitário etc). Não há culpados, não há salvadores, existem pessoas que, nas relações, se constroem e desconstroem.

Uma coisa é falar do corpo, outra coisa é falar com o corpo. Como explicar uma experiência significativa onde sensações e emoções são indissociáveis? Onde pensamento exige maior abertura de linguagem? Como falar da multiplicidade de mensagens tônico-emocionais e gestuais simultâneas que exalamos a cada instante? Como falar da *gestalt* corporal quando nossas mensagens verbais e não verbais são tão contraditórias?

O corpo tem memória, o corpo é nossa existência, o corpo é a minha história ontogenética que tem por base a filogenética, o corpo fala. A criança hiperativa fala o tempo todo e fala de si pelo corpo. Cabe a cada adulto a capacidade de dialogar com sua corporeidade para compreender as mensagens dos hiperativos.

Referências

AJURIAGUERRA, J. *Manual de Psiquiatia Infantil.* São Paulo: Masson, 1972.

BRONZERI, W. *Apontamentos sobre a atenção dirigida.* Rio de Janeiro: CEC, 2007.

CYPEL, S. *A Criança com déficit de atenção e hiperatividade.* São Paulo: Lemos, 2003.

MORIN, E. *Os sete saberes necessários para a educação do futuro.* Lisboa: Instituto Piaget, 2002.

MORIN, E. *A inteligência da complexidade.* São Paulo: Petrópolis, 2005.

MORIZOT, R. A História da Psicomotricidade. *In*: PRISTA, R. M. *Formações em Psicomotricidade.* São Paulo: All Print, 2010.

PRISTA, R. M. *Superdotados e Psicomotricidade.* A Complexidade Humana em Questão. Rio de Janeiro: Leon Denis, 2004.

PRISTA, R. M. *Deficiência Mental ao Espelho.* Intencionalidade, Inteligência e Complexidade. Rio de Janeiro: CEC, 2009.

Cap. 9

Intervenção psicomotora de âmbito clínico

João Maria Antunes Costa

Trata-se de um trabalho realizado em ambiente clínico ao longo da minha carreira, com uma colaboração muito estreita com o colega Pedro Onofre, que com ele tivemos a oportunidade de refletir uma boa prática de intervir junto das crianças. Desse trabalho, resultou um aprofundamento da parte do colega Pedro Onofre em uma Psicomotricidade situada em nível pedagógico ou educativo, pela minha parte, uma vez que o percurso profissional se situou mais em ambiente hospitalar, designadamente, na vertente de saúde mental infanto-juvenil, resultou uma Psicomotricidade Clínica.

Nesse meu percurso, também foi notória a influência de João dos Santos, Margarida Mendo, Coimbra de Matos e Maria José Vidigal. Todos médicos pedopsiquiatras e psiquiatras infantil e psicanalistas. Daí que a compreensão da Psicanálise seja fundamental para justamente melhor conhecer as relações que se estabelecem entre crianças e entre elas e os adultos. Assim, um dos aspectos metodológicos para intervir em Psicomotricidade relacional passa pela formação do psicomotricista, e a atitude necessária para o desempenho.

Esta metodologia respeita e procura o percurso da criança no seu próprio desenvolvimento que designamos como da sensorialidade à representação. Partindo do pressuposto fenomenológico descrito por Merleau Ponty em que, no desenvolvimento, a criança tem consciência do mundo por meio do seu corpo e, segundo o autor... O corpo é o eixo do mundo.

O Corpo é sede das sensações. É pelo tocar, ver, sentir, provar e ouvir, como referiu Anzieu (1985) que se constrói o indivíduo. As sensações, por sua vez, alicerçam progressivamente as percepções e resultam de uma impressão proprioceptiva e exteroceptiva que são acompanhadas pelo afeto e pela emoção. Os perceptos e os afetos, por vezes, são confundidos entre o sentir de sentimento e o sentir de sensação.

Como refere Golse (2002), as percepções dão origem às representações. A criança primeiro começa por pensar por imagens, imaginar, isto é, ver mentalmente o seu corpo em movimento. Assim, o corpo não se confina à fronteira da pele, pois ele vai até onde chega o olhar, até onde pode lançar objetos ou até onde consegue ouvir. De acordo com Anzieu (1985), a pele pode ser o elemento fronteira, que filtra os estímulos aos quais estamos expostos, onde alguns são reconhecidos, outros não.

Assim, podemos considerar que a expressão (representações) é o resultado das impressões. Essas impressões são o fruto das experiências adquiridas pelas relações afetivas e emocionais. Produzem memórias de situações que envolve as ações afetivas e emocionais.

O sono, o sonho e o sonho acordado são os instrumentos de processamento das memórias – situações vividas, que irão dar lugar à iniciativa, à curiosidade, à espontaneidade e à produção de ideias como nos refere Damásio (1994).

A intervenção deve interessar-se pela motivação da criança, pois só assim é possível ir ao encontro dos seus desejos, olhando para a mesma como se fosse única. A sessão na sua globalidade deve centrar-se nos interesses e nas motivações da criança em cogestão com o adulto. Deve promover-se a autoestima, para que a criança acredite nas suas potencialidades. A criança deve ter a oportunidade de participar, de escolher as tarefas que pretende realizar. Torna-se importante entender que a presença do adulto não se confina a exercer a autoridade, ou impor atividades, mas sim para aceitar em pleno, a maneira de ser da criança em um envolvimento afetivo relacional. Por outro lado, a atitude terapêutica, a posição do psicomotricista, também não é avaliar os conhecimentos, ou querer saber se a criança é conhecedora ou não. Isso vai acontecer no decurso das sessões, onde se vão revelando e dar a conhecer mutuamente.

Só por meio das escolhas da criança, asseguram-se o empenho e a participação otimizados e a autoestima suficiente para que a criança acredite em si própria e, consequentemente, produza ideias e projetos, construindo planos. A organização passará pelo impacto de gestão da criança na realização das suas próprias escolhas e, desta forma, ela própria fica mais valorizada. Então, a criança sente que lhe dão importância e, assim, investe muito mais, concentrando-se no que está fazendo.

Após o plano estabelecido, este é registrado no quadro pela criança, para depois passarmos à ação. À medida que as atividades se concretizam, vamos ao quadro ver qual é a que se segue dando baixa da realizada.

Esta metodologia, além de estruturar a sessão, também promove a criança e ajuda a estabelecer os seus limites. Desta forma, a criança sabe o que está fazendo, e o que se segue a seguir, e o mais importante é que estamos fazendo coisas que ela quer fazer, é o mesmo que dizer que é uma obra do próprio, assim está muito mais estimulada. Concomitantemente, a criança consciencializa as atividades executadas, em vez de "passar" por elas sem dar conta do que está fazendo. O papel do terapeuta é auxiliar e amparar a organizar e estruturar a sessão, e também colorir emocionalmente os estímulos.

Será objetivo constante ao longo das sessões a iniciação de uma tarefa e a concretização da mesma em um sentido de coerência. Após levantada a situação, a mesma é explorada e finalizada em concordância com um princípio, meio e fim, em uma constante comunicação, chamamos a essa atitude, fechar o ciclo da comunicação. Se interrogamos, merecemos uma resposta, seja ela qual for, e temos de a exigir.

Muitas vezes, as crianças não nos respondem por pensar que não é preciso, e às vezes são conotados por outros adultos, como crianças com dificuldades na comunicação *versus* relação. Pode acontecer esta situação, sobretudo por falhas na educação, ou porque em casa o uso da palavra não é preponderante.

Tal como o uso da palavra é de importância fundamental, o espaço do silêncio é determinante. Não o silêncio de quem não tem nada para dizer, ou está aflito porque não sabe o que fazer, mas aquele que, entre duas pessoas, ocorre porque estão de uma forma serena e tranquila em sintonia e cumplicidade, porque se sentem bem um ao pé do outro e a palavra não acrescenta nem condimenta a relação. Todavia, entendemos que o uso da palavra associada à ação e intenção é necessário. Estimulamos aquilo a que designamos de fechar os ciclos de comunicação, isto é, a uma questão ou pergunta, é necessário que se obtenha uma resposta, seja ela pela palavra ou por outra forma de comunicação.

O significado dos materiais

O que caracteriza em muito o espaço são os materiais a serem utilizados nas sessões. Todos eles são de extrema relevância. Deste modo, torna-se importante explicar a forma como é adquirido o significado dos materiais, uma vez que estes constituem parte integrante da nossa intervenção. Assim, os materiais são objetos que nos influenciam pelas suas características, ou seja, por forma, textura, peso, tamanho, cor, seu significado, seu valor simbólico, recordações.

O valor do objeto e o seu significado é algo que se regula na relação com esse objeto e com o terapeuta, em um contexto de espaço e ambiente já conhecidos. O significado do mesmo objeto é o produto das memórias da criança que foram evocadas pela impressão que resultou das vivências anteriores.

Os objetos que foram danificados e gastos não devem ser usados nestes trabalhos, uma vez que já não faz sentido ter materiais deprimentes e destruídos, exceto se o dano tiver ocorrido com uma dada criança e, então, nesta situação, pode dar lugar a um procedimento de reparação, atitude que estas crianças têm dificuldade em ter.

Simbolicamente, a criança necessita de ter atitudes de reparação, de modo que ela própria se regule e reaja bem com a frustração, que não destrua o espaço dos outros com comportamentos agressivos e impulsivos. Da mesma forma que os materiais são importantes, enquanto continuadores da relação e não de forma que possa limitar ou impedir uma relação genuína, a ausência deles não é impeditivo de uma sessão enriquecedora, porque o material fundamental está presente, isto é, as pessoas, o espaço e o desejo de fazerem qualquer coisa.

Pode acontecer de a criança centrar a sua atenção mais nos materiais do que no essencial, ou seja, na intencionalidade. Esta atitude da criança deve ser pensada, uma vez que pode representar uma atitude de defesa em face da relação com o terapeuta, ou mesmo com a problemática que caracteriza a necessidade de apoio à sua Psicomotricidade. Um aspecto importante a ter em atenção na sala de Psicomotricidade é o fato de não ter objetos em abundância, dado que estes podem desencadear dispersão na criança, e assim promover a distratibilidade.

As bolas grandes, pequenas e os balões

As bolas de tamanhos, pesos, volumes, cores e texturas diferentes continuam a ser um objeto privilegiado das crianças, uma vez que oferecem estímulos e causam diferentes impactos sensoriais. Os balões "voam" no ar com outro tempo, permitindo um melhor enquadramento e posicionamento da criança, associado a um prazer reforçado e entusiasmante devido ao grau de sucesso elevado no que diz respeito às coordenações e à exigência de a resposta motora ser mais tolerante.

As tintas, os pincéis, a plasticina e o barro

A expressão plástica é utilizada com alguma regularidade. Partindo do pressuposto de que a criatividade é um intenso desbloqueador tônico-emocional, a criança utiliza este tipo de material para melhor se reconhecer.

São considerados materiais moles que envolvem junto com a pele, a estimulação proprioceptiva promove a reconstrução da corporeidade da criança e, por sua vez, ajuda-a a tranquilizar.

As pinturas e as produções plásticas em geral permitem que as crianças utilizem diferentes partes do corpo, são expressivas de conteúdos emocionais, aos quais não podemos ficar alheios e pensar que estas matérias são abordadas em outras disciplinas.

A criança quando demonstra interesse em utilizar materiais plásticos, não podemos e, porventura, não devemos fazer interpretações das suas produções quanto ao seu pensamento, pois ela, na maioria das vezes, fá-las por recreação, brincadeira e jogo, embora saibamos que ela se espelha com conteúdos psíquicos nas expressões, o psicomotricista não tem preparação para inferir com interpretações, pois podem ser consideradas levianas e, inclusive, ter efeitos nefastos para com a criança e para o curso da terapia.

Como sabemos que a criança tem prazer com essas expressões plásticas, reforçamos o prazer.

O espelho

Consideramos o espelho um instrumento imprescindível em uma sala de Psicomotricidade. A criança na presença deste instrumento utiliza o mesmo para diferentes fins, para se ver, para ver a sua imagem, para ver as suas expressões, para conhecer pormenores de si.

Este espelho deve assumir dimensões que permitam à criança visualizar-se na totalidade, ou seja, da cabeça aos pés. A imagem especular visualizada pela criança integra a imagem de si, bem como também permite o reconhecimento das várias partes do corpo, estruturando, assim, a noção do esquema corporal.

Sabemos que a imagem refletida pelo espelho é aquela que a pessoa quer ver, e não aquela que efetivamente o espelho reflete. Se estivermos com uma jovem anoréxica em frente ao espelho, ela pode afirmar que o seu corpo está obeso, e não vê a sua extrema magreza.

O quadro

O quadro constitui uma peça fundamental para a organização da sessão. O mesmo constitui-se como uma estrutura organizadora, uma vez que todos os passos dados na sala serão assinalados no mesmo, desde os nomes de quem está presente, ao registro das escolhas por eles efetuadas.

A elaboração do plano da sessão é no quadro, utilizando escrita convencional, ou escrita por imagens. E está ali visível para que se possa ver a organização e para que, sempre que necessário, a criança possa consultar o plano elaborado. Tendo em conta as suas características, este deve ser grande e chegar até ao chão, para que a criança se possa desenhar em tamanho real.

O tambor, a sonoridade, o ritmo e a música

Neste tópico, o ritmo, a batida, a sonoridade, a musicalidade corporal, o diálogo sonoro, o aprender a vez, o ouvir e o replicar são aspectos que se encontram presentes. A batida constitui, por sua vez, a musicalidade mais primitiva, sendo a que mais se conhece. Todos sabemos tocar essas músicas, provocando-as pelas diferentes partes do corpo, em diferentes superfícies ou objetos existentes na sala. Os sons provocados por estes remetem para diversos sentimentos da criança.

Aprende-se a pegar a vez e a respeitar a vez do outro, isto é, aprendemos a ouvir e responder, e não tudo ao mesmo tempo em que deixa de ser sonoridade, para passar a ser ruído.

Este tipo de expressão também é representativa de afetos e emoções, também é um suporte para a comunicação, portanto é um outro instrumento a ter em conta para trabalhar no campo da Psicomotricidade.

Os colchões e tapetes

Considero todos os materiais importantes, não uns mais que os outros, mas sim todos, cada um com a sua função.

Os colchões e tapetes permitem o contraste das texturas: duro e frio do chão, com o mole e o ameno do colchão. Por outro lado, os mesmos têm a finalidade de proteção e de contenção. Também podemos fazer muitas coisas com eles, desde a realização de construções e envolvimentos, enrolamentos, a situações como adereços de teatros.

Os panos

Estas são peças de formas moldáveis, tecidos finos, lenços de seda, outros de texturas diversas, de cores variadas, as quais estimulam para além da proprioceptividade, facultam a transformação da personagem no jogo do faz de conta, envolvendo-o no corpo, como adorno.

O papel em grandes porções

Este papel possibilita o contorno do próprio corpo, em tamanho real, que vai facilitar o autoconhecimento, perceber os seus limites, preencher o seu interior e ornamentar o exterior.

Os bonecos, os animais, os tachinhos

Estes permitem a construção de histórias, nas quais estamos envolvidos, permitem imaginar e organizar a identidade e, sobretudo, a estruturar o pensamento simbólico.

Para podermos escrever e ler, necessitamos de ter o pensamento simbólico bem estruturado, pois as palavras representam simbolicamente ideias ou situações. Também sabemos que, para estruturar o pensamento simbólico, é necessário trabalhar o concreto. Desta feita, os jogos de faz de conta são jogos que representam situações factuais dos adultos. Assim, nestes jogos, estamos promovendo a representação de ações por pensamentos imagéticos. Eles irão dar lugar mais tarde nas recordações, nas memórias afetivas, a pensamentos que ficam entre a ação e a representação, a equação simbólica e que precede o pensamento simbólico. Aqui, é possível experimentar diferentes papéis, fazemos de conta como cuidar do filho, dar de comer ou tratar dele, ou ter uma conversa ao telefone.

Por outro lado, tratamos dos animais da(o) quinta (sítio), aqui protegemo-los dos predadores ou dos ladrões, fazemos lutas, onde podemos ser do lado dos bons ou dos maus. Esta forma de pensar pela imaginação consolida melhor o pensamento abstrato, requisito recorrente na escola, quando as letras e os números tomam significados simbólicos, como se dissera anteriormente.

O gravador de som e de imagem

Quando nos ouvimos, estranhamos a nossa própria voz, pois parece-nos outra pessoa que está falando, e quando nos vemos nas imagens filmadas, rimo-nos e, por vezes, temos vergonha de nós. Assim, procuramos corrigir os movimentos e a atitude. Desta forma, estes materiais permitem uma melhor convivência da imagem corporal, no conflito entre o que estamos vendo e aquilo que gostaríamos de ver.

O espaço

Para o desempenho da Psicomotricidade Relacional, necessitamos de ter uma sala ampla, onde a criança possa movimentar-se com liberdade, livre de móveis e obstáculos que possam impedir os seus movimentos espontâneos. Por outro lado, esta deve ser uma sala que possua uma boa luminosidade, e deve ser arejada. Quanto à dimensão, não é indispensável uma sala tipo ginásio, porque as grandes dimensões podem tornar ineficazes, porque as crianças dispersam-se nos grandes espaços. Ela deve ser acolhedora e contentora. Relativamente aos materiais, estes devem estar expostos organizadamente para que possam ser escolhidos e apetecidos. O chão deve ser de um material flexível, o mais conhecido para o efeito é a madeira e, se possível, com uma caixa de ar, de modo que permita uma maior flexibilidade na recepção do corpo ao chão, diminuindo o impacto, assim como ser um ótimo material para absorver a onda acústica.

Atitude do terapeuta

Manter uma relação estável requer conhecimento do outro, requer interesse mútuo, requer pensar o outro, intuir o outro para procurar relações positivas, perceber os afetos, as emoções e os sofrimentos.

A formação do Psicomotricista na área da saúde mental infantil e juvenil necessita de adquirir conhecimentos aprofundados e disponibilidade interior para que se possa relacionar com diversos tipos de personalidades e de caráter, para que, com velocidade, consiga entendê-los.

O conhecimento do desenvolvimento psicomotor, da linguagem, do emocional e do cognitivo é fulcral, todavia e concomitantemente não poderá descurar, porém, o conhecimento da psicopatologia infantil e juvenil.

A sua disponibilidade interior é seguramente o eixo da interação porque é necessário trabalhar em equipe, com pessoas com outra formação, porque, nessas reuniões, vai fazer-se "Luz" sobre a particularidade da interação na criança. É nestas alturas que se estabelece a importância de cada técnico no tratamento, quais as prioridades que se dão e por quê? É justamente nestas reuniões que, ao estabelecer os objetivos, se separam os sintomas das patologias.

Um técnico de saúde mental infantojuvenil pouco experimentado pode ser reduzido a reagir sobre os sintomas, em detrimento do funcionamento mental.

Como psicomotricista, que é uma profissão essencialmente prática, será necessário que o formando tenha um ensino tipo "ombro a ombro" justamente como o que se passa em outras profissões, é necessário ver e sentir, e a transmissão dos conhecimentos e da experiência dos mais antigos, também, é fundamental. Para finalizar a formação, a figura da supervisão é o suporte, a rede da atuação.

As dúvidas, as angústias e o sentimento de incapacidade, que emergem durante sessões, são aliviadas e eventualmente ultrapassadas em reuniões de supervisão, onde a compreensão das atitudes, em face dos comportamentos manifestos das crianças, é inscrito em um quadro clínico, sustentado e inscrito por uma construção teórica e empírica.

A atitude do terapeuta depois de fazer uma formação específica pessoal pode descrever-se, tais como:

• em *empatia* – o terapeuta procura promover a compreensão mútua dos afetos e das emoções;

• em *simpatia* – o terapeuta tenta fomentar uma afinidade e partilha de afetos;

• em *sintonia afetiva* – o terapeuta procura o ajustamento e encontro afetivo para uma melhor regulação das emoções;

• *ser responsivo* – as crianças precisam de respostas, o terapeuta tenta adequar a resposta à situação que surge no instante;

• *ser amoral* – o terapeuta procura não ser crítico, não fazer juízos de valor, nem julgar as atitudes ou os comportamentos da criança;

• *não estar a medir conhecimentos* – questionar-se, responder instantaneamente para que a criança possa apoderar-se da resposta e não se sinta questionada nem inferiorizada com a eventual ignorância, ou mesmo entrar em ansiedade;

• *em atitude Heurística* – é uma atitude inventiva que promove na criança as suas competências. O terapeuta não substitui a criança nos desempenhos, ajuda-a a utilizar os seus próprios instrumentos.

Princípios orientadores da intervenção

A Psicomotricidade surge com o objetivo de compensar problemáticas situadas na convergência do psiquismo e do somático, intervindo sobre as múltiplas impressões e expressões do corpo e atribuindo significação simbólica ao corpo em ação. (MARTINS, 2005)

Para Martins (2005), a prática psicomotora é unificadora, no sentido em que veicula os laços entre o corpo e a motricidade e a atividade mental, o real e o imaginário, o espaço e o tempo, melhorando o potencial adaptativo do sujeito, ou seja, as possibilidades de realização nas trocas com o envolvimento.

As práticas psicomotoras podem desenvolver-se em contextos de ação diferenciados, em função de critérios que têm como referência a própria história do sujeito, a origem e as características das suas dificuldades, as características do meio institucional onde é feito o atendimento, e até as características da personalidade e da formação profissional do psicomotricista.

A organização destes contextos é condicionada pelo tipo e grau de indicação, ou seja, pela problemática existente. Este critério é importante para decidir se o apoio é individual, ou em pequeno ou grande grupo, se a atitude é mais ou menos diretiva, se a acentuação é mais sobre a componente motora, cognitiva ou relacional, se valoriza o jogo funcional ou simbólico, a receptividade ou a expressão. (MARTINS, 2000)

Em função destes critérios, o enfoque da atividade poderá ter um caráter mais clínico e terapêutico incidindo na valorização da componente relacional e psicoafetiva. Neste caso, envolve fundamentalmente a gestão da problemática da afirmação da identidade a partir de processos reguladores da proximidade e da distância, possibilitando a expressividade espontânea do sujeito. (MARTINS, 2005)

Toma-se como referência autores, como Claude Paquette (1979) e a sua Pedagogia livre e aberta onde o motivo de aprendizagem emerge do aluno, sendo este a fonte primeira de toda a atividade; João dos Santos, o precursor da Psicomotricidade em Portugal, que implantou entre nós a Pedagogia Terapêutica, ensinando que, para ajudar uma criança a aprender, é preciso, antes de mais nada, compreendê-la, isto é, relacionar-se com ela; e Henri Wallon (1966) que dá importância ao movimento como "elaborador" do pensamento.

Neste trabalho, pretende-se descrever o trajeto que o autor e um grupo de crianças desenvolveram, partindo de uma aparente desorganização. Foi necessário dar um tempo de descoberta do espaço, do adulto e dos materiais, em uma atitude de esperar que cada criança possa experimentar em situações individuais, para uma progressiva organização mental em que o vivido no instante dá o lugar ao antecipadamente previsto. Teriam de ser capazes de produzir ideias, por meio de uma elaboração das ações em circunstâncias de responsabilização (tolerância) de constante valorização pessoal, progredindo para a inovação (criatividade).

Em uma abordagem da Psicomotricidade de base relacional e de âmbito clínico, onde se privilegia a qualidade da relação que se estabelece com a criança, há alguns princípios e objetivos que orientam o psicomotricista:

• valorizar as descobertas motoras, estimular a criatividade e a espontaneidade. Por detrás de um rótulo (diagnóstico), está sempre uma criança, sendo necessário receber, aceitar e respeitar a sua Psicomotricidade;

• consciencializar as ações executadas, levar a criança a dar conta do que faz e como faz; desenvolver e apoiar as situações expressivas carregadas de emotividade e prazer;

• facilitar o diálogo, juntar a palavra ao gesto dando significado a intenção. Estimular a apreciação e a reflexão da expressão motora do outro e experimentá-la;

• implicar a criança na organização e gestão da sessão. Por esse fato, com o adulto, é corresponsabilizada, tendo uma participação ativa nas escolhas, onde a motivação é seguramente potenciada, porque serão os interesses dessa criança que falam mais alto.

Assim, é favorecido o ritmo das crianças em um trajeto crescente de autonomia e liberdade, isto é, sentirem-se autossuficientes. A criança só se interessa pelo outro parceiro, porque este lhe dá jeito para melhorar as suas competências, para um reforço narcísico ou para ensaiar experiências de domínio. Por exemplo, a criança só passará a bola ao outro quando está segura de que esta lhe será devolvida.

Alicerçar a unificação e consciencializar o corpo

Neste percurso de intervenção, podemos distinguir vários patamares (fases) de evolução da criança na organização do grupo:

PRIMEIRA FASE

Pede-se à criança que desenhe o seu corpo em tamanho real, faça o seu contorno ou desenhe-se ao espelho.

É recorrente os psicomotricistas dar uma particular importância à noção do esquema corporal e à imagem corporal. A noção dos limites do corpo e a consolidação do conhecimento de si próprio são fundamentais na organização da identidade Não há pensamentos organizados se o corpo não estiver também organizado.

Ao começar por delimitar os limites do corpo por meio do contorno em papel de cenário, dá assim lugar ao desenho em tamanho real. A criança é o seu corpo, no significado de M. Ponty.

As noções dos limites do corpo, da imagem corporal e do esquema corporal constituem a nossa primeira intenção. Não podemos conceber a intervenção em Psicomotricidade, sem primeiro abordarmos a organização e consolidação de áreas tão importantes quanto estas. Um corpo não unificado produz pensamentos distorcidos e, naturalmente, estas áreas, tal como em qualquer outra, deverão ser sempre abordadas em uma perspectiva global e nunca intervindo só em partes do corpo. Abordar em exclusivo as dificuldades identificadas parcelarmente é, no mínimo, ser reducionista, ou seja, reduzir a intervenção a uma participação mínima pela parte da criança. Aliás, esta forma de ver o problema pertenceu ao século passado. Na avaliação, tentavam detectar o sintoma e, após o levantamento das dificuldades, organizavam esquemas de intervenção, tendo em vista a remoção do sintoma.

Efetivamente, não é a posição que partilho. Primeiro, se me coloco só enquanto observador, seguramente que estou influenciando o observado e, por consequência, a observação será alterada. Este aspecto poderá ser ultrapassado se me colocar primeiro em uma posição de poder ser observado, sem ter alguma pretensão de querer saber quais os êxitos e os fracassos da criança, se estimular um contato e, progressivamente, alimentar um interesse mútuo. Assim, à medida que nos vamos interessando um pelo outro, que nos vamos conhecendo, também nos vamos revelando, e ficamo-nos conhecendo não só as competências mas também as dificuldades. Por outro lado, o importante é a qualidade de resposta que o técnico tem para oferecer.

É imperioso que se olhe para a criança como uma pessoa única, com toda a importância que qualquer pessoa merece. Não aniquilar-lhe o movimento espontâneo, não reduzir a criatividade.

A consciência sobre o corpo, os limites do corpo, tal como Anzieu (1985), faz referência na sua obra "Le Moi-Peau", que se traduz essencialmente pela existência de uma película psíquica. Entre outras situações, serve para filtrar os milhões de estímulos exteriores, as agressões e distinguir-se também do outro, organizar a sua identidade, sentir o seu corpo no espaço, daí, a noção do esquema corporal, a imagem corporal. Esta desenvolve-se pela riqueza das situações, da aventura, da descoberta, da curiosidade, em envolvimento tranquilo e facilitador dos acontecimentos.

Não se podem separar neuronalmente as estruturas que são responsáveis pelo ato motor, na medida em que o movimento isolado não possui significado. Não podemos isolar do contexto relacional e emocional o movimento e o gesto, que são um veículo da expressão global. Expressam emocional e cognitivamente a sua forma de estar nesse instante. Este processo promove o conhecimento das várias partes do corpo e também das suas competências e capacidades, bem como das suas limitações. É nessas etapas que se vai reajustando a fantasia com a realidade, o sonhar do ser capaz com o conseguir na realidade, a ilusão com a desilusão.

SEGUNDA FASE

Abordagem individual ainda em grupo com as outras crianças.

Deixar que as relações se estabeleçam espontaneamente. Procuram-se e agrupam-se por interesses próprios, por pontos comuns ou para exercer o domínio egocêntrico, como já fora dito anteriormente.

O adulto está atento ao desenvolvimento das situações. As crianças vão experimentando os materiais e objetos conforme os seus interesses e motivações do instante, e é nessa descoberta e experimentação que vão saindo "ideias novas". As competências motoras aumentam, a qualidade de execução melhora, na medida em que as crianças cada vez mais vão sentir-se mais segurança em si: "a segurança aumenta o conhecimento; o conhecimento aumenta a segurança" como afirmava João dos Santos.

Temos aqui uma regra: quando uma criança já não se interessa por um determinado material, vai colocá-lo no local de origem, indicando o fim, naquele momento, dessa atividade.

Assim as outras sabem que esse material ficou disponível. Com esta atuação, pretendemos que a criança consciencialize que iniciou uma tarefa, utilizou e terminou, com princípio, meio e fim. Não é um pega e larga de uma forma caótica, como muitas vezes acontece. Se bem que, por vezes, esse estado caótico, em que fica o espaço com os objetos espalhados por todo o lado, não significa que a criança esteja desorganizada, mas sim à procura de um fio condutor para encontrar a organização. Faz-me lembrar daquelas pessoas que, quando se preparam para fazer um trabalho, uma conferência etc., primeiro vivem um estado caótico interior, procuram livros sem fim, que são espalhados pelo gabinete. Posteriormente começam a dar corpo ao seu projeto de trabalho e, progressivamente, vão-se organizando.

É necessário que as crianças escolham os materiais e os objetos de acordo com os seus interesses no momento e que construam os seus próprios jogos, com prazer em aventura e fantasia.

TERCEIRA FASE

Estruturar uma organização e ter a capacidade de contemporizar.

Inicialmente, a criança, mesmo que esteja integrada em um ambiente com outras crianças, em grupo só conta consigo, as outras apenas a incomodam. A criança cada vez mais se vai dando conta da presença das outras e, à medida que fica mais preenchida e segura, acomoda-se melhor às suas necessidades, adaptando-se ao tempo de cada uma das outras, sabendo desta maneira esperar pela sua vez, havendo sempre um tempo para si.

Estimular a noção das regras, contenção do agir. Para haver liberdade, é necessário, previamente, promover a responsabilidade pelos seus atos, em um determinado espaço, em situações de e com os outros, crianças e adultos, ou adultos com adultos. Porém, essa liberdade vem de dentro para fora. São situações que são sentidas pelos pais, e por eles preconizadas, e pelos ecossistemas em que a criança está inserida – família, escola, bairro, cultura etc.

É fundamental destrinçar aqui o sentido de liberdade, espontaneidade e criatividade. A Pedagogia não diretiva, historicamente em oposição à Pedagogia clássica, não significa deixar fazer tudo o que as crianças querem. Se não houver orientação na Pedagogia, simplesmente esta não está acontecendo.

Para haver Pedagogia, é necessário que a criança seja encaminhada, ainda que pouco intervencionista, que seja o pedagogo a ter na sua mente uma intenção porque, se assim não for, acontece uma ocupação da criança sem qualidade. Se a criança fica só entregue a si própria, ela vai sentir-se abandonada e, por consequência, insegura. Não podemos confundir, deixar a criança fazer só o que lhe apetece sem organização, com a exploração livre e espontânea.

A primeira situação traduz eventualmente indiferença e insegurança. A segunda, com o respeito dos ritmos da criança, resultará em conquistas, descobertas e curiosidades que, como sabemos, constituem a fonte primeira de todas as aprendizagens.

Melhorar as competências: nesta altura, as crianças já se conhecem bem umas às outras e ao adulto também. Percebem a dinâmica das sessões e, nesse sentido, procuram intervir com propostas de intenções de jogos, faz-se discussão, cada uma procura argumentar a sua ideia, procura alianças. Certamente está a mentalizar, começando a prever e antecipar as situações. Nesta fase, elaboramos um plano de sessão no início, que será avaliado no final.

Para elaboração do plano, em "lutas verbais", a maioria das crianças quer ser a primeira a "dar ideias". Mas, se há uma criança que não quer ser a primeira, a preocupação deve ser para ela. Qual o motivo desta atitude: por inibição, por timidez, por desistência? Não podemos aceitar essa passividade ou aparente desinteresse. Essa criança necessita de outra atenção e deverá ser estimulada a ser também a primeira a dar a sua sugestão.

As crianças envolvidas nestas sessões começam a sentir-se corresponsáveis e coautoras, sabem que as suas ideias são acolhidas no grupo, organizam-se e aprendem a esperar porque sabem que a sua vez chegará com a mesma importância que a das outras. Com esta estimulação, elas vão tentar fazer o seu melhor, observar como os outros fazem, imitá-los e reproduzi-los. As qualidades do seu gesto são significativamente melhoradas e, à medida que reconhece que melhor consegue fazer, mais se interessa e se sente motivada.

A participação das crianças é livre e aberta na descoberta do espaço, dos materiais e do adulto; na gestão do espaço e dos materiais com os outros, vão emergindo a procura, o confronto, o diálogo, a observação, a imitação, a reprodução... em uma organização progressiva, dando conta do que faz e como faz a expressão: corporal, verbal e gráfica.

Em progressiva exigência da capacidade de participação e organização, motivando a: planificação – antecipação; descoberta – criatividade e espontaneidade. Com o objetivo de melhorar a eficácia individual, para mais disponibilidade, sempre em diálogo com os outros e com o adulto, em um registro de cooperação, entreajuda, solidariedade, disputa, e para aumentar o conhecimento de si, das suas competências e das suas capacidades múltiplas.

Etapas do trajeto em uma sessão de Psicomotricidade em grupo:

• em primeiro lugar, é necessário estabelecer e consolidar a aliança terapêutica, isto é, estabelecer com a criança uma relação forte de simpatia, sintonia afetiva, de empatia, de segurança, de cumplicidade, onde se vivem momentos de partilha e de construção de ideias, fantasias, projetos.

Esta aliança só acontece quando a criança e o adulto se interessam um pelo outro, se observam mutuamente e se vão conhecendo. O adulto mostra à criança que tem coisas interessantes para lhe mostrar e que vai ao seu encontro. Nesse sentido, empenha-se por ela, por sua espontaneidade, interesses e motivações.

Uma vez que é o adulto a receber a criança no seu espaço, é natural ser gentil, simpático e acolhedor. A criança, na maioria das vezes, não sabe para onde vai, sabe que é levada pelos pais por seus problemas.

Quando o psicomotricista recebe a criança no seu espaço, o primeiro a ser observado é sempre o adulto pela criança, e este tenta assegurar-se que não está sendo nem intrusivo, nem ameaçador. O adulto disponibiliza-se a ser observado. Depois de se apresentar, mostra o espaço e os objetos, estimulando a curiosidade. Dada a qualidade do contato, a criança vai-se interessando por este ou aquele objeto, ou formas de movimento. Às vezes, ficam perplexas em face dos materiais e também da postura do adulto;

• cada um escolhe o que quer. No início, as crianças são atraídas pelos materiais e objetos. Procuram situações e querem saber para que serve e o que podem fazer com este ou aquele material, e laçam-se ao encontro dos materiais de uma forma (aparentemente) desorganizada e até mesmo caótica.

O adulto registra em um quadro os nomes das crianças que estão presentes e anota pela escrita ou desenha as intenções de cada uma. Escreve-se quando as crianças já dominam a leitura e escrita, desenham-se os objetos ou materiais quando estão antes do processo da escrita. A criança lê as imagens que se desenharam e escreve as suas ideias por meio dos desenhos. A essa fase designamos a "pré-escrita";

• a criança, apesar de estar em grupo, ainda precisa experimentar os materiais, centrada só em si, não presta atenção ao que os outros fazem. Porém, não se pode deixar o material por qualquer lado. Quando já não se interessa, a criança deve voltar a colocá-lo no local de origem para indicar às outras que já não quer mais e, também, que esse material está disponível para ser utilizado por outro. Procura e interessa-se por outro material, e o adulto volta a registrar essa nova escolha.

No final da sessão, todo o grupo se reúne junto ao quadro onde foram registradas as várias atividades e faz-se uma avaliação da sessão. Eventualmente tecem-se alguns comentários sobre as situações acontecidas;

• quando entra para a sessão, a criança já pensou o que vai fazer, ou vai repetir situações que lhe deu prazer, ou vai inovar a partir dessas situações. Quer dizer que está fazendo planos e previsão, ou seja, mentalizando a ação. É um dos fenômenos que nos interessa: que pense. Mesmo que, para o adulto, seja pouco significativa a proposta apresentada, o importante é a intenção, para que a criança se sinta como o motor da sua própria motivação e construtor de projetos. O adulto disponível aceita e maximiza, e a criança cresce em conjunto e cumplicidade, desenvolvendo essa proposta.

À medida que vai conhecendo o espaço e os materiais e como vai imaginando as próximas sessões (e isto acontece tanto no pensamento das crianças como do psicomotricista), a criança tenta pelo menos repetir o prazer que teve na sessão anterior. Assim se estimulam a imaginação e o desejo... A aventura, a descoberta e o experimentar geram um impulso que vão transformar a mobilidade motora em melhor adequação, minimizam a rigidez e a tensão muscular, a angústia e tristeza, dando lugar ao bem-estar e até a alegria. As dificuldades são suprimidas pela exaltação das competências. E é neste desejo que a criança entrará na próxima sessão;

• a criança, para melhorar a sua eficácia, pode procurar outra criança, que "sincronize" com ela, ou então, que possa exercer domínio sobre ela, mostrando-lhe a sua superioridade para estabelecer hierarquias, para ser admirada, ou seduzindo para ser apreciada. Por vezes, estabelecem-se cumplicidades e excluem-se do restante grupo.

Acontece, porém, que, nesse interesse, a criança é confrontada com as outras que também se vão juntando, podendo passar à competição, ao domínio do espaço, às alianças de umas com as outras, à entreajuda, à cooperação e solidariedade;

• no grupo, habitualmente, juntam-se dois a dois, ou em pequenos grupos, fazem um plano e escolhem o material.

Nessa altura, pretendemos que as crianças escolham materiais comuns e o partilhem, em jogo. Criam-se subgrupos, combinam e escolhem materiais em conjunto e planeijam as suas atividades. Após um entendimento progressivo e de porem em prática os seus projetos, vão expô-los aos outros que, por sua vez, experimentam, reproduzindo as propostas dos outros subgrupos.

Uns observam e reproduzem, por vezes acrescentam pormenores. Depois é a vez de os outros mostrarem os seus trabalhos, para serem reproduzidos;

• na coesão de grupo, esboçam-se e experimentam-se estabelecer hierarquias. Afirma-se ou experimentam-se lideranças, por vezes, com agressividade ou com atitudes pouco pacíficas.

Nesta fase, a organização está no seu auge, as crianças discutem e argumentam as suas posições, opinam sobre como desenvolver a sessão e escolhem materiais. As crianças com a sua espontaneidade e criatividade inventam coisas que se podem fazer com esse material, aperfeiçoam os gestos, depois mostram às outras as suas descobertas reproduzindo, e assim cada uma faz a sua apresentação. Deste modo, sentem-se valorizadas e promovidas porque são as autoras;

• o grupo escolhe, com a concordância de todos, os materiais comuns. Na primeira fase da sessão, como todas já têm incorporada essa rotina, é necessário elaborar o plano dessa sessão. Cada criança dá a sua ideia e afirma-se. Umas são rejeitadas, outras são aceites, depois é necessário organizar as prioridades e ordenar as propostas. Em seguida, cada uma explora esses materiais cujo objetivo visa descobrir novas maneiras de jogar, utilizando também, para o efeito, as diferentes partes do corpo. Aqui há um apelo à criatividade, à capacidade inventiva, à diferença, e, posteriormente, quando estão seguras dos gestos, mostram a sua descoberta ou inovação às outras que observam e experimentam. Sobre essas propostas, o psicomotricista pode também dar a sua ideia e confrontar com as das outras.

Com efeito, quando estão nessa descoberta, nessa pesquisa, a criança está seguramente melhorando a sua coordenação motora, o seu ritmo, o seu equilíbrio, outras competências motoras e outros fatores psicomotores. Também adquirem mais confiança e têm a ideia de que são competentes de se afirmar com os seus saberes.

Estruturação da sessão de Psicomotricidade

Tendo em conta os princípios metodológicos apresentados, estruturamos a sessão em Psicomotricidade Relacional com a duração aproximada de 45 minutos, da seguinte forma:

ENTRADA

Necessitamos criar rotinas, é importante para as crianças saber o que vai acontecer. Assim, é importante dedicar um local de acolhimento que pode ser um banco sueco ou sentar junto ao quadro cerâmico. O terapeuta procura captar a atenção das crianças e manter uma constância afetiva nessa recepção.

CONVERSA INICIAL

Trata-se de um momento que se pede a todos os participantes, quase de uma forma ritualiza, e por uma ordem previamente estabelecida, que contem para todos algo do seu interesse, desde a narrativa de um fim de semana, uma ida a algum sítio especial, uma preocupação, uma manifestação de afeto, uma crítica, enfim é o momento que se faz uso da palavra, do discurso. O terapeuta tem a função de organizar o discurso, de torná-lo perceptível. O discurso espelha de certa forma o curso do pensamento. É um momento privilegiado para promover a organização psicolinguística, falar de sentimentos, de afetos, regular a semântica e a sintaxe. Também é o momento de organizar o plano da sessão, as propostas são das crianças, elas escolhem as atividades, umas vezes para si só, outras vezes para o grupo. Sendo as propostas expostas por eles, é mais seguro o investimento motivacional na sessão. O terapeuta regula a organização do projeto e propõe também situações. Esta forma de organização permite a previsão e antecipação das atividades, isto é, possibilita à criança mentalizar, que é um dos grandes objetivos da nossa intervenção.

REALIZAÇÃO DA(S) ATIVIDADE(S) ESCOLHIDA(S)

Nesta fase, tentamos desenvolver o plano estabelecido, dando o privilégio de orientação da situação ou do jogo, bem como explicar a ideia, assim como o objetivo, ao autor. O terapeuta assume um papel pouco intervencionista, tentando enfatizar o papel do preponente e, ao mesmo tempo, regular as eventuais assimetrias que possam ocorrer.

VOLTA À CALMA

Um dos objetivos deste tratamento é baixar a atividade motora em excesso, portanto, logo que seja possível, introduziremos a descontração. Nas primeiras sessões, é quase impossível, pois é exatamente por esses motivos que os pais das crianças nos procuram, e elas estão imparáveis. Todavia, o tempo para a descontração aparece no plano da sessão, ganhando, assim, um caráter de rotina. É um momento que está previsto, e a duração será aumentada progressivamente. Tentamos promover uma fase de descontração, apaziguar a excitação, é um momento de acalmia e de serenidade.

DIÁLOGO FINAL

Nesta fase, tentamos consciencializar as atividades executadas, avaliar do ponto de vista quantitativo, isto é, quantas atividades foram realizadas e qualitativas, como se efetuaram, quer do ponto de vista de execução, quer do ponto de vista de prazer e de conquistas e ganhos.

Como as sessões têm um valor individual, únicas, precisamos estar com as crianças como se fosse para elas o melhor momento da vida delas, e toda a nossa energia se imbrica em um envolvimento para ajudá-las. Por vezes, classifico como se fosse uma terapia do instante, isto é, maximizamos todos os pontos positivos que a criança adquire momento após momento. Também é nesta altura que preparamos a próxima sessão. Fazemos o ponto da situação e o ligamento do que foi feito com aquilo que pretenderíamos ter feito e não tivemos a ocasião de fazer. Uma sessão está inscrita em um objetivo global, e assim fazemos a ligação entre elas.

Considerações finais

A Psicomotricidade de âmbito terapêutico e clínico confere um cariz relacional e terapêutico, dotando-a de uma identidade própria que olha e trata a criança na sua globalidade psicossomática, cruzando conhecimentos do neurofuncionamento e da neuromotricidade com conhecimentos psicodinâmicos, propondo uma intervenção estruturada em um conhecimento aprofundado da psicopatologia da criança.

Referências

AJURIAGUERRA J. *Manuel de Psychiatrie de L'enfant.* Paris: Masson, 1977.

AUCOUTURRIER B. *Bruno, psychomotricité et thérapie.* Paris: Delachaux et Niestié. Neuchâtel, 1977.

ANZIEUR D. *Le Moi-Peau.* Paris: Bordas, 1985.

BRACONNIER A. *Manual de Psicopatologia.* Lisboa: Climepsi Editores, 2007.

BRANCO M. João dos Santos. *Saúde Mental e Educação.* Lisboa: Coisas de Ler, 2010.

BRANCO M. *Vida Pensamento e Obra de João dos Santos.* Lisboa: Livros Horizonte, 2000.

CAMUS J. *O corpo em Discussão.* Porto Alegre: Artes Médicas, 1986.

COSTA J. Dinâmica de grupo em Psicomotricidade. *Cadernos do Internato do Centro de Saúde Mental Infantil de Lisboa,* 1990, 1.

COSTA J. João dos Santos. Um Mestre que marcou muitos Mestres. *Cadernos de Educação de Infância,* 1991, 17-18.

COSTA J. Do meu diálogo com João dos Santos... ao meu olhar para a reabilitação. *Revista Portuguesa de Pedopsiquiatria,* 1995, 9.

COSTA J. Psicomotricidade Relacional. *Revista Portuguesa de Psicomotricidade,* 2003:1,1.

COSTA J. *Um olhar para a criança.* Psicomotricidade Relacional. Lisboa: Trilhos Editora, 2008.

DAMÁSIO A. *O erro de Descartes.* Publicações. Lisboa: Europa América, 1994.

DAMÁSIO A. *O sentimento de Si.* Lisboa: Europa América, 2000.

FONSECA, V. *Contributo para o estudo da génese da Psicomotricidade.* Lisboa: Editorial Noticias, 1976.

FONSECA, V. *Manual de Observação Psicomotora.* Significação psiconeurologica dos factores psicomotores. Lisboa: Âncora Editora, 2007.

GOLSE, B. *Do corpo ao pensamento.* Lisboa: Climepsi Editores, 2002.

LAPIERRE, A. & AUCOUTURIER, B. *La Symbolique du mouvement.* Paris: EPI, 1975.

MAHLER, M. *O processo de separação-individuação.* Porto Alegre: Artes Médicas, 1982.

MARTINS, R. A Criança Hiperactiva e a Psicomotricidade como recurso Pedagógico Terapêutico. *Revista Diversidades,* 2008, 6, 2.

MATOS, A. C. *O Desespero.* Lisboa: Climepsi Editores, 2002.

MATOS, A. C. *Existo porque fui amado.* Lisboa: Climepsi Editores, 2007.

MERLEAU-PONTY, M. *Phenomenologie de la Perception.* Paris: PUF, 1945.

ONOFRE, P. A importância da Dinâmica Grupal. *Revista de Psicomotricidade da Associação Portuguesa de Psicomotricidade,* 2003:1.

ONOFRE, P.S. *A criança e a sua Psicomotricidade.* Lisboa: Trilhos editora, 2004.

PAQUETTE, C. *Vers une Pratique de la Pedagogie Ouvert.* Paris: Diffusion Vuibert, 1979.

PIAGET, J. *La formation du Symbole chez l'enfant.* Paris: Delachaaux Niestié, 1945.

SAMI-ALI. *Corps Réel, Corps Imaginaire.* Paris: Dunod, 1977.

SANTOS, J. *Casa da Praia, o Psicanalista na escola.* Lisboa: Livros Horizonte, 1988.

VIDIGAL, M. J. e col. *Intervenções Terapêuticas em Grupos de Crianças e Adolescentes.* Lisboa: Trilhos Editora, 2005.

WALLON, H. *L'enfant Turbulent.* Paris: Alcan, 1925.

WALLON, H. *Do acto ao pensamento.* Lisboa: Portugália, 1966.

WINNICOTT, D. W. *Os bebês e suas mães.* São Paulo: Martins Fontes, 1988.

Cap. 10

Transpsicomotricidade: uma formação em Psicomotricidade com novos contornos

Martha Lovisaro e Lecy Consuelo Neves

Os cursos de formação têm por objetivo a capacitação profissional em uma determinada área de atuação. No caso específico da Psicomotricidade, as formações procuram atender, de modo geral, à trilogia proposta por Lapierre e Aucouturier da formação teórica, pessoal e profissional, além de sustentarem as especificidades relativas às práticas educativas e terapêuticas. A Transpsicomotricidade organiza-se em torno desse esquema de formação. Com 13 anos de existência, vem produzindo trabalhos científicos e inserções na Educação Infantil e no âmbito clínico.

Este capítulo, enquanto exposição de uma formação, tem por objetivo propor um contorno metodológico que funcione como uma das possibilidades de estudo e de pesquisas em Psicomotricidade, de forma ampliada, sem descaracterizar as particularidades e as bases primordiais que fundamentaram essas práticas por mais de cinco décadas.

A Transpsicomotricidade é uma formação em construção. Continuará em processo de tecedura, uma obra que não se finda, sempre haverá algo mais a ser feito. No entanto, não se apoia no sentido da incompletude e sim na complexidade do humano, o que gera a impossibilidade de se fechar em sistemas predeterminados que acabem por conduzi-la a paradigmas incontestáveis.

1. Pilares de sustentação da Transpsicomotricidade

Trata-se de uma formação que se orienta a partir de duas linhas de trabalho: o pensamento complexo e a transdisciplinaridade. Esta construção ergue-se sustentada por alguns pilares que lhe conferem especificidade. Um deles diz respeito à ecologia do ser, um olhar sobre a nossa própria subjetividade, sobre a natureza e a sociedade, segundo a proposição de Pierre Weil (1993), relativa à ecologia pessoal, social e planetária, integrando-as a uma consciência maior, cósmica. Porém, esta proposta torna-se possível quando se tem em vista as possibilidades de uma ação transdisciplinar, a partir de saberes que se interligam em prol de um determinado conhecimento.

A ecologia se amplia para além do sujeito, objeto de estudo, considerando a rede social que o envolve: a família, a instituição educacional, a comunidade, demarcando o território pessoal do sujeito.

A formação pessoal na Transpsicomotricidade tem como meta, além do autoconhecimento (o que se espera na vivência transpsicomotora), também o domínio da técnica pela capacidade de refletir e fortificar as relações humanas, As questões éticas são vivenciadas, tomando por base os "sete saberes para uma educação do futuro" de Morin (2002). As sessões formativas referenciadas por esses saberes sustentam o trabalho psicomotor ao longo do curso. O autocontrole depende do autoconhecimento, mas sobretudo na capacidade de autogerenciamento dos códigos já inscritos no formando. Como ato educativo confere padrões de conduta que, ao serem realizados por condicionamentos, não passam pela consciência, tão necessária para o uso de comportamentos apropriados em situações emocionais adversas.

A formulação teórica da Transpsicomotricidade tem como referência a transdisciplinaridade, suporte necessário à sua sustentação. Enquanto conceito paradigmático, a transdisciplinaridade tem sua regência na lógica da delimitação de processos de sistematização e condutas específicas na organização de cada campo do conhecimento. Procedimento que se constitui a partir das estratégias de formulação conceitual e descrição de métodos, mediadas por argumentos lógicos e recursos epistemológicos ao demarcar as fronteiras dos diferentes saberes.

A Transpsicomotricidade, ao se constituir como ordem epistemológica, direciona-se para os conceitos, os métodos e as práticas possíveis, determinados por uma axiomática geral, sem demarcação definida. Por essa via, a Transpsicomotricidade procura se estabelecer em um lugar de equilíbrio entre disciplinas, no qual possa gerenciar os seus processos de sistematização do conhecimento relacionados ao fenômeno transpsicomotor, enquanto dinâmica vincular que integra sujeito, corpo, significado e expressão, apresentando, assim, como princípio regente a lógica da descoberta e, como objeto de estudo o fenômeno do *significar/expressar em sua contextualização corpórea motriz*.

Nesta abordagem do fenômeno expressivo-motor, como empregar uma metodologia que permita atender a multidimensionalidade da experiência humana e práticas com recursos vivenciais que as sustentem? Como fenômeno complexo, a expressividade motora se inscreve no campo das ciências biológicas, sociais e da linguagem ao encontro de algumas respostas para o fenômeno do significar (expressar) do sujeito, em sua subjetividade – corpo e contextos.

2. Desenho teórico

O lastro dos fundamentos e das funções da linguagem torna possível a tentativa de redesenhar a Transpsicomotricidade nas suas três bases de construção teórica: cultura, sociedade e desempenho produtivo, na qual o significado é visto como unidade biossimbólica, um elemento da rede de significados incorporado no território subjetivo do corpo. Em sua dialógica orgânica, como sistema primordial da significação, o sujeito tece no seu corpo a especificidade humana.

O objeto de estudo da Transpsicomotricidade configura-se no âmbito de relações disciplinares abertas ao estabelecer um diálogo entre corpo, linguagem e expressividade motora. Trata-se de um estudo onde o corpo é visto como instância transversal ao atualizar e instalar o patrimônio biossimbólico nele encarnado. Nesse sentido, o fenômeno psicomotor é apreendido na relação entre corpo e subjetividade, sendo abordado em diferentes campos teóricos, metodológicos e das práticas. A configuração teórico-metodológica da Transpsicomotricidade tem na elaboração de práticas vivenciais o seu eixo central na construção de um saber que objetiva o exercício da integridade pessoal: sujeito, corpo, linguagem, significado (sentido), percepção (sensação), atitudes e os atos de convivência.

O corpo, morada existencial da vida, acolhe por completo o ser, porém este poderá ou não constituir-se como existência e plenitude. Assim, o corpo pode ser entendido como uma ponte entre sujeito e objeto.

Como a Biologia vem desvendando o corpo, suas entranhas e segredos, também se faz necessário conhecer a gênese do significar e expressar desse corpo. Essa tecedura entre realidade externa (registros perceptivos) e subjetividade (registros simbólicos) realiza-se como síntese na experiência onde o corpo pode ser visto como o tear, o sujeito como tecelão e a existência como maestrias primais dessa arte. A experiência é um atravessamento que transforma o sujeito, reorganiza a subjetividade, redesenha o tônus, reconstrói a arquitetura corporal ao reinventar novas coreografias e máscaras.

No âmbito dessa perspectiva, a Transpsicomotricidade estabelece seus vínculos com a Etnopsicomotricidade, Ergopsicomotricidade, Sociopsicomotricidade e outras possibilidades teóricas e demais saberes que venham a contribuir para o maior conhecimento do fenômeno psicomotor.

Cultura, socialização e desempenho produtivo são conceitos que se inscrevem no fenômeno psicomotor, abrindo um campo à formulação teórica e métodos de sustentação das práticas vivenciais.

O fenômeno transpsicomotor, em sua constituição primeira, inscreve-se no território das ciências e da filosofia da linguagem para então deslocar-se nas demais áreas das ciências humanas e outros saberes. Trata-se de um campo teórico pouco articulado no que se refere à convergência na produção do conhecimento. A demarcação de sua fronteira e a construção de um objeto de estudo comum dificultam a organização do processo produtivo nessa área de conhecimento.

Diante destas questões, torna-se necessário refletir sobre a natureza da linguagem como processo generativo do significar (expressar). A linguagem se estabelece na coesão de enunciados objetivos do pensamento, sem que seja, ela própria, nem sujeito, nem objeto.

Como um registro primordial de humanização do corpo, a linguagem é uma das chaves para a compreensão dos fenômenos humanos. Em seu percurso gerativo, transcreve o sujeito no objeto e o objeto no sujeito. Dinâmica produtiva que se estabelece no corpo e promove as mais diversas formas e impulsos para as ações. Em sua dimensão biológica e da natureza, a linguagem se faz parceira do sujeito para lhe dar condições de sustentar e inventar-se como criador e criatura. Imerso em condições orgânicas, naturais, sociossimbólicas e políticas, o sujeito busca as brechas, o esforço criativo, que permite sua participação ativa na construção de si e do corpo como agente, pessoa e transformador da realidade.

Nessa perspectiva, o homem é um fenômeno linguístico em sua capacidade de acolher grande número de signos consensuais e de criar outros, um dos aspectos e possibilidades da linguagem humana. No entanto, ao se colocar na escuta do diálogo corpo e linguagem, tem em vista apreender a gênese do significar (expressar) em decorrência da relação que se estabelece entre sujeito e objeto no âmbito da consensualidade.

A configuração do significado como unidade simbólica, em um corpo que a constitui e integra, demarca o campo de linguagem pessoal configurado no esquema, imagem corporal, desenho tônico, coreografia e ritmo motor.

Aqui a relação entre corpo e linguagem é conduzida por uma abordagem microssimbólica. A significação, enquanto dinâmica constituinte da unidade biossimbólica, se oferece como unidade linguística, engramada no corpo. Sua ressonância ocorre no ambiente e no estado interno do sujeito.

Ao testemunhar e significar um evento, o sujeito irá reunir registros, formatando uma nova unidade biossimbólica – o significado. Este apresenta duas faces: conteúdo (significado) e forma (palavra e/ou ação). O conteúdo integra registros de: polaridade, potência, tempo e espaço, na configuração do significado e indicação do sentido no contexto da comunicação interna e externa. Assim, o signo se constitui em uma identidade física, objetal, que transporta significado e sentido. Inscreve-se no processo de comunicação para transmitir formalmente ao sujeito e interlocutor as informações sobre o objeto, segundo a percepção e a capacidade ideativa do sujeito.

O processo ideativo resulta de dinâmicas cognitivas (lógicas) e afetos (alógicas) regidos pelo sujeito segundo seus recursos operacionais expressivos, imaginantes, figurativos, além dos códigos e repertórios nele instalados.

Os códigos são regras elementares de significação que auxiliam no processo gerativo da linguagem. A construção operacional do signo se estabelece, entre outras, na relação entre dinâmicas ideativas e códigos, dando origem às formas sígnicas de tradução do objeto para o sujeito. As ideias são traduzidas em códigos, as palavras em códigos alfabéticos, os desenhos em códigos gráficos e cronológicos, as frases melódicas em códigos musicais e as fórmulas matemáticas, em códigos numéricos e alfabéticos.

A palavra enquanto manifestação formal e expressiva do significado constitui-se como veículo sígnico ao inscrever-se na condição pré-significante, atravessa as sombras da incompreensão e dos silêncios corporais para desenhar-se à luz do discernimento do sujeito.

O sujeito se constitui pela vinculação do mundo interior e a fenomenalidade externa, visto que, não há sujeito sem objeto, nem objeto sem sujeito.

O processo de construção da linguagem, na dimensão do significar (expressar) corporeidade é sempre um fenômeno vivencial do qual o indivíduo participa com maior ou menor potencial cognitivo e afetivo, podendo ser mais ou menos intensa sua capacidade de se instalar em um ou em outro, e no corpo, com a consciência de si. A natureza do campo de significação do sujeito está relacionada aos níveis de consciência com os quais o corpo que pensa irá operar. Por sua vez, isso define a qualidade da energia psíquica convocada nesse processo. O padrão da energia psíquica será definido pela qualidade da rede de significação do indivíduo. Esse padrão atua como mecanismo seletor, atrai ou repele registros discrepantes à recepção daquela ordem de pensamentos.

Historicamente a Filosofia tem seu lugar no exercício da reflexão. No entanto, a consciência, como tecelã do cognitivo, do afetivo e das demandas imaginais, instala-se na arte onde tece as mais belas sínteses, por meio dos fios mais sutis de energia psíquica. A ciência do pensamento é a ciência da existência. O fenômeno do significar (expressar), consciência (corpo), se constitui no seu objeto de conhecimento, no que se refere à atenção consciente no corpo e nos processos de linguagem.

Com o apoio dos estudos da linguagem no desenvolvimento intelectual das crianças, Luria (1987) afirma que a palavra participa no processo de reflexão ativa da realidade, o que permite o acesso à abstração e à generalização dos estímulos reais. Assim, a linguagem infantil consegue regular os movimentos e atos, progredindo até ao jogo com sentido. As restrições na fala ficam, dessa forma, dependentes das possibilidades de ação sobre o mundo. Neste caso, a prática vivencial constitui-se na ferramenta adequada ao desenvolvimento global da criança.

O conceito de pensamento, admitido pelo senso comum ou demais formas de saber, está impregnado pela noção de movimento, fluxo metacognitivo.

A linguagem, elemento vital do corpo, integra registros de cognição e afeto e está relacionada ao uso que o sujeito faz de seu aparato linguístico, bem como modela e organiza seus repertórios, realimentando-os nas redes de comunicação.

Esse conteúdo simbólico e aparato linguístico coletivamente escrituralizado (cultura) possui especificidades e princípios lógicos distintos. É possível identificar essa diferença em relação às culturas ocidental e oriental. Em linhas gerais, pode-se observar que, enquanto a primeira estrutura-se a partir de uma lógica linear e conclusiva, a segunda escreve o seu texto comum, circular e aberto, não conclusivo.

A dinâmica produtora do significar (expressar) no corpo é instrumentalizada no âmbito desse contexto coletivo, na produção de pelo menos duas formas de discurso: interno e externo. De veiculação diferenciada e complementar, essas duas formas de expressividade motora movem-se por meio do corpo na produção do:

- discurso interno que atravessa o manto tônico do corpo como forma preliminar de formulação e expressão do significado que irá se configurar nas atitudes;
- discurso externo que atravessa o sistema muscular e aciona os recursos motores presentes à corporeidade do sujeito, expressando-se na fala e nas ações.

Um e outro são condutores metacognitivos de registros de polaridades e de potências que, ao atravessarem o corpo, nele se instalam como mapa semântico e repertórios pessoais, auxiliando a construir, juntamente com outros fatores (exemplo: natureza genética e contextos), a especificidade do homem.

A linguagem como elemento vital do corpo (energia psíquica) e da atividade cognitiva (afetiva) está relacionada ao uso que o sujeito faz de seu conteúdo simbólico e aparato linguístico, além da modelagem com a qual organiza seus repertórios e os critérios que orientam suas demandas realimentadoras:

- respostas dadas a questões levantadas;
- ressignificação dos conteúdos já existentes;
- inferências – questionamentos e respostas simultâneas.

3. Contorno metodológico

A prática vivencial está ancorada na lógica dos sentidos, dos sentimentos e da expressividade corporal. Orienta-se por meio da finalidade proposta (consigna). Organiza-se em ações no tempo e no espaço. Utiliza-se dos objetos como mediação simbólica entre o corpo e a subjetividade. Desenvolve-se por meio de ações que podem envolver sons vocais e outros, a dança, as pantomimas e a gestualidade de modo geral.

O laboratório de vivências corporais potencializadas pelas linguagens se insere em um "espaço ritual" com arquitetura compatível com métodos e práticas rituais desenvolvidos, organizados de modo que se estabeleça em um ambiente seguro, frouxamente ordenado, que auxilia o participante a vivenciar sensações, sentimentos e processos cognitivos no corpo, tornando-os viáveis à expressividade motora e à decodificação desses conteúdos pelo sujeito e para possíveis interlocutores.

Essas práticas propiciatórias objetivam trabalhar a atenção e a consciência do sujeito voltadas para a natureza do conteúdo simbólico com o qual escreve o texto pessoal, que poderá ser decodificado, após processamento, e externado pelos canais expressivos do corpo em seu processo vivencial.

A metodologia das práticas vivenciais assume diferentes contornos para cada um dos campos de atividades transpsicomotoras:

- Etnopsicomotricidade na perspectiva da antropologia do corpo: focaliza suas atividades vivenciais dirigidas para o autoconhecimento das formas de construção e natureza do campo de linguagem do sujeito e de suas agendas motoras;
- Sociopsicomotricidade: desenvolve suas práticas a partir de vivências sociorrelacionais, objetivando a qualidade interativa do sujeito para o estabelecimento de relações estéticas na convivência;
- Ergopsicomotricidade: inscreve-se no campo da cultura das organizações, e seu objetivo está relacionado à investidura e ao desempenho produtivo do sujeito.

Contudo, mesmo que metodologicamente demarcadas por seus objetivos, as práticas transpsicomotoras se inscrevem em um mesmo campo de trabalho que tem por meta desenvolver a atenção centrada sobre si mesmo, a consciência e o autoconhecimento. A qualidade da convivência intrapessoal e interpessoal promove as bases para a organização do indivíduo produtivamente saudável.

4. Etnopsicomotricidade

A Antropologia (Etnologia) tem na noção de cultura o seu conceito central e objeto de estudo na produção do conhecimento antropológico. Inúmeras definições de cultura surgem a partir da ideia inaugural de Edward Taylor, (1981) que, em sua obra Cultura Primitiva, a define como "um todo complexo que inclui crenças, valores e símbolos..." Este estudo detém, sob pano de fundo, uma abordagem antropológica na perspectiva dos processos de significação da experiência. Neste, o participante vivencia e expressa sua experiência corpo (mental). O conceito de cultura que fundamenta essa prática refere-se a um sistema partilhado de significados, valores, crenças, normas e comportamentos, por meio do qual a experiência é interpretada e conduzida (United Nations: Department of Peacekeeping Operations, 2003).

O corpo expressivo-motor é indiscernível desse "todo complexo" de natureza simbólica, no qual não se abrem arestas entre organismo e mundo. O homem ganha contorno, espessura e consistência nas trocas simbólicas coletivamente vivenciadas e no contágio afetivo dessa convivência.

A Antropologia aplicada ao estudo da cultura motora, enquanto saber que se estabelece a partir das relações entre conteúdos biossimbólicos, corporeidade e praxiologia motriz, tem no significado sistemas microssimbólicos constituidores da área particular de cultura do sujeito, na conotação da subjetividade pessoal.

Morin (1997) considera cultura como um sistema gerativo, complexo, que reúne valores, crenças, normas, estabelecendo um diálogo genético cultural ao disponibilizar para o sujeito diferentes conteúdos simbólicos que definem sua visão de mundo.

Como sistema gerativo, a cultura no âmbito da convivência escreve texto e coreografias pessoais coletivamente partilhadas. Esse processo vital de transformação, corporeidade (pessoa), acompanha todo o percurso da existência humana, com maior ou menor consciência do sujeito. Assim, um estudo do conteúdo biossimbólico (corporeidade motora) pressupõe a incursão vivencial nos processos de construção e mantença da pessoa. A natureza do conteúdo biossimbólico do sujeito e seu manejo psíquico, expressivo e motor definem a qualidade, tanto do corpo como da subjetividade e de seus desempenhos.

Nesta dimensão antropológica, a noção de cultura é entendida como um sistema de significados internalizados no corpo: área particular de cultura.

Uma das chaves dessa anatomia é o alinhamento corporal, atitude interna que abre um dos arquivos da existência. Outra chave é a atenção voltada para o exercício do significar (expressar), vínculo que possibilita ao sujeito exercer a unidade irredutível de sua especificidade, transcendendo as condições usuais da vida.

A antropologia do corpo expressivo-motor, vista no âmbito das práticas vivenciais, objetiva a conexão sujeito, corpo e subjetividade, no ser, estar, fazer e na convivência como manifestação da consciência de si. Ao constituir-se como unidade consciente, integra um *quantum* de energia vital que sustenta a saúde física e mental do sujeito, manifestando-se como existência plena.

Essas diferenças configuram-se no processo de aquisição do patrimônio simbólico do sujeito (socialização), na regência de sua coreografia corporal (expressividade), na qualidade cognitiva e dos afetos. Matéria-prima que tece e instala códigos e repertórios, esquema e imagem corporal. Uma diferença primordial que se estabelece no corpo como singularidade irredutível – a individualidade.

Um dos recursos da prática antropológica refere-se ao exercício da relativização. Relativizar é tentar estabelecer pontes entre as diferenças culturais e/ou pessoais.

Lidar com a individualidade constitui um dos desafios da convivência. Seja como um exercício pessoal, ou no acolhimento do outro, uma atitude relativizadora se constitui em ferramenta eficaz na apreensão e no manejo da diferença. Este é um dos exercícios que conduz a uma convivência saudável.

Reinventar rotinas, redimensionar campos da percepção sensorial, na captação de sinais interno e externos na construção de significado e sentido;

abre um espaço para respostas criativas aos desafios da convivência. Este é o estado da arte. Entregar-se à possibilidade "do inesperado" é oxigenar a consciência, fazendo-se presente em um corpo presencialmente vivo. O homem é responsável pela qualidade de seu pensamento, sua integridade, vitalidade do corpo, a gerência da cognição e dos afetos e das relações humanas, consigo mesmo, com o outro e com a natureza.

As práticas vivenciais no campo da antropologia do corpo expressivo-motor têm como proposta uma incursão na:

- presencialidade corporal: abrir janelas para o inesperado;
- possibilidades de recriar: ser, estar, expressar e fazer;
- construção do texto pessoal: reescrevê-lo;
- forma de convivência: reinventá-la;
- busca do autoconhecimento: ampliar e aprofundar suas raízes;
- vigilância atenta da tensigridade: o equilíbrio das tensões e a vivência da integridade.

Esta proposta de trabalho se estabelece como vínculo entre os domínios, intracorpóreos, intercorpóreos e extracorpóreos, na construção do campo de linguagem do sujeito e de sua agenda expressivo-motora. Este suporte da comunicação se sustenta na coerência dos recursos expressivos e dos conteúdos veiculados.

Cabe ao transpsicomotricista considerar a Etnotranspsicomotricidade como uma ecologia do corpo, reconhecendo a abrangência de suas significações no ser global, especialmente neste País, onde encontramos várias áreas culturais determinando comportamentos e formas de viver diversificadas em um mesmo território.

O conhecimento restrito da corporeidade e dinâmicas vitais impede o homem de alcançar melhores condições de saúde, maior vitalidade física e clareza mental. Esses aspectos, entre outros, constituem-se como fatores indicativos dos diferentes níveis de inteligência corporal, ou seja, a capacidade de perceber e compreender as leis da vida interior no corpo.

5. Sociopsicomotricidade

A Transpsicomotricidade, no seu segundo pilar de sustentação teórica, perspectiva sociopsicomotora, aborda os fenômenos da convivência, na dimensão da consciência individual e das ações sociais e trocas simbólicas e suas possibilidades expressivo-motoras.

Fato social e ação social, dois conceitos que demarcam fronteiras entre as noções de coletivo e individual. Assim, o objeto de estudo da Sociologia é apresentado por Durkhein e Weber, em suas dimensões macrossocial e microssocial. A primeira como fato social em um contexto da consciência coletiva, a outra como ação social, definida no âmbito da consciência individual, em um corpo como resultado de seu potencial expressivo-motor.

Nessa perspectiva, a sociedade é vista como um sistema de trocas simbólicas, que disponibilizam ao indivíduo um texto pessoal, agendas expressivas socialmente disponíveis segundo configuração normativa de gestos e máscaras, ações e desempenhos nas diversas formas de comunicação mediante processos interativos: competição, conflito, acomodação, assimilação e cooperação.

No âmbito da rede consensual, o biológico e o simbólico, gestando uma humanidade em um corpo imerso em diversos sistemas de significação e discursividade, refletem e refratam o sujeito, tornando-o capaz de se reconhecer, reconhecer o outro, a fenomenalidade e nomeá-la.

As demandas interativas e seus processos de comunicação inscrevem-se na dimensão socializadora do cotidiano, configurando-se como fato educativo, seja pelo controle das rotinas, seja nas formas e natureza dos eventos. O vivido é um artefato socialmente construído, e a corporeidade (sujeito) não escapa aos efeitos desse condicionamento. Estar consciente desse processo e atento às circunstâncias permite ao indivíduo uma presencialidade que possibilita respostas íntegras: corpo e subjetividade.

Mesmo que o lugar de acesso da Transpsicomotricidade seja a consciência individual no corpo, em sua constituição como pessoa, esta germina no território da consensualidade das relações sociais e dos processos interativos.

No âmbito da atividade sociorrelacional, corpo, linguagem e expressividade motora redigem o texto pessoal, instalam a agenda motora, configuram esquema e imagem corporal, para se fazer ator e agente social, mas também para compartilhar suas especificidades na construção do texto coletivo.

Assim, a Transpsicomotricidade se constitui como um recurso mediador, vínculo revitalizante entre indivíduo, corpo e sociedade como proposta de um trabalho pessoal do indivíduo como unidade psíquica. A atividade corporal assim concebida poderá criar novas possibilidades éticas e estéticas de ser e estar do sujeito enquanto agente social e na convivência.

Assim, o sujeito, o corpo e a expressividade motora reconfiguram novos percursos existenciais na formação de uma convivência mais saudável.

Como um integrante da consensualidade, o sujeito banha-se nela, compartilha e realimenta o seu campo de linguagem, instância mediadora entre o texto pessoal e o texto coletivo.

As práticas sociopsicomotoras orientam-se por vivências sociorrelacionais e suas possibilidades interativas. Levar o indivíduo a vivenciar cada um desses processos sociais e a identificar as características de cada um deles pode conduzi-lo a uma maior compreensão do manejo social. A Sociotranspsicomotricidade leva o indivíduo a vivenciar cada um desses processos sociais, identificando dinâmicas associativas e dissociativas e as características de cada uma delas. Vivenciar os processos sociais e incorporar suas características irá auxiliar o participante a desenvolver uma melhor compreensão do manejo social, tornando-se mais consciente desses mecanismos interativos.

6. Ergopsicomotricidade

A Ergopsicomotricidade, terceiro pilar da formulação teórica até aqui sustentada, tem como objeto de estudo o corpo produtivo e sua agenda expressivo-motora e laboral, vistas a partir da relação entre trabalho e descanso, segundo as bases psicomotoras. As práticas vivenciais, enquanto recurso psicomotor, objetivam trabalhar a experiência corporal da investidura constituída e coletivamente partilhada no contexto ritual das organizações, buscando resgatar o lugar e o tempo íntimo do corpo e sua presencialidade, bem como os níveis de consciência nela estabelecidos e/ou acessados pelo sujeito.

A investidura laboral, um recurso técnico do soma, apaga ritualmente a presença da especificidade corporal do sujeito. No entanto, promove maior destreza e expressa autoridade no desempenho da tarefa. Enquanto experiência somática, a investidura integra-se em uma rede comum de expectativas que se inscrevem em uma mesma trama ritual. Sensações, gestualidade, postura, etiqueta, figura corporal, onde atores partilham o mesmo texto com estreita margem para interpretações.

Um dos mecanismos presentes no fenômeno do estresse se apresenta quando as demandas internas de significação, com as quais o sujeito opera, promovem a intensificação de cargas simbólicas equivalentes, colocadas em polaridades opostas, presentes em cada um de seus processos decisórios profissionais, acirrando suas contradições internas.

Lazer e ócio são condições desritualizadas de manifestações corporais do soma e que auxiliam no resgate da especificidade pessoal do corpo, sua presencialidade originária. Um lugar sensível à sensorialidade, motilidade e mobilidade corporal.

Com a desritualização das condições somáticas que asseguram a qualidade do desempenho profissional, ativam-se os canais expressivos disponíveis à veiculação de novos conteúdos, estimulando o potencial criativo, revitalizando possibilidades vivenciais de ser e estar no corpo.

Assim, a Ergopsicomotricidade estuda a relação entre a modelagem corporal da investidura profissional e a agenda expressivo-motora e laboral, corpo e subjetividade no processo global do trabalho, no que se refere à:

- dinâmica estrutural do processo de produção (produtividade): papel social (desempenho)
- dinâmica sociorrelacional: manejo das estratégias de autoridade (submissão) (*status*).

Tais conteúdos, instalados no corpo, desenham esquema, imagem, máscara e interpretação do *script*. Como linguagem revelada, exige do agente o acolhimento das demandas simbólicas de sobrecarga física e emocional. A Ergotranspsicomotricidade opera não só no acompanhamento do processo de configuração da investidura, ou seja, como apoio à formação profissional, mas também no reforço para redimensionamento dos desempenhos produtivos de altos custos sociais e suas demandas estressoras, como no caso dos professores e profissionais de saúde.

Cabe, portanto, não excluir o papel importante do trabalho na formação do sujeito e especialmente no corpo como ferramenta laboral e de produção.

7. Considerações finais

O conceito de Transpsicomotricidade procura enfatizar a leitura do corpo em movimento e em relação, permeada pelo pensamento complexo e pela multidimensionalidade do ser nessa relação, tendo como referência paradigmática a transdisciplinaridade.

O sufixo "trans-" diz respeito ao sentido de, por meio, entre e além do corpo, propondo que o estudo da Psicomotricidade não se detenha nas polaridades corpo e psiquismo, mas que possa chegar às polaridades primordiais da linguagem que constituem o conhecimento. Deve-se considerar também que, embora nossa cultura científica se apresente sob a égide do pensamento decartiano, deixando transparecer o isto ou aquilo, na formação transpsicomotora, pensa-se no isto e aquilo, e as divisões, polaridades e separações são relativizadas para que se possa manter o princípio da unicidade. Não se é nem se pensa sem o corpo, é a partir dele que se torna possível encontrar estados de maior plenitude quando em relação ao macroespaço o indivíduo se harmoniza, não apenas nos limites do corpo próprio, mas, ao romper a barreira do dualismo corpo interno e corpo externo.

A formação Transpsicomotora apresenta como principal foco de atenção:

• o cuidado com a humanidade, o que garante a preocupação com o ser total e não só com os aspectos apresentados como deficitários quando da busca por ajuda. A visão ecológica aponta para uma formação plena do indivíduo, calcada na sua harmonização interior, para que a relação com o mundo possa existir com menor gasto energético e maiores possibilidades de adequação e cuidados com tudo o que existe no seu entorno e na macrovisão do universo;

• a preocupação com a formação pessoal do transpsicomotricista se faz necessária para que ele esteja devidamente preparado em relação à ajuda que deve prestar, sendo tratada como processo. As propostas apontadas por Morin nos "sete saberes" são vivenciadas na prática psicomotora, vividas e verbalizadas. Esse processo pessoal não tem prazo para sua finalização, corresponde a uma alta clínica que se conjuga a dois, o paciente e o terapeuta, mesmo quando se limita apenas à formação em Transpsicomotricidade educacional;

• a determinação em manter uma visão ampliada de todo o processo, o que corresponde a desenvolver um focar sistêmico sobre o problema, permite que haja fluidez quanto à atenção sobre o sujeito e maior preocupação na rede que o integra. Nessa posição, a família e as demais instituições que diretamente influenciam no comportamento do assistido devem ser analisadas e incluídas, se possível, no atendimento. As bases teóricas da formação investem no conhecimento da dinâmica familiar e nas influências exercidas pela instituição educacional, especialmente quanto a uma análise apurada do seu contexto organizacional. Ampliando o foco de atenção, a Etnopsicomotricidade, a Ergopsicomotricidade e a Sociopsicomotricidade oferecem todos os planos de intercessão;

• a abertura ao conhecimento perpassa por todos os saberes independente de áreas específicas sobre o tema, tanto as relativas ao psiquismo como ao corpo e à sua funcionalidade. Como outras possibilidades, são apontadas as artes, tudo o que envolva os processos criativos e a transreligiosidade. Esses conhecimentos fazem sentido quando são estudados nas suas inter-relações e propiciam a visão ampliada da multidimensionalidade do homem, atenção focada que traz um novo sentido à formação do transpsicomotricista.

A vivência, como síntese da experiência significada, manifesta-se na ação que transforma e ressignifica. Colocar-se em estado de escuta, do sussurrar da experiência sensível no corpo, é uma condição para perceber as imagens dessa artesania vivencial. Este é um exercício fundamental das práticas transpsicomotoras; desvendar os silêncios, os ecos e as ressonâncias, de um dizer inaudível de códigos corporais e de linguagens desconhecidas.

As expectativas sociais impõem amarras impedindo a consciência de navegar no âmbito "das incertezas". Como um exercício de ampliação de novos parâmetros de existência, estabelece outras condições de ser e estar. Sem uma varredura desmistificadora no sistema de crenças e de sua sobrecarga simbólica, haverá pouca oportunidade para a consciência enraizar-se no corpo, tecendo sua integridade vital. Saúde e vitalidade ressentem-se dessa condição. Integridade é um processo de inteireza, consciência, corpo e linguagem, no qual o sujeito coloca a sua atenção. Nesse sentido, a consciência não é vista sob o enfoque moral ou ético no sujeito, mas sim na sua identidade pessoal a partir da experiência.

O pensamento complexo atravessa a transdisciplinaridade, remetendo a uma reforma do pensamento e à quebra de paradigmas, possibilitando um estado alargado de consciência que favoreça o desenvolvimento de capacidades humanas, como a capacidade intuitiva, sensível, levando a um estado mais pleno e evoluído no plano cosmológico, assim como o respeito a todas as manifestações religiosas, sem, no entanto, deixar de lado o sentido de espiritualidade.

A tecedura transpsicomotora se dá por meio de bases epistemológicas que contemplam, a partir da linguagem, os três pilares de sustentação teórica consolidados na Psicossocioetnoergopsicomotricidade, visão globalizada do homem em movimento e em relação.

Tal construção ergueu-se a partir da parceria consolidada com o Prof. Dr. Eduardo Costa, psicomotricista, companheiro nesta jornada e formador. Outras contribuições foram acontecendo ao longo dessa caminhada transdisciplinar, como a da Prof.ª Dr.ª Lecy Consuelo Neves ao incursionar pela antropologia do corpo expressivo-motor, facilitando o acesso às possibilidades de pesquisa nesse campo. Concluindo, a Transpsicomotricidade preocupa-se com a formação do ser, do seu pertencimento, capacidade de compreensão sua e do outro, a antropoética, a espiritualidade e tudo mais que harmonize o homem com o seu meio ambiente. No tecer de uma anatomia do significado, esse corpo contemplativo não se inscreve na reverência dos templos, mas na serenidade secular de um silêncio inaudível. Orienta-se pelas latitudes, alinha-se na longitude do eixo da terra, para descobrir-se alado em pleno voo.

Referências

BRAN, J. *Language y sociedad.* Buenos Aires: Paidós, 1971.

BERGSON, H. *Matéria e memória.* São Paulo: Martins Fontes, 1999.

BRANCO, L. C. & BRANDÃO, R.S *A força da letra.* Belo Horizonte: UFMG, 2000.

BAKHTIN, H. *Filosofia da linguagem.* São Paulo: Hucitec, 1979.

BRETON, D. *Antropologia do corpo e modernidade.* Petrópolis: Vozes, 2011.

ECHEVERRIA, R. *Antologia del lenguaje.* Buenos Aires: Gravica, 2012.

ECO, H. *O Signo.* Lisboa: Presença, 1973.

ECO, H. *As formas do conteúdo*. São Paulo: Perspectiva, 1974.

FRIAÇA. A. *Educação e transdisciplinaridade III*. São Paulo: Trion, 2005.

GELD, M. *Aprendizado do corpo*. São Paulo: Martins Fontes, 2000.

GUERRA, C.G.M. *Transdisciplinaridade como religação entre ciência e cultura*. Florianópolis: Uni & Verso, 1998.

LE CAMUS, J. *O corpo em discussão da reeducação psicomotora às terapias de mediação corporal*. Porto Alegre: Artes Médicas, 1986.

LOVISARO, M. *In*: FERNANDES, J. E GUTIERRES FILHO, P. *Psicomotricidade:* abordagens emergentes. Barueri: Manole, 2012.

LOVISARO, M. & EDUARDO, C. *In*: PRISTA, R. *As formações brasileiras em Psicomotricidade*. Rio de Janeiro: All Print, 2010.

LURIA, R. & YUDOVICH, F.I. *Linguagem e desenvolvimento intelectual na criança*. Porto Alegre: Artes Médicas, 1985.

MORIN, E. *Meus demônios*. Rio de Janeiro: CBD, 1997.

MORIN, E. *Os sete saberes necessários à educação do futuro*. São Paulo: Cortez, 2002.

NEVES, L. C. *Microssistema de comunicação e identidade de gênero*. Rio de Janeiro: Escola de Comunicação, Tese de doutoramento, 1993.

WEIL, P. *A arte de viver em paz*. São Paulo: Gente, 1993.

PORTELA, E. *Interrelação das ciências da linguagem*. Rio de Janeiro: Gernasa, 1974.

SIMPSON, T. M. *Linguagem, realidade e significado*. São Paulo: Francisco Alves, 1976.

Cap. 11

Intervenção motora em meio aquático em indivíduos gemelares com síndrome de Down

Paulo José Barbosa Gutierres Filho

Aproximadamente 15% das crianças possuem algum tipo de desordem motora. Esses afetamentos apresentam causas biológicas e ambientais, dificultando a avaliação e detecção dos aspectos motores (EDWARDS e SAWARK, 2005). O atraso na avaliação das desordens motoras pode provocar inúmeras consequências, principalmente ao desempenho funcional do indivíduo em diversos âmbitos e contextos (FERNÁNDEZ-ÁLVAREZ, 2005), destacando-se a fase de escolarização, que exige competências motoras que afetam as áreas afetivas, cognitivas e sociais (GOODWAY e BRANTA, 2003; WIJNHOVEN, *et al.* 2004; FERNÁNDEZ-ÁLVAREZ, 2005; MÄNNISTÖ *et al.* 2006). Estudos têm demonstrado que, desde a idade pré-escolar, os atrasos motores provocam desvantagens aos indivíduos. (WIJNHOVEN, *et al.* 2004; MÄNNISTÖ *et al.* 2006)

A síndrome de Down é definida (GOODWAY e BRANTA, 2003) como uma alteração da organização genética e cromossômica do par 21 pela presença total ou parcial de um cromossomo extra nas células do organismo, ou por alterações de um dos cromossomos do par 21 por permuta de partes com outro par de cromossomos. A prevalência da síndrome de Down é de 43,5 casos para cada 100.000 nascimentos vivos, enquanto a ocorrência de gravidez gemelar é de aproximadamente metade destes casos (HAY e WEHRUNG, 1970; FLÓREZ, 1997; CUCKLE, 1998). A síndrome de Down apresenta uma série de características que afetam o desenvolvimento físico, cognitivo e motor destes indivíduos. (MAHONEY, ROBINSON e FEWELL, 2001; SIN e TAN, 2009)

O comportamento motor de crianças com síndrome de Down, até próximo aos cinco anos, apresenta uma conduta semelhante à de outras crianças sem deficiências com o mesmo nível de desenvolvimento (DEITZ-CURRY, 2001). Entretanto, apesar da sociabilidade se manter em nível praticamente inalterado (DEITZ-CURRY, 2001), diversas condutas começam a sofrer pequenos atrasos, tais como: a linguagem, a intelectualidade e a motricidade (CUNNINGHAM, 1990). Os atrasos motores ocorrem principalmente nas áreas de motricidade ampla, motricidade fina, equilíbrio e força (GALLAHUE e OZMUN, 1998). Porém, as desordens motoras de indivíduos com síndrome de Down podem ser compensadas ou diminuídas com intervenções que possibilitem a atuação nos aspectos essenciais do desenvolvimento motor de crianças e adolescentes. (DEITZ-CURRY, 2001; MAHONEY, ROBINSON e FEWELL, 2001; GUTIERRES FILHO, 2003)

Considerando as possibilidades de benefícios da intervenção motora em indivíduos com síndrome de Down, em especial, aquela desenvolvida no meio aquático, buscou-se avaliar os efeitos de um programa de intervenção motora de 13 semanas em ambiente aquático sobre o desenvolvimento global de indivíduos gêmeos com síndrome de Down, realizado por meio de um estudo de intervenção sem grupo controle. Realizou-se uma pesquisa descritiva, diagnóstica, de intervenção sem grupo controle e do tipo estudo de caso. O caráter descritivo justifica-se pela coleta de informações etiológicas, sociodemográficas, antropométricas e educacionais dos sujeitos da pesquisa. O caráter diagnóstico justifica-se pela coleta de informações pouco disponíveis sobre o desenvolvimento de indivíduos investigados em situação gemelar. O caráter de intervenção justifica-se pela proposta de intervenção motora de 13 semanas, realizada sem grupo controle, já que foram dois sujeitos que atenderam aos critérios de elegibilidade.

Os sujeitos foram incluídos no estudo a partir dos seguintes critérios: a) ter diagnóstico de síndrome de Down; b) ter irmão gêmeo com síndrome de Down; c) apresentar *deficit* ou desordem motora; d) ter até 12 anos de idade;

ter consentimento para participar do estudo; e) ter recebido estimulação precoce (essencial). Os sujeitos foram excluídos no estudo a partir dos seguintes critérios: a) não apresentar controle de esfíncteres; b) apresentar desordens psiquiátricas; c) possuir condições ortopédicas limitantes à atividade motora; d) não frequentar mais de 30% das sessões da intervenção motora. A partir da aplicação dos critérios de inclusão e exclusão, foi possível identificar dois (N=n) sujeitos elegíveis ao estudo.

Os dados etiológicos, sociodemográficos e antropométricos foram extraídos dos prontuários da unidade escolar dos sujeitos. Os dados educacionais foram coletados das entrevistas realizadas com os pais e/ou responsáveis dos investigados. Todos os dados coletados foram transpostos para uma planilha que identificava a codificação dos sujeitos investigados. Todos os dados referentes aos sujeitos investigados foram codificados (S1 e S2) para padronizar o acesso, a coleta, a tabulação e análise dos dados.

Os dados sobre o desenvolvimento global dos indivíduos foram coletados por meio de entrevista semiestruturada e de ficha de acompanhamento. As entrevistas foram aplicadas ao pai, à mãe e ao professor da classe escolar, nas semanas 0 e 14. Todas as entrevistas foram entregues aos respondentes visando conferir e, se caso necessário, corrigir as informações transcritas. A ficha de acompanhamento continha os pareceres descritivos diários, preenchidos por um profissional de Educação Física e Fisioterapia, logo após cada uma das sessões realizadas, tendo como roteiros as seguintes categorias de análise: a) adaptação ao meio aquático (piscina); b) autonomia nas atividades de vida diárias (AVDs); c) respeito às regras; d) trajetória lúdica.

Plano de intervenção motora em ambiente aquático

A intervenção motora foi realizada durante 13 semanas pelo mesmo profissional de Educação Física e fisioterapeuta, com três sessões semanais, duração de 45 a 60 minutos, em piscina aquecida e com 180cm de profundidade. O programa de intervenção motora em ambiente aquático teve como objetivo sugerir, propor, estimular e reforçar a prática de determinadas condutas motrizes, seja por exercícios ou jogo, utilizando-se de uma metodologia semidiretiva no âmbito da intervenção afetivo (emocional). Cada uma das sessões do programa de intervenção motora em ambiente aquático apresentou quatro etapas distintas: a) atividades de entrada; b) atividades de construções e/ou representações; c) atividades lúdicas e de exercícios físicos; d) atividades de saída.

Foram utilizadas as seguintes linguagens de intervenção: a) linguagem de estímulo: utilizada para estimular a criança a fazer alguma atividade ou brincadeira, principalmente àqueles participantes que apresentavam pouca iniciativa; b) linguagem de descrição: utilizada para descrever uma determinada situação, seja para mediar um conflito, seja para dar evidência às produções realizadas pelos participantes; c) linguagem de reforço: utilizada para reforçar o que a criança realizava ou para reforçar as suas iniciativas no decorrer da sessão; d) linguagem de permissão: utilizada para informar o que era permitido brincar e qual o papel do professor; e) linguagem de desacordo: utilizada para informar os padrões comportamentais violados, ou seja, quando o participante não estava cumprindo as regras para um bom convívio social, combinadas com o professor no início da sessão.

Foram utilizados também os seguintes recursos materiais que podem ser divididos em *materiais para construção* (como, por exemplo: quebra-cabeças, letras, números, formas geométricas, ou seja, materiais emborrachados e de diferentes texturas que possam ser fixados na parede da piscina), *materiais para exercício e jogo* (como, por exemplo: bolas, aros e argolas, além de materiais que são utilizados em aulas de natação e hidroginástica, como, por exemplo, materiais que sirvam de apoio à flutuação do corpo na água e materiais que afundam, já que essa propriedade suscita exercícios e representações simbólicas diferenciadas no meio aquático, fazendo com que a criança possa vencer seus medos e desafios, pois estes materiais provocam o mergulho).

Os dados verbais foram analisados por meio da análise de conteúdo. A análise de conteúdo foi desenvolvida por meio da técnica de análise categorial proveniente. Após a codificação e sistematização dos dados verbais, procedeu-se à seleção das informações a fim de categorização dos conteúdos dos discursos em blocos temáticos. As categorias principais do discurso foram obtidas pela identificação e seleção das unidades de significância, as quais englobaram e mediaram os indicadores no discurso, sem perder, no entanto, a visão integral do discurso (BARDIN, 1988). Os dados analisados foram agrupados em quadros com informações sobre o número da sessão e a avaliação descritiva individual de cada um dos sujeitos. A pesquisa possibilitou organizar categorias de análise com o conteúdo coletado no agrupamento das questões significativas das informações. Foram organizadas as seguintes categorias de análise: a) adaptação ao meio aquático (piscina); b) autonomia nas atividades de vida diárias (AVDS); c) respeito às regras; d) trajetória lúdica.

Em relação à primeira categoria, que aborda *a Adaptação ao meio aquático* (piscina), relata excertos retirados dos pareceres descritivos sobre a relação de S1 (Sujeito 1) e S2 (Sujeito 2) com e na água, além de dados verbais da entrevista realizada com o pai, a mãe e a professora, sobre a temática em questão.

Segundo a análise documental nos prontuários, S1 possui diagnóstico de síndrome de Down, recebendo classificação de deficiência intelectual. Ele tem nove anos e é o irmão gêmeo que nasceu primeiro. S2, também com diagnóstico de Síndrome de Down e classificação de deficiência intelectual, foi o segundo irmão gêmeo a nascer. Os dados da avaliação do desenvolvimento global demonstraram que tanto S1 como S2 chegaram para seu primeiro dia de aula, sem nenhuma experiência em meio aquático, ambos, com a touca e a sunga da natação da mesma cor.

Nas primeiras sessões do programa de intervenção motora, S1 caminhava por toda a piscina, ora segurando-se na barra fixa ora sem apoio algum. S1 era um menino que se desafiava constantemente no ambiente aquático. Como demonstra o parecer descritivo: "[...] *S1 desceu o escorregador. S2 sorriu, ao observar o irmão que, sentado sobre o escorregador, desceu e caiu na água fazendo imersão total. Neste momento, S2 incentivou o irmão a repetir tal atividade. S1 disse que iria sair da piscina pela escada e descer o escorregador novamente. Repetindo, assim, tal feito por várias vezes* [...] (sessão nº 9)".

Estudos (NAVARRO, 1978; ONOFRE, 2004) têm demonstrado que a aprendizagem só é possível quando o aluno confia e se familiariza com a água, se as atuar à sua maneira. E, nesse sentido, a estratégia metodológica do *deixar a água atuar*, onde se procurou fazer com que os espaços e os materiais possam atuar na sensibilidade, na motricidade e no campo perceptivo de cada um, colaborou para uma liberdade de interação entre água e criança, sem aprendizagens mecanicistas.

O que se pode perceber foi que S1 ganhava confiança e se desafiava cada vez mais nesse contexto, pois tinha a liberdade de realizar o que gostaria, segundo as suas necessidades e interesses de momento. Além disso, S2 participava da ação, observando o irmão e incentivando-o a repetir as atividades que realizava. Fato esse que, de certa forma, também transmitia ao S1 confiabilidade humana nas suas ações.

A forma de colaboração, ou a interação em uma conduta coletiva entre os pares, é realizada pela linguagem que aparece como função comunicativa, evidenciando a existência da categoria interpsicológica, enquanto a categoria intrapsicológica se destaca pela própria conduta individual, na tentativa de adaptação (VYGOTSKY, 1997). No entanto, se, por um lado, é visível o avanço de S1 em termos de adaptação ao meio aquático, por outro, S2 busca adequar-se às suas próprias habilidades motoras em meio aquático, pois a criança na maioria das ocasiões passa a realizar um novo jogo ou nova atividade quando é desafiada na sua aventura motora, abandonando, assim, as tentativas consideradas, no momento, irrealizáveis. (NEGRINE, 1995)

Os dados verbais da entrevista com o pai demonstraram que S1 sempre foi um menino curioso, afoito em querer descobrir as coisas, pois, em relação ao meio aquático, apesar de ele nunca ter participado de nenhum programa dessa natureza, não foi diferente. *"...[Basta ver que nas primeiras aulas ele já queria nadar]"*. Já os dados verbais da entrevista com a mãe demonstraram que S1 era um menino que gostava de água e que era igual ao S2. *"...[Professor, para mim, os meus dois filhos são iguais, eles adoram água, apesar de nunca terem participado de um programa desses]"*.

Os dados verbais da entrevista com a professora demonstraram que S1, em relação à adaptação ao meio aquático, não foi muito diferente da adaptação na escola *"...[apesar da mãe dizer e tratar como se fossem iguais, eu digo que o S1 sempre foi uma criança mais esperta, mais observadora e que na água não deva ter sido diferente que na escola o desenvolvimento e a adaptação dele em relação ao S2]"*.

Estudos (SUNELAITIS, ARRUDA e MARCOM, 2007; ARRUDA E MARCON, 2007) têm demonstrado que o nascimento de dois bebês semelhantes (como gêmeos monozigóticos) pode abalar e desafiar a gama de conhecimento afetivo, interativo e relacional da família que os recebe. Em muitos casos, não há o respeito pela individualidade e pelo processo de constituição da identidade de cada membro do par, culminando em uma posterior dificuldade de aceitação pelo grupo social a que pertencem, caso desejem firmar a diferença como fator principal de sua individualidade. (GOFFMAN, 1988; SILVA, 2002)

Permeada por práticas sociais, a situação de desenvolvimento da identidade dos gêmeos pode caminhar para a formação de um estigma, onde duas crianças gêmeas monozigóticas estariam automaticamente vinculadas à condição *sine qua non* de que a semelhança não é apenas física, mas envolve aspectos de identidade e de aceitação social (GOFFMAN, 1988). Passariam, então, a ser expostas a uma convivência social atravessada pela convicção de que a gemelaridade e, portanto, a semelhança física relaciona-se diretamente à igualdade de identidade. (GOFFMAN, 1988; SILVA, 2002)

Santos *et al.* (2009) têm demonstrado a baixa incidência de gêmeos monozigóticos com síndrome de Down e que as características físicas se assemelham geneticamente em diversos aspectos, porém os fatores ambientais e comportamentais podem interferir nessas semelhanças, acarretando modificações e diferenças no desenvolvimento afetivo, cognitivo e psicomotor.

Em relação à segunda categoria, que aborda *Autonomia nas atividades de vida diárias* (AVDS), dois fatos chamaram a atenção já na primeira sessão, pois tanto S1 como S2, ao se preparar para entrar na piscina, colocaram o calção de banho do lado "avesso". E, ao sair da piscina em direção ao vestiário masculino, S2, seguiu em direção ao *hall* de entrada, onde se encontrava a sua mãe, pois ele queria que ela lhe desse banho.

O parecer descritivo do professor reforça essas questões quando retrata: *"...[ajudei S1 e S2 regular a temperatura da água do chuveiro... ajudei S1 e S2 a lavar a cabeça com xampu... S1 e S2 colocaram algumas peças de roupas do lado avesso (sessão n.º 1)".* [...] *O bolso do abrigo fica para frente ou para trás? – perguntou o professor. Para atrás, responderam S1 e S2. Então, tirem o abrigo e coloquem novamente, disse o professor. Que tal? – perguntou S1 abrindo os braços e olhando para o professor. Muito bem, parabéns, agora está certo, respondeu o professor. Tá certo? – perguntou S2, olhando para o professor. Muito bem, agora está certo, respondeu o professor* (sessão n.º 7)".

A estratégia adotada foi ser corpo de ajuda, e não fazer por S1 e S2, mas sim permitir que manifestem o prazer de serem eles mesmos, expressando-se psicomotoramente, seja na piscina, seja no tomar banho, no vestir-se e arrumar a sua mochila. O que acabou colaborando para a conquista da autonomia de S1 e S2, tanto na água como fora dela, pois a expressividade motora é para a criança a maneira de manifestar o prazer de ser ela mesma, de construir sua autonomia, de expressar o prazer de descobrir e de conhecer o mundo que a cerca (AUCOUTURIER, 2007). Os dados verbais da entrevista com o pai reforçam essas conquistas, quando ele menciona: *"Os meus filhos não sabiam se vestir, eles conquistaram autonomia no tomar banho, no se vestir, pois, antes do programa, era a mãe deles que dava banho, agora eles não precisam mais".*

Os dados verbais da entrevista com a mãe demonstraram também essa autonomia: *"No decorrer do programa, observei que eles começaram a ter mais iniciativa para fazer as coisas por si só (como, por exemplo: tomar banho, arrumar a sacola da natação), eles colaboram mais em casa sem resmungar tanto".*

No entanto, embora os pais tenham constatado que os seus filhos ganharam mais autonomia nas AVDs, eles (os pais) ainda se encontram enraizados nos sentimentos de incapacidade, de culpabilidade e de superproteção, dificultando, de certa forma, o desenvolvimento da autonomia e independência de S1 e S2 em relação às AVDs. Os dados verbais da entrevista com a professora elucidam essas questões, quando ela menciona: *"...[apesar deles terem ganho autonomia nas atividades de vida diária, como ir ao banheiro, fazer a sua higiene pessoal, se vestir, a mãe deles ainda trata eles como fossem iguais, inclusive dormem juntos em uma cama de casal]".*

Estudos (GOFFMAN, 1988; ARRUDA e MARCON, 2007) têm demonstrado que algumas práticas sociais parecem vir acompanhando todo esse processo de concepção, nascimento e desenvolvimento de gêmeos monozigóticos na busca da autonomia em suas atividades de vida diárias. Tem-se, aqui, o fato de a mãe de S1 e S2 continuar a vestir roupas iguais nos seus filhos gêmeos, além de escolher o nome deles com semelhanças fonéticas e de estabelecer rotinas parecidas quanto à alimentação, sono e manter atitudes similares para com os mesmos. Práticas essas, frequentemente, observadas no seio familiar. (GOFFMAN, 1988; ARRUDA e MARCON, 2007)

Sendo assim, a primeira meta é a aceitação funcional, visto que aprender a aceitar significa ver a criança com síndrome de Down tal como ela é, pois tal estudo (CUNNINGHAM, 1990) tem demonstrado que vários são os sentimentos que irão afetar os pais e familiares de um bebê com síndrome de Down, desde sentimentos de repugnância, incapacidade e incerteza, podendo associar-se inclusive ao desejo da morte do bebê, a sentimentos de culpabilidade, fazendo com que os pais exagerem nos cuidados que darão ao(s) seu(s) filho(s).

Em relação à terceira categoria, que aborda *Respeito às regras*, pode-se perceber a dificuldade inicial em cumprir as regras preestabelecidas, principalmente nas atividades de saída, visto que S1 e S2 queriam continuar brincando, no momento em que era para escutar o colega em vez de brincar. Como demonstra os pareceres descritivos do professor a seguir:

"No momento em que S1 e S2 guardavam os materiais, S1 pegou os seus chinelos, jogou-os na água e entrou na piscina. S2, que estava na borda da piscina, observava e dava risadas. Acabou a brincadeira, agora é para ajudar a guardar os materiais. Pode subir a escada trazendo os chinelos, verbalizou o professor, olhando seriamente para S1, que subiu a escada, colocou os chinelos e foi ajudar S2 e o professor a guardar os materiais utilizados na sessão (sessão n.º 3)".

"No momento de guardar os materiais, S1 saiu da piscina e caminhou pela borda. S2, que estava ao seu lado, encostou a sua mão no corpo de S1, que simulou estar em desequilíbrio, atirando-se na piscina. O professor ajudou S1 a subir na borda da piscina e disse a ele que havia acabado a brincadeira e que fosse guardar os materiais (sessão n.º 19)".

Os dados verbais da entrevista com o pai reforçam a dificuldade no cumprimento das regras, apesar de S1 e S2 terem evoluído nessa categoria: *"Observei que... tanto nas aulas na piscina como em casa, S1 e S2 passaram a respeitar mais as regras, pois, quando pedíamos alguma coisa ou quando queriam algo, ou quando não conseguiam fazer alguma coisa sozinho, já resmungavam ou se aproximavam da gente. O que o Senhor tem feito quando eles resmungam? Digo para eles que não são mais criancinha. Quando não guardam os brinquedos, eu digo: 'Vocês vão ficar sem brinquedo' ou eu escondo em cima do armário. A minha esposa faz tudo por eles, se resmungam, ela faz tudo por eles".*

Cumprir ou não cumprir determinadas normas poderá estar relacionado com o nível afetivo (emocional) da criança, seja por falta de padrões de referência, seja por insegurança (NEGRINE, 1995). A estratégia adotada quando um participante desrespeitava as regras da sessão era de relembrar as regras que foram preestabelecidas, como, por exemplo, aqui se brinca do que se quer, mas, ao sinal, todos devem parar de brincar e começar a guardar os materiais. Além disso, procurava-se sempre olhar nos olhos de cada um quando se relembravam as normas de boa convivência social.

À medida que eles perceberam a importância das regras, eles não só começaram a respeitá-las na sessão mas também em casa e na escola. No entanto, falar da temática, limites, não é uma tarefa fácil, pois requer muitas vezes uma reflexão por parte dos professores e pais, antes de verbalizarem a palavra não. Caso contrário, corre-se o risco de um "não" acabar sendo um sim, deixando de ser uma boa referência. É onde a criança começa a perceber que os pais ou professores disseram não, mas que ela pode fazer o que gostaria (TIBA, 1996). Isto faz entender que o critério do pode e não pode, que os próprios pais estabelecem, trará efeitos na conceituação da liberdade pessoal, isto é, a referência que a criança formará de si está implícita nos seus futuros relacionamentos. (TIBA, 1996)

Em relação à quarta categoria, que aborda *trajetória lúdica*, pode-se perceber que S1 e S2 apresentavam inicialmente uma trajetória lúdica repetitiva, brincavam sempre de *Tom e Jerry*. Foi a partir das primeiras sessões que se observou essa trajetória lúdica repetitiva. Como estratégia para que se possa ter a possibilidade de melhora da qualidade lúdica, procurou-se intervir nessas ocasiões com o objetivo de suscitar ideias e alavancar o mundo simbólico infantil. No entanto, foi a partir da sessão de número 21 que se teve a ideia de propor que ora S1 ora S2 deveria iniciar a sessão criando uma brincadeira. Fato este que revelou o aparecimento de outras e outras brincadeiras, e não mais, somente *Tom e Jerry*.

Como demonstra os pareceres descritivos do professor: *"[...] O que é isso? – perguntou S1 para o professor. – É uma caixa de fibra, respondeu o professor colocando uma caixa sobre a outra. S1 se aproximou e subiu na caixa com a ajuda do professor. Ficou em pé e pulou na piscina (repetiu essa atividade por várias vezes). S2 apenas observava-o. Quer pular? – perguntou o professor para S2. – Sim, respondeu S2. O professor ajudou S2 a subir na caixa e, sentado sobre a caixa de fibra azul, S2 verbalizava: – Vamo cavalo, vamo cavalo"* (sessão n.º 21).

Determinado estudo (NETO, 1997) considera ser relevante rever como brincam as crianças com síndrome de Down e que tipo de programas de estimulação lúdica são utilizados para ajudá-las, pois, se a prática lúdica favorece o desenvolvimento da criança "normal", a princípio, favorecerá também o desenvolvimento da criança com síndrome de Down, muito embora a qualidade lúdica dessas crianças não seja elevada.

Considerar a situação imaginária como característica principal é fazer a leitura da trajetória da criança ao brincar, que, por sua vez, pode ser representada por apenas um papel ou vários, alternando, assim, o jogo e sua representação, visto que a preparação do adulto para entender, compreender e intervir com o objetivo de ajudar a criança a evoluir é tão relevante quanto a trajetória lúdica que a criança realiza ao jogar (NEGRINE, 1995). Quando a criança representa determinado papel ao jogar, pode, em certo momento, parar para fazer outro exercício e, em seguida, voltar a jogar. Portanto, não se trata de um processo linear. (VYGOTSKY, 1997)

Outro ponto que chamou a atenção foi que o programa de intervenção motora repercutiu na sala de aula e na escola, pois, segundo a professora, *"quando S2 iniciou as atividade na piscina, chegava à escola demonstrando cansaço, não fazia comentários sobre a atividade de que havia participado, negando-se muitas vezes a fazer o trabalho proposto. Aos poucos, foi se soltando, isto é, fazia um relato sobre as aulas na piscina".*

"Tanto S1 como S2 demonstraram em seus desenhos (ao longo do programa de intervenção motora-aquática) satisfação e prazer pelas aulas, além de melhorarem as suas expressões gráficas, pois S2 nunca fez um desenho como este (a professora mostrou a folha 6 – veja abaixo). O programa deu a eles uma melhor consciência corporal, pois identificar e nomear já sabiam, mas nunca haviam se expressado graficamente. S1 e S2 não tinham uma representação real da figura humana, hoje, eles apresentam esta figura bem estruturada. Eles, hoje, possuem uma melhor organização espacial em relação ao papel".

Cabe salientar que a professora solicitou aos alunos para fazerem um desenho. Ela não disse que desenho era para fazer, ou seja, partiu da busca inicial e exploratória da criança. Segundo a professora, a grande mudança foi em S2, pois foi possível perceber que ele demonstrou claramente em seus desenhos uma evolução, principalmente nas suas representações gráficas, apresentando uma figura humana bem estruturada, além de adquirir uma melhor organização espacial em relação ao papel, conforme segue abaixo (os desenhos de S2):

Desenho 1

Desenho 2

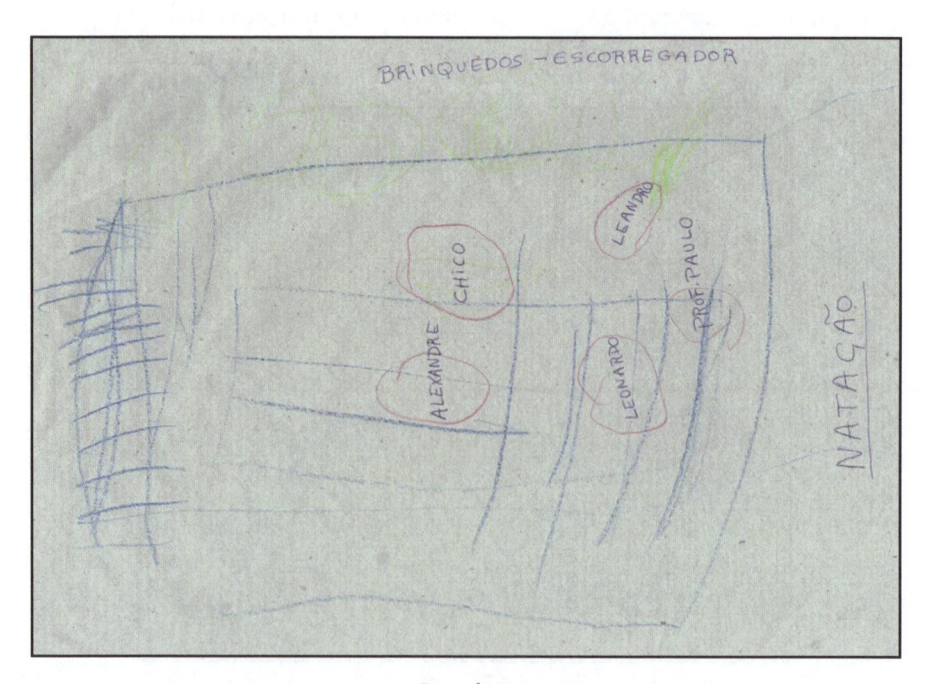

Desenho 3

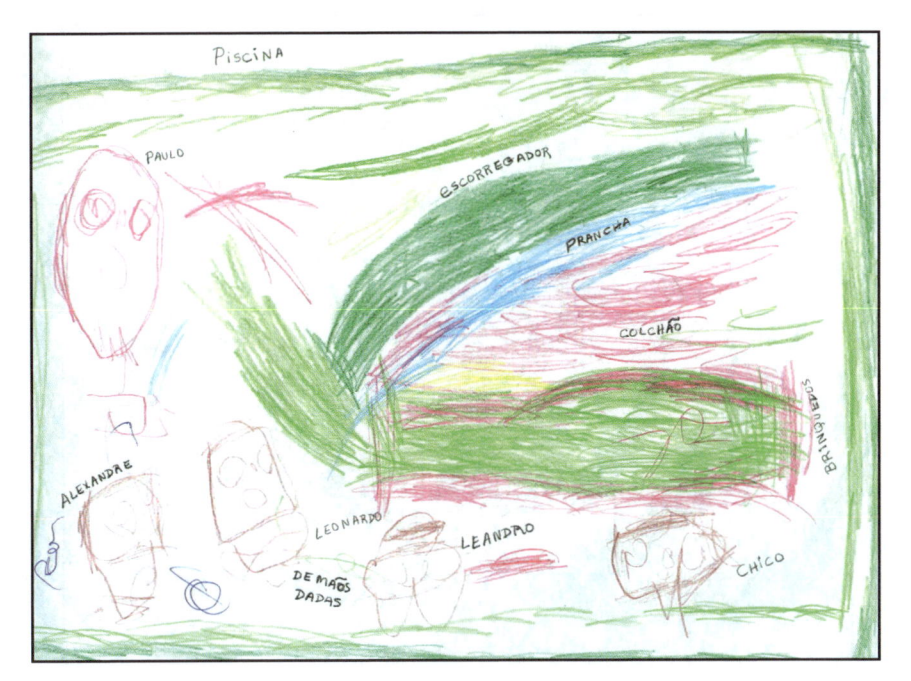

Desenho 4

Desenho 5

Desenho 6

O diálogo anterior evidencia dois aspectos fundamentais da estrutura mental, de um lado, a capacidade descritiva e detalhada que particulariza semelhanças observadas pela criança, nominando os personagens, por outro, a capacidade associativa e rebuscada, para exteriorizar seus sentimentos em relação à identificação com os personagens.

Portanto, cada um apresenta as suas especificidades e peculiaridades do seu desenvolvimento. S1 é gremista fanático (torce para o Grêmio, time de futebol do Sul do Brasil), está adaptado ao meio aquático, chegou à esboçar por sua própria iniciativa os estilos *crawl* e costas da natação. Fez mergulhos, pegou objetos no fundo, pulou na piscina de várias formas e maneiras, desceu o escorregador sentado e em decúbito ventral, brincou de *Tom e Jerry*, entre outras atividades. S2 é colorado fanático (torce para o Internacional, time de futebol do Sul do Brasil), está adaptado ao meio aquático, pegou objetos no fundo, desceu o escorregador sentado, flutuou em diversas posições, caminhou, correu e fez giros dentro d'água, brincou de *Tom e Jerry*, entre outras atividades, pois, em pouco tempo, a trajetória lúdica tanto de S1 como de S2 ampliou e melhorou.

Considerações finais

Ao avaliar os efeitos de um programa de intervenção motora de 13 semanas em ambiente aquático sobre o desenvolvimento global de indivíduos gêmeos com síndrome de Down, é possível fazer as seguintes considerações finais: primeiramente, pode-se afirmar que tanto S1 como S2 adaptaram-se ao meio aquático, familiarizaram-se com e na água, desafiaram constantemente seus corpos nos diferentes espaços e profundidades da piscina, de diversas maneiras, onde, na maioria das vezes, partia de si próprios, dos seus interesses e necessidades. Outro fator que chamou atenção foi a baixa qualidade lúdica apresentada tanto por S1 como por S2, no entanto, com o decorrer da dinâmica das sessões, observou-se uma trajetória lúdica não mais repetitiva e, sim, enriquecedora, não só do seu vocabulário psicomotor mas também linguístico. Inclusive, repercutiu na sala de aula e na escola de S1 e S2. Segundo a professora, o programa deu a eles uma melhor consciência corporal, ambos já sabiam identificar e nomear, mas nunca haviam se expressado graficamente, ou seja, eles não tinham uma representação real da figura humana, hoje apresentam esta figura bem estruturada e possuem uma melhor organização espacial em relação ao papel. E, por fim, em relação ao respeito às regras e à conquista da autonomia das atividades de vida diárias, tanto S1 como S2 passaram a respeitar mais as regras da sessão, além de terem mais autonomia no tomar banho, no secar-se, no vestir-se, enfim nas atividades de vida diárias, apesar de que os pais ainda se encontram enraizados nos sentimentos de incapacidade, de culpabilidade e de superproteção, o que dificulta o desenvolvimento da autonomia e independência destes indivíduos.

Referências

ARRUDA, D.; MARCON, S. A família em expansão: experienciando intercorrências na gestação e no parto do bebê prematuro com muito baixo peso. *Texto & Contexto Enferm.* 2007, 16(1), 120-128.

AUCOUTURIER, B. *O Método Aucouturier*: fantasmas de ação e prática psicomotora. São Paulo: Ideias e Letras, 2007.

BARDIN, L. *Análise de conteúdo.* Lisboa: Edições 70, 1988.

CUCKLE H. Down's syndrome screening in twins. *J Med Screen.* 1988, 5, 3-4.

CUNNINGHAM, C. *Una introducción para padres.* Barcelona: Paidós, 1990.

DEITZ-CURRY J.E. The Effects of Early Motor Intervention on Children with Down Syndrome or Cerebral Palsy: A Field-Based Study. *Pediatric Physical Therapy.* 2001, 13(4), 217-221.

EDWARDS, S.L.; SAWARK, J.L. Infant and Child Motor Development. *Clinical Orthopaedics and Related Research.* 2005, 4, 33-9.

FERNÁNDEZ-ÁLVAREZ, E. Trastornos del movimiento de origen funcional (psicogénicos) en el niño. *Rev Neurol.* 2005, 40, Supl 1, S75-S77.

FLÓREZ, J. *Síndrome de Down:* biología, desarrollo y educación. Barcelona: Masson, 1997.

GALLAHUE, D.L.; OZMUN, J.C. *Understanding motor development*: infants, children, adolescentes, adults. Boston: WCB Mcgraw-Hill, 1998.

GOODWAY, J.D.; BRANTA, C.F. Influence of a motor skill intervention on fundament motor skill development of disadvantaged preschool children. *Research Quarterly for Exercise and Sport.* 2003, 74(1), 36-46.

GOFFMAN, E. *Estigma:* notas sobre a manipulação da identidade deteriorada. Rio de Janeiro: Guanabara Koogan, 1988.

GUSMAN, S., TORRE, C. Fisioterapia na Síndrome de Down. *In:* SCHWARTZMAN *et al. Síndrome de Down.* São Paulo: Mackenzie. Memnon, 1999, 167-205.

GUTIERRES FILHO, P. *A Psicomotricidade relacional em meio aquático.* São Paulo: Manole, 2003.

HAY S, WEHRUNG DA. Congenital Malformations in Twins. *Am J Hum Genet.* 1970, 22(6), 662-78.

MAHONEY G.; ROBINSON C.; FEWELL R. R. The Effects of Early Motor Intervention on Children with Down Syndrome or Cerebral Palsy: A Field-Based Study. *Developmental and Behavioral Pediatrics.* 2001,22(3), 153-62.

MÄNNISTÖ JP, CANTELL M, HUOVINEN T, LARKIN D. A school-based movement programme for children with motor learning difficulty. *European Physical Education Review.* 2006,12(3), 273-287.

NAVARRO, F. *Pedagogia de la Natación.* Espanha: Valladolid, 1978.

NEGRINE, A. *Aprendizagem e Desenvolvimento Infantil. Psicomotricidade:* alternativas pedagógicas, *v.3.* Porto Alegre: Prodil, 1995.

NETO, C. *Jogo e desenvolvimento da criança.* Lisboa: FMH, 1997.

ONOFRE, P. S. *A criança e a sua Psicomotricidade.* Lisboa: Trilhos, 2004.

SANTOS, M.; SANGALLI, J.; FERREIRA, A.; SILVA, V.; AGUIAR, S. Incidência e características bucais de gêmeos monozigóticos, portadores da Síndrome de Down. *Revista Odontológica de Araçatuba.* 2009, 30(2), 57-62.

SILVA, T. Identidade e diferença: impertinências. *Educ Soc.* 2002, 23, 65-66.

SIN IL, TAN TYT. Down syndrome in monochorionic twins. *Singapore Med J.* 2009, 50(7): 264-267.

SUNELAITIS, R.; ARRUDA, D.; MARCOM, S. A repercussão de um diagnóstico de síndrome de Down no cotidiano familiar: perspectiva da mãe. *Acta Paul Enferm.* 2007, 20 (3), 264-71.

TIBA, I. *Disciplina*: o limite na medida certa. São Paulo: Gente, 1996.

VYGOTSKY, L. S. *Obras escogidas*: Fundamentos de defectología. v. 5. Madrid: Gráficas Rogar, 1997.

WIJNHOVEN, T.M.A; ONIS, M.; ONYANGO, A.W.; WANG, T.; BJOERNEBOE, G.E.A.; BHANDARI, N.. Assessment of gross motor development in the WHO multicentre Growth reference study. *Food and Nutrition Bulletin.* 2004, 24(1), S537-S545.

Cap. 12

O desenvolvimento da Gerontopsicomotricidade à luz da ciência

José Francisco Filipe Marmeleira

Nas últimas décadas, o conceito de envelhecimento tem registado mudanças significativas nas sociedades modernas. Gradualmente, a redutora consideração da idade cronológica como o grande indicador de envelhecimento tem vindo a ser superada pela introdução de conceitos mais dinâmicos, como idade funcional, envelhecimento de sucesso ou envelhecimento ativo. Fatores demográficos, socioculturais e de saúde pública têm levado a uma mudança de paradigma na abordagem ao processo de envelhecimento, pelo que cada vez mais o nível de análise é colocado nas potencialidades de desenvolvimento individual presentes ao longo de toda a vida.

É reconhecido que um grande conjunto de fatores modelam a capacidade funcional de cada indivíduo durante o envelhecimento. Muitos deles são dependentes dos comportamentos e hábitos de vida do próprio indivíduo e do consequente nível de mobilização de recursos nos domínios perceptivo, cognitivo, motor e relacional.

A ciência tem dirigido um interesse crescente para o fenômeno do envelhecimento. O volume de investigação nos últimos anos nas disciplinas das Neurociências é disso um exemplo paradigmático. O conhecimento emergente tem feito luz sobre quais os principais mecanismos envolvidos no processo de envelhecimento normal ou patológico, permitindo a fundamentação teórica de novas estratégias de intervenção. Assim, um dos temas atuais em gerontologia tem a ver com os efeitos de determinados programas de treino ou hábitos de vida na capacidade funcional do indivíduo. No fundo, pretende-se perceber se a participação em alguns tipos de atividades (de carácter motor, cultural, educativo etc.) desencadeia efeitos positivos em diversas dimensões (e.g., funcionamento cognitivo e aptidão física funcional) relevantes para a qualidade de vida do idoso. Tal abordagem conduz a outro nível de análise: perceber que mecanismos biológicos e psicológicos sofrem modificações em função do tipo de estimulação a que o indivíduo é submetido, mediando a obtenção de benefícios na sua capacidade funcional.

Este capítulo procura responder a algumas destas questões com base na literatura científica e com base na própria experiência do autor em intervenções psicomotoras junto de pessoas idosas. A abordagem, a seguir, centrar-se-á na análise de variáveis e mecanismos favoráveis a processos de desenvolvimento relacionados com intervenções no domínio psicomotor.

A variabilidade no envelhecimento

O processo de envelhecimento leva a um aumento da variabilidade do nível de desenvolvimento de múltiplas capacidades entre a população idosa, sendo muito frequente encontrar em pessoas com a mesma idade cronológica níveis diferenciados de desempenho em tarefas comuns do dia a dia. A contribuir para esta situação estão muitas vezes os fracos níveis manifestados nas componentes da aptidão física funcional, definida como a capacidade fisiológica para realizar as atividades da vida diária de forma segura e independente e sem o estabelecimento de fadiga (RIKLI & JONES, 1999). A aptidão física funcional integra a capacidade cardiorrespiratória, a força muscular, a flexibilidade, o equilíbrio (agilidade) e a composição corporal.

O próprio idoso apresenta maior variabilidade no seu comportamento adaptativo, uma vez que revela oscilações evidentes na sua capacidade de resposta ao longo do tempo. Uma das variáveis que tem sido mais utilizada para ilustrar o processo de envelhecimento é a velocidade comportamental (HULTSCH, MACDONALD, & DIXON, 2002). Muitos dos estudos realizados neste domínio utilizam como variável principal o tempo utilizado pelo indivíduo para responder a um determinado acontecimento (tempo de resposta). Muitas vezes, o tempo de resposta é fracionado em tempo de reação (tempo que dista entre o estímulo e o início do movimento) e tempo de movimento (tempo que dista entre o início e o término do movimento). O envelhecimento parece ter um efeito mais negativo em tarefas complexas. Em laboratório, a complexidade de tarefas dependentes da velocidade comportamental é muitas vezes manipulada por meio da adição de mais alternativas estímulo e resposta, o que leva a maiores exigências no processamento informacional. (SCHMIDT & LEE, 2005)

Um dos principais indicadores da eficiência dos processos mentais é a velocidade com que se processa a informação no dia a dia, a qual tem tendência a reduzir-se com a idade (BIRREN & FISHER, 1995). Simultaneamente, os movimentos na pessoa idosa também se tornam mais lentos. O resultado é um aumento do tempo despendido na realização de muitas tarefas da vida diária. A este propósito, levanta-se a questão se a lentidão psicomotora depende em grande medida do envelhecimento de sistemas perceptivo-motores essenciais para o controle motor (e.g., proprioceptividade) ou se tem na modificação da relação entre velocidade e precisão (*speed-acuracy trade-off*) um elemento explicativo importante. De fato, parece que pessoas idosas tendem a valorizar a precisão em detrimento da velocidade e como tal tornam-se mais lentas na execução de tarefas (GOGGIN & MEEUWSEN, 1992). Provavelmente, tanto as modificações de estratégia como a deterioração de diversos sistemas corporais explicam a diminuição no nível de *performance* verificado em muitas tarefas.

Há diversas evidências de que a diminuição da velocidade com que se processa a informação interfere no desempenho de outras operações cognitivas (e.g., memória, planejamento) levando a um declínio cognitivo generalizado (BIRREN & FISHER, 1995; SALTHOUSE, 1996). À luz desta teoria, faz todo o sentido que intervenções no domínio psicomotor procurem melhorar a velocidade de tratamento da informação. Para tal, a inclusão de tarefas em que é necessário perceber, decidir e executar em um tempo inferior aquilo que é a rotina nas pessoas idosas, pode ser uma estratégia para voltar a "acelerar" determinados processos mentais. Intervenções focadas no domínio perceptivo, designadamente o treino de velocidade de processamento utilizando o programa informático UFOV® (BALL & OWSLEY, 1993), têm sido capazes de melhorar a atenção visual de pessoas idosas (BALL, EDWARDS, & ROSS, 2007) e têm conseguido alguma transferência positiva para atividades instrumentais da vida diária (e.g., condução) (EDWARDS, *et al.*, 2005). É muito relevante que tenha sido demonstrado recentemente que programas de intervenção focados no domínio do comportamento motor são também capazes de melhorar componentes da atenção de adultos (jovens e idosos), como a atenção dividida ou a velocidade de processamento da informação visual. (MARMELEIRA, GODINHO, & FERNANDES, 2009; MATOS & GODINHO, 2009)

Os efeitos da experiência diferencial no cérebro e no comportamento

É bastante interessante e promissora a investigação científica sobre os efeitos de determinados hábitos de vida ou de determinados programas de intervenção na estrutura e função cerebral. Por si só, são uma justificação robusta para o desenvolvimento de programas de caráter psicomotor em populações idosas.

É atualmente aceite que o envolvimento continuado em atividades intelectuais, sociais e motoras oferece uma proteção contra o declínio cognitivo e o risco de demência característico do envelhecimento (SALTHOUSE, 2006). Analisado de uma perspectiva neurobiológica, esta noção de *"use it or lose it"* considera que o uso da rede neural prolonga a eficiência da atividade do sistema nervoso durante a vida (SLEGERS, VAN BOXTEL, & JOLLES, 2006). O fenômeno de neuroplasticidade, apesar de mais evidente nos primeiros anos de vida, não se esgota abruptamente. O sistema nervoso é capaz de se reorganizar ao longo da vida em resposta a modificações intrínsecas ou extrínsecas (GREEN & BAVELIER, 2008). Este fenômeno contempla "produtos", como a formação de novos neurônios, de novas sinapses, a mobilização de neurônios que habitualmente não são utilizados e a utilização de diferentes circuitos neurais (COTMAN & BERCHTOLD, 2002). A convergência de todos estes mecanismos suporta a plasticidade do próprio comportamento. Estudos em modelos animais têm demonstrado consistentemente que a plasticidade neural é promovida pela utilização de ambientes enriquecidos (*environmental enrichment*), isto é, de condições experimentais que propiciam interações sociais, estimulação sensorial e motora. (SEGOVIA, DEL ARCO, & MORA, 2009)

Historicamente, muito do suporte científico sobre as vantagens da realização de atividade motora no idoso tem tido origem em uma corrente de investigação focada sobre as associações entre saúde e aptidão física. O destaque tem sido colocado na componente fisiológica da atividade motora e no seu papel como antagonista de determinadas doenças crônicas, em especial aquelas do foro cardiovascular (BLAIR, *et al.*, 1996). No entanto, uma nova linha de investigação tem também demonstrando que existem benefícios da atividade motora em nível psicológico (ETNIER, NOWELL, LANDERS, & SIBLEY, 2006). Uma questão fundamental, mas que tem sido pouco investigada, é a de perceber se determinados tipos de atividade motora são mais capazes de proporcionar ganhos funcionais simultâneos em diversos sistemas (e.g., sistemas nervoso e cardiovascular). De fato, dados provenientes de estudos que utilizaram paradigmas de enriquecimento ambiental demonstraram que um tipo de atividade planejado para induzir aprendizagem motora teve efeitos diferenciados no sistema nervoso em relação a um outro tipo de atividade motora repetitiva (e.g., caminhar) (BLACK, ISAACS, ANDERSON, ALCANTARA, & GREENOUGH, 1990). Segundo os autores, a primeira foi capaz de promover a formação de novas sinapses no cerebelo enquanto a segunda levou à melhoria da rede capilar em determinadas regiões dessa mesma estrutura.

Em uma revisão bibliográfica recente, é apontado que, em geral, o aumento de atividade motora parece causar alterações na vascularização cerebral e na produção de fatores neurotróficos; no caso de a atividade requerer a aprendizagem de novas habilidades, o número e a estrutura das sinapses em algumas regiões cerebrais também é beneficiado (WOODLEE & SCHALLERT, 2006). De referir que a investigação sobre enriquecimento ambiental tem sido efetuada, sobretudo, em animais, e que, por razões tecnológicas, é limitada em humanos. No entanto, um estudo que envolveu a autópsia de tecido cerebral humano foi consistente com os resultados enunciados em animais, sugerindo que o nível de ramificação dendrítica está associado ao tipo de atividades vocacionais e nível de literacia dos indivíduos (JACOBS, SCHALL, & SCHEIBEL, 1993). Considerados no seu todo, estes resultados providenciam uma explicação biológica para os efeitos positivos da atividade motora e mental em diversas funções cognitivas no idoso e para a redução do risco de desenvolvimento de doenças neurodegenerativas. (SEGOVIA, *et al.*, 2009)

Relacionado com esta temática, é importante referir um estudo original em que foram comparados vários tipos de intervenção sobre o funcionamento cognitivo de pessoas idosas (FABRE, CHAMARI, MUCCI, MASSE-BIRON, & PREFAUT, 2002). Três grupos de indivíduos foram submetidos a programas de treino, respectivamente aeróbico, mental ou aeróbico e mental. Um quarto grupo foi utilizado como controle. Concluiu-se que o grupo sujeito ao treino aeróbico e mental obteve melhores resultados em medidas de funcionamento cognitivo quando comparado com aqueles que realizaram apenas o treino aeróbico ou o mental ou que pertenciam ao grupo de controle. Este estudo vem demonstrar que a efetividade de programas de intervenção pode ser maior se tiver características que mobilizem simultaneamente recursos fisiológicos e psicológicos.

Para melhor compreensão dos efeitos multifacetados que a atividade motora pode promover, é interessante considerar os benefícios associados a diferentes formas de movimento. O conhecimento de que o tipo de atividade motora e as suas exigências específicas nos diversos sistemas orgânicos e funcionais promovem adaptações diferenciadas deve ser considerado na definição do tipo de atividades a integrar em um programa de intervenção psicomotora.

Por exemplo, a prática de *Tai Chi Chuan*, um tipo de exercício tradicional chinês, além de promover melhorias na função cardiorrespiratória, flexibilidade, equilíbrio e força muscular (HONG, LI, & ROBINSON, 2000), possui também características que estimulam a plasticidade a longo prazo em nível do córtex somatossensorial (KERR, et al., 2008). Recentemente, foram reportados efeitos positivos de um programa de dança criativa na propriocepção de pessoas idosas (MARMELEIRA et al., 2009). A dança criativa baseia-se em atividades que enfatizam a conscientização dos movimentos e da postura corporal. Após 12 semanas de intervenção, foram assinaladas melhorias na cinestesia (detecção de movimento dos segmentos corporais) e na percepção de posicionamento articular. O fato de a dança criativa levar as pessoas a dirigirem a sua atenção para as sensações resultante da ação dos mecanorreceptores terá contribuído de forma decisiva para as melhorias encontradas no sistema proprioceptivo.

Por meio da utilização de ressonância magnética funcional cerebral, foi possível mapear um aumento significativo do volume sanguíneo no hipocampo na sequência de três meses de atividade de características aeróbias

(PEREIRA, *et al.*, 2007). O hipocampo é uma área do sistema límbico associada à memória e aprendizagem; é também uma das estruturas cerebrais onde o fenômeno de neurogênese no adulto tem sido consistentemente referido (VAN PRAAG, 2008). Outro estudo, partindo do conhecimento de associações já estabelecidas entre a planificação (execução) de movimentos complexos e modificações na estrutura cerebral em animais, procedeu à comparação de diversas áreas cerebrais entre um grupo de praticantes de judo e um grupo de controle (JACINI, *et al.*, 2009). Técnicas de neuroimagem permitiram detectar a existência de maior quantidade de tecido neural em algumas áreas corticais dos judocas, colocando em destaque a ocorrência de plasticidade neural em resultado da repetição continuada de um determinado tipo de estimulação perceptivo-motora. Um outro estudo bastante recente procurou investigar a plasticidade do comportamento motor em pessoas idosas (MARMELEIRA, MELO, TLEMCANI, GODINHO, & FERNANDES, 2011). Praticantes de tênis obtiveram melhores resultados em diversas medidas de velocidade de processamento informacional durante o desempenho de tarefas de condução em comparação com um grupo sem qualquer participação em programas de exercício. Diferenças similares já haviam sido referenciadas em um estudo clássico de Spirduso e Clifford (1978), mas, neste caso, as medidas reportadas foram obtidas apenas em testes de laboratório. É interessante constatar que, no estudo de Marmeleira *et al.* (2011), apesar de um grupo de praticantes de corrida ter obtido melhores resultados do que o grupo de controle, as diferenças não terem sido estatisticamente significativas. Mais uma vez, na base dos resultados encontrados, estarão as características específicas da atividade motora praticada, com o tênis permitindo melhorias na velocidade de processamento informacional dado as suas exigência no domínio da atenção e tomada de decisão sob constrangimentos temporais.

Um programa específico de intervenção psicomotora na pessoa idosa

As atividades no domínio da gerontopsicomotricidade encontram bases científicas evidentes no que foi exposto nas seções anteriores deste capítulo. Consideramos a Gerontopsicomotricidade como um programa de movimento dirigido a pessoas idosas, cuja estruturação é baseada em evidências científicas sobre os benefícios da atividade psicomotora em múltiplos sistemas corporais. Deste modo, a definição dos componentes (tarefas) que integram um programa de Gerontopsicomotricidade deve sustentar-se na análise da literatura sobre o efeito de diversos tipos de treino (motor, perceptivo ou cognitivo) e de paradigmas de enriquecimento ambiental na capacidade adaptativa do indivíduo. Em nossa opinião, a Gerontopsicomotricidade tem potencial para influenciar diversos domínios, entre eles a aptidão física funcional, o sistema perceptivo, o funcionamento cognitivo e a esfera relacional.

As repercussões da Gerontopsicomotricidade serão maiores se mobilizar mecanismos responsáveis pelas melhoria no funcionamento cognitivo. Vejamos, por exemplo, o caso das funções executivas, um grupo de habilidades cognitivas de nível hierárquico elevado que contemplam a capacidade de planejar, organizar informações, inibir respostas e orquestrar recursos mentais (BALL, WADLEY, VANCE, & EDWARDS, 2004). No fundo, são funções que sustentam o comportamento voluntário direcionado para objetivos e que não se tornam automáticas com a passagem do tempo (COLCOMBE & KRAMER, 2003). Acontece que as funções executivas são da responsabilidade do córtex pré-frontal, uma das regiões cerebrais que sofre mais precocemente os efeitos negativos associados ao processo de envelhecimento (SEIDLER, *et al.*, 2009). No entanto, a investigação tem demonstrado que esta é precisamente uma das regiões cerebrais que mais se beneficia com a prática de atividade física (COLCOMBE & KRAMER, 2003). Neste caso, parece bastante razoável supor que os maiores benefícios no funcionamento executivo poderão ser conseguidos se forem utilizadas tarefas psicomotoras que, além de mobilizarem recursos energéticos (cf., *the cardiovascular fitness hypothesis*, ETNIER, *et al.*, 2006), também impliquem a utilização de habilidades associadas ao conceito de funções executivas (e.g., planeamento, tomada de decisão, realização de tarefas em simultâneo, inibição de comportamentos). Esta última ideia relaciona-se com a hipótese de que o *transfer* de aprendizagem é potenciado se forem mobilizados o mesmo tipo de recursos mentais na situação de treino (por exemplo, no programa de Gerontopsicomotricidade) que são exigidos na situação para onde se pretende transferir as melhorias (por exemplo, na realização de diversas tarefas da vida diária). (MAGILL, 2003)

No planejamento de intervenções psicomotoras recentes (MARMELEIRA, MELO, TLEMCANI, & GODINHO, 2011; MARMELEIRA *et al.*, 2009), utilizamos o suporte teórico que temos apresentando. No caso, trabalhamos com um grupo de condutores idosos, e um dos objetivos principais foi o de perceber se a tarefa de condução poderia beneficiar a participação em um programa de Gerontopsicomotricidade. A condução automóvel é uma tarefa instrumental da vida diária cuja realização depende de diversos fatores (e.g., atenção visual, velocidade comportamental, funções executivas, *performance* motora) (ANSTEY, WOOD, LORD, & WALKER, 2005). A dependência da condução automóvel de diversas capacidades, que também são chamadas a atuar constantemente em diversas tarefas e contextos da vida diária, torna-a um objeto de estudo bastante pertinente na área da Gerontologia. Para mais, na literatura científica, são relativamente frequentes estudos descritivos sobre as dificuldades das pessoas idosas na condução, mas pouca investigação tem sido efetuada sobre o efeito de programas de intervenção na realização dessa tarefa.

Foram efetuados dois estudos sobre os efeitos de um programa específico de Gerontopsicomotricidade (MARMELEIRA, MELO, TLEMCANI, & GODINHO, 2011; MARMELEIRA, GODINHO, et al., 2009). Em um estudo, a intervenção prolongou-se por dois meses e, no outro, por três meses. Em ambos os casos, foram realizadas três sessões semanais. No estudo mais recente, todos os dados foram recolhidos em testes efetuados durante a condução real em estrada pública. Este fato colocou maiores dificuldades na operacionalização do projeto de investigação, mas foi compensatório por ter tornado o desenho experimental do estudo mais representativo. Na tradição de Bartlett (1932), esta necessidade de aproximar a abordagem tradicional de processamento da informação aos contextos físicos e mentais onde os fenômenos realmente ocorrem tem vindo a ser assumida por muitos investigadores (e.g., NEISSER & HYMAN, 2000). Por exemplo, é bastante curioso e ilustrativo o efeito demonstrado por Godden e Baddeley (1975) de que a capacidade de mergulhadores em relembrarem palavras que aprenderam submersos é superior quando são testados novamente em submersão do que quando são testados em terra seca. Outro exemplo, que se relaciona bastante com estudos da atenção em condução, prende-se com as alterações nas características de pesquisa visual sob os efeitos de diferentes níveis de ansiedade. De fato, em situações indutoras de maior ansiedade, há uma tendência para a diminuição da dimensão do campo visual funcional, o que pode condicionar alterações nas estratégias de pesquisa visual (LANDERS, WANG, & COURTET, 1985). Os níveis de ansiedade em laboratório e em condução real dificilmente serão os mesmos, pelo que as medidas recolhidas no primeiro poderão não ter a correspondência desejada com o que ocorre quando o indivíduo é responsável pela condução de um carro em contexto real.

As sessões de Gerontopsicomotricidade incorporaram tarefas motoras cuja realização colocava exigências notórias nos domínios perceptivo e cognitivo. Sem pretender ser exaustivo, são apresentados em seguida alguns exemplos do tipo de atividades efetuadas. A presença de tarefas que solicitavam a velocidade de processamento informacional foram recorrentes. Por exemplo, enquanto os participantes caminhavam, poderia ser definido um sinal visual (auditivo) que implicava uma resposta rápida como unir o polegar e indicador em cada mão. No significado de tornar mais complexa a tarefa, maiores níveis de incerteza foram conseguidos aumentando o número de alternativas estímulo-resposta; por exemplo, a palavra "um" proferida pelo técnico deveria corresponder ao fechar rápido da mão direita por parte dos participantes, mas a palavra "dois" deveria levar a que estes unissem rapidamente o polegar e indicador da mão esquerda.

A realização de tarefas em simultâneo representa um desafio óbvio em termos de orquestração de recursos atencionais (atenção dividida), uma vez que é preciso garantir a realização proficiente de várias ações em paralelo. Foram utilizadas normalmente duas tarefas motoras, por exemplo, caminhar com um padrão diferente do habitual (e.g., com diversas mudanças de direção) e ao mesmo tempo simular o desenho de um triângulo com os indicadores de ambas as mãos. Por vezes, foram também utilizadas tarefas secundárias cognitivas (e.g., contar para trás de três em três a partir de determinado número).

Para estimular a habilidade visório-espacial, uma das estratégias foi a utilização de mapas do ginásio em que os participantes procuravam seguir determinado trajeto a fim de efetuarem as tarefas motoras propostas nos pontos assinalados. Ao ar livre, realizaram-se percursos de orientação com diferentes níveis de complexidade. A orientação é um exercício paradigmático da nossa abordagem à atividade motora para pessoas idosas: é capaz de aliar a estimulação da componente aeróbica da aptidão física com a mobilização de diversos processos mentais, entre eles a atenção, o planejamento e a tomada de decisão (PESCE, CEREATTI, CASELLA, BALDARI, & CAPRANICA, 2007). Para diferenciar o nível de mobilização destes últimos, é possível manipular diversos constrangimentos das atividades de orientação, entre eles o sistema de pontuação. O mais simples é indicar no mapa, além dos pontos de partida e de chegada, a ordem de realização dos vários pontos de controle. Uma alternativa é a de não indicar a ordem de realização dos pontos de controle, mas definir um tempo máximo de realização da atividade em que se procura somar o maior número de pontos. Uma outra possibilidade passa pela definição do *score* que é necessário obter, atribuindo-se a cada ponto de controle no mapa uma pontuação consonante com o seu grau de dificuldade (alguns pontos poderão ser "obrigatórios"). Para que ocorra uma participação ativa de todos os participantes no processo de tomada de decisão, aconselha-se a distribuição dos participantes em pequenos grupos.

Foi dada uma importância manifesta à atenção visual. Manter mais do que um balão no ar, individualmente ou em grupo, é uma forma de trabalhar a atenção visual dividida obrigando do ponto de vista estrutural à utilização da visão periférica. Para evitar desconforto em nível cervical, aconselha-se algum cuidado na altura a que os balões são mantidos no ar (a altura dos participantes é uma boa referência). Neste grupo de atividades que procuravam estimular a utilização funcional do campo visual, foi utilizado frequentemente um trabalho por pares. Um dos participantes poderia segurar duas réguas pela extremidade superior mantendo-as perpendiculares ao solo e um pouco afastadas, devendo o seu colega manter as mãos abertas junto à extremidade inferior das réguas agarrando de imediato aquela que fosse libertada (ao se afastarem as réguas, o campo visual horizontal utilizado é progressivamente maior). Manter uma bola em equilíbrio sobre uma raquete, enquanto se coloca uma outra bola diretamente na mão de outro participante é mais um exemplo de mobilização da visão periférica.

Também foram planejadas algumas tarefas para estimular a memória. Por exemplo, foram sendo definidos ao longo das sessões sinais que deveriam levar à realização de determinadas tarefas, como efetuar um determinado percurso pelo ginásio. Depois, ao longo das sessões, esses sinais deveriam despoletar o comportamento motor correspondente. Mais uma vez, a complexidade foi manipulada ao longo do programa.

As atividades descritas são apenas exemplos que ilustram o tipo de programa desenvolvido, designadamente a preocupação constante com a definição dos objetivos para cada tarefa. Além das capacidades descritas, obviamente que outras essenciais para a autonomia e qualidade de vida da pessoa idosa foram também alvo de estimulação ao longo de todo o programa. Entre elas, podemos destacar o equilíbrio, a mobilidade, a agilidade, a força muscular e a flexibilidade.

O programa específico de Gerontopsicomotricidade foi suportado em um quadro teórico que indica que os efeitos sobre processos perceptivos e cognitivos podem ser melhorados se a estimulação comportamental desses mesmos processos (*"use it or lose it"*) for fortalecida por meio da estimulação da condição cardiovascular (e.g., melhoria do aporte sanguíneo ao cérebro) (FABRE, *et al.*, 2002). Deste modo, foi constante a presença de uma componente aeróbica de intensidade moderada na realização das atividades propostas. Utilizaram-se pedômetros em muitas sessões para acompanhar a evolução do volume de trabalho e como forma de motivação dos participantes (DE COCKER, DE BOURDEAUDHUIJ, & CARDON, 2008). O volume foi aumentando gradualmente ao longo do programa, traduzindo também uma melhoria na aptidão física dos participantes. É importante enfatizar que o programa de intervenção efetuado não deve ser considerado multimodal no significado de um programa constituído por duas partes distintas (atividade mental e atividade física) implementadas lado a lado como o objetivo de melhorar o funcionamento cognitivo dos participantes. No tipo de programa que a nossa investigação procurou suportar, o comportamento motor é o elemento distintivo, mas para o qual é necessário uma contribuição muito mais efetiva de capacidades perceptivo-cognitivas do que aquilo que é tradicional em muitos programas de atividade motora para pessoas idosas.

Em ambos os estudos, foram encontrados efeitos positivos em diversas variáveis. Destacam-se as melhorias conseguidas na velocidade comportamental e atenção visual das pessoas do grupo experimental (MARMELEIRA *et al.*, 2009, 2011). A velocidade comportamental foi avaliada por intermédio de uma bateria de testes que implicava a realização de respostas rápidas a determinados acontecimentos. Incluíram-se tarefas com níveis de complexidade diferenciados, o que foi conseguido especialmente por meio da manipulação do número de estímulos a que o participante deveria reagir. As melhorias foram encontradas nos tempos de reação e de movimento. A promoção do aumento da velocidade de processamento da informação pode influenciar o nível de desempenho de outros processos mentais (BIRREN & FISHER, 1995; SALTHOUSE, 1996), traduzindo-se em um impacto positivo na funcionalidade do indivíduo na realização das tarefas da vida diária. (EDWARDS, *et al.*, 2005)

Ainda dentro da velocidade comportamental, foram efetuados testes em situação de dupla-tarefa. Neste caso, à tarefa primária (travar rapidamente em resposta à luz de *stop* de um veículo) foi adicionada uma tarefa secundária (soma e subtração de números). Os benefícios neste paradigma foram bastante marcantes, reforçando as conclusões de alguns estudos de que o treino em dupla-tarefa é generalizável para outras tarefas (neste caso, a condução) que envolvam outro tipo de estímulos (BHERER, *et al.*, 2008). As melhorias obtidas podem significar a manutenção de uma rápida capacidade de reação a eventos mesmo na presença de determinadas interferências (e.g., conversar com um acompanhante). Podem também existir repercussões positivas em outros domínios. Por exemplo, sabe-se que, nas pessoas idosas, o padrão de marcha é negativamente afetado pela realização de tarefas mentais em simultâneo (SPRINGER, *et al.*, 2006) e que piores desempenhos em tarefas de equilíbrio em paradigmas de dupla-tarefa estão associados a maior probabilidade de ocorrência de quedas (LUNDIN-OLSSON, NYBERG, & GUSTAFSON, 1998). Inclusive, o treino do equilíbrio com paradigmas de dupla-tarefa é sugerido como forma de prevenção da ocorrência de quedas em pessoas idosas. (ROSE, 2010)

A atenção visual dos participantes no programa de Gerontomotricidade também registou benefícios. As melhorias verificaram-se em diversas medidas, com destaque para a capacidade de utilização não só do campo visual central mas também do periférico, permitindo uma rápida identificação e reação a estímulos.

Em conclusão, foi possível demonstrar diversas potencialidades da Gerontopsicomotricidade nos domínios motor, perceptivo e cognitivo. Progressos nestes domínios associados a melhorias na aptidão física podem significar uma contribuição ainda maior para a capacidade funcional das pessoas idosas e, no fundo, para a sua saúde e bem-estar.

Este capítulo centrou a sua análise sobre os potenciais benefícios de intervenções no domínio psicomotor para as pessoas idosas. Colocou em destaque as vantagens que podem ser alcançadas se as atividades desenvolvidas conseguirem acoplar a estimulação perceptivo-cognitiva com a estimulação da aptidão física funcional. A sustentação teórica baseou-se em dois tipos de evidência inter-relacionados ao longo do capítulo. Primeiro, na análise da literatura científica que demonstra (i) associações positivas entre a atividade motora e o funcionamento cognitivo e (ii) entre o treino cognitivo (ou paradigmas de ambiente enriquecido) e a plasticidade comportamental. Segundo, nos resultados de estudos recentes que demonstram as potencialidades de um programa específico de Gerontopsicomotricidade sobre a capacidade de condução automóvel de pessoas idosas. A pertinência desta tarefa no domínio da investigação resulta do fato de depender de diversos fatores motores, perceptivos, cognitivos e de saúde que também são necessários na realização de muitas tarefas da vida diária.

Referências

ANSTEY, K. J.; WOOD, J.; LORD, S. & WALKER, J. G. Cognitive, sensory and physical factors enabling driving safety in older adults. *Clinical Psychology Review*. 2005, 25(1), 45-65.

BALL, K.; EDWARDS, J. D. & ROSS, L. A.The impact of speed of processing training on cognitive and everyday functions. *The Journals of Gerontology. Series B, Psychological Sciences and Social Sciences*. 2007, 62, Spec No 1, 19-31.

BALL, K. & OWSLEY, C. The useful field of view test: a new technique for evaluating age-related declines in visual function. *Journal of the American Optometry Association*.1993, 64(1), 71-79.

BALL, K.; WADLEY, V.; VANCE, D. & EDWARDs, J. Cognitive skills: training, maintenance, and daily usage. *In:* C. SPEILBERG. *Encylopedia of Applied Psychology*. Elsevier Science, 2004, 387-392.

BARTLETT, F. C. *Remembering*. Cambridge: Cambridge University Press, 1932.

BHERER, L.; KRAMER, A. F.; PETERSON, M. S.; COLCOMBE, S.; ERICKSON, K. & BECIC, E. Transfer effects in task-set cost and dual-task cost after dual-task training in older and younger adults: further evidence for cognitive plasticity in attentional control in late adulthood. *Experimental Aging Research*. 2008, 34(3), 188-219.

BIRREN, J. E. & FISHER, L. M. Aging and speed of behavior: possible consequences for psychological functioning. *Annual Review of Psychology*.1995, 46, 329-353.

BLACK, J. E.; ISAACS, K. R.; ANDERSON, B. J.; ALCANTARA, A. A. & GREENOUGH, W. T. Learning causes synaptogenesis, whereas motor activity causes angiogenesis, in cerebellar cortex of adult rats. *Proceedings of the National Academy of Sciences USA*.1990, 87(14), 5568-5572.

BLAIR, S. N.; KAMPERT, J. B.; KOHL III, H. W.; BARLOW, C. E.; MACERA, C. A.; PAFFENBARGER Jr, R. S. *et al.* Influences of cardiorespiratory fitness and other precursors on cardiovascular disease and all-cause mortality in men and women. *Journal of the American Medical Association.* 1996, 276(3), 205.

COLCOMBE, S. & KRAMER, A. F. Fitness effects on the cognitive function of older adults: a meta-analytic study. *Psychology Science.* 2002, 14(2), 125-130.

COTMAN, C. W. & BERCHTOLD, N. C. Exercise: a behavioral intervention to enhance brain health and plasticity. *Trends in Neuroscience.* 2002, 25(6), 295-301.

DE COCKER, K. A.; DE BOURDEAUDHUIJ, I. M. & CARDON, G. M. The effect of pedometer use in combination with cognitive and behavioral support materials to promote physical activity. *Patient Education and Counseling.* 2008,70(2), 209.

EDWARDS, J. D.; WADLEY, V. G.; VANCE, D. E.; WOOD, K.; ROENKER, D. L. & BALL, K. K. The impact of speed of processing training on cognitive and everyday performance. *Aging Mental Health.* 2005, 9(3), 262-271.

ETNIER, J. L.; NOWELL, P. M.; LANDERS, D. M. & SIBLEY, B. A. A meta-regression to examine the relationship between aerobic fitness and cognitive performance. *Brain Research Reviews.* 2006, 52(1), 119-130.

FABRE, C.; CHAMARI, K.; MUCCI, P.; MASSE-BIRON, J. & PREFAUT, C. Improvement of cognitive function by mental and/or individualized aerobic training in healthy elderly subjects. *International Journal of Sports Medicine.* 2002, 23(6), 415-421.

GODDEN, D. R. & BADDELEY, A. D. Context-dependent memory in two naturalenvironments: On land and underwater. *British Journal of Psychology.* 1975, 66, 325-331.

GOGGIN, N. L. & MEEUWSEN, H. J. Age-related differences in the control of spatial aiming movements. *Research Quarterly for Exercise and Sport.* 1992, 63(4), 366-372.

GREEN, C. S. & BAVELIER, D. Exercising your brain: a review of human brain plasticity and training-induced learning. *Psychology and Aging*.2008,23(4), 692-701.

HONG, Y.; Li, J. & ROBINSON, P. Balance control, flexibility, and cardiorespiratory fitness among older Tai Chi practitioners. *British journal of sports medicine*. 2000, 34(1), 29.

HULTSCH, D. F.; MACDONALD, S. W. & DIXON, R. A. Variability in reaction time performance of younger and older adults. *The Journals of Gerontology. Series B, Psychological Sciences and Social Sciences*. 2002, 57(2), 101-115.

JACINI, W. F.; CANNONIERI, G. C.; FERNANDES, P. T.; BONILHA, L.; CENDES, F. & LI, L. M. Can exercise shape your brain? Cortical differences associated with judo practice. *Journal of Science and Medicine and Sport*. 2009, 12(6), 688-690.

JACOBS, B.; SCHALL, M. & SCHEIBEL, A. A quantitative dendritic analysis of Wernicke's area in humans. II. Gender, hemispheric, and environmental factors. *The Journal of Comparative Neurology*. 1993, 327(1), 97-111.

KERR, C. E.; SHAW, J. R.; WASSERMAN, R. H.; CHEN, V. W.; KANOJIA, A.; BAYER, T. *et al*. Tactile acuity in experienced Tai Chi practitioners: evidence for use dependent plasticity as an effect of sensory-attentional training. *Experimental Brain Research*. 2008, 188(2), 317-322.

LANDERS, D.; WANG, M. Q. & COURTET, P. Peripheral narrowing among experienced and inexperienced rifle shooters under low- and high-stress conditions. *Research Quarterly for Exercise and Sport*. 1985, 56(2), 122-130.

LUNDIN-OLSSON, L.; NYBERG, L. & GUSTAFSON, Y. Attention, frailty, and falls: the effect of a manual task on basic mobility. *Journal of the American Geriatric Society*. 1998, 46(6), 758-761.

MAGILL, R. *Motor Learning and control, concepts and applications*. NewYork: McGraw-Hill, 2003.

MARMELEIRA, J.; MELO, F.; TLEMCANI, M. & GODINHO, M. Exercise can improve speed of behavior in older drivers. *The Journal of Aging and Physical Activity*. 2011, 19 ,48-61.

MARMELEIRA, J.; MELO, F.; TLEMCANI, M.; GODINHO, M. & FERNANDES, J. Tennis playing, but not running, can enhance speed of behavior in older drivers. *Perceptual and Motor Skills*. 2013,114, 457-469.

MARMELEIRA, J.; PEREIRA, C.; CRUZ-FERREIRA, A.; FRETES, V.; PISCO, R. & FERNANDES, O. Creative dance can enhance proprioception in older adults. *Journal of Sports Medicine and Physical Fitness*. 2009, 49(4), 480-485.

MARMELEIRA, J. F.; GODINHO, M. B. & FERNANDES, O. M. The effects of an exercise program on several abilities associated with driving performance in older adults. *Accident Analysis and Prevention*. 2009, 41(1), 90-97.

MATOS, R. & GODINHO, M. Useful field of vision and peripheral reaction time in novice drivers: transfer to a real driving situation after a perceptual-motor training program. *Advances in Transportation Studies: An International Journal*. 2009:19,77-84.

NEISSER, U. & HYMAN, I. E. *Memory observed*: Remembering in natural contexts: Worth Publishers, 2000.

PEREIRA, A. C.; HUDDLESTON, D. E.; BRICKMAN, A. M.; SOSUNOV, A. A.; HEN, R.; MCKHANN, G. M. *et al*. An in vivo correlate of exercise-induced neurogenesis in the adult dentate gyrus. *Proceeding of the National Academy of Sciences USA*. 2007, 104, (13), 5638-5643.

PESCE, C.; CEREATTI, L.; CASELLA, R.; BALDARI, C. & CAPRANICA, L. Preservation of visual attention in older expert orienteers at rest and under physical effort. *Journal of Sport and Exercise Psychology*. 2007, 29(1), 78-99.

RIKLI, R. E. & JONES, C. J. Development and validation of a functional fitness test for community-residing older adults. *Journal of Aging and Physical Activity*.1999, 7, 129-161.

ROSE, D. J. *Fallproof*: a comprehensive balance and mobility training program. Champaign: Human Kinetics, 2010.

SALTHOUSE, T. Mental Exercise and Mental Aging. Evaluating the Validity of the "Use It or Lose It" Hypothesis. *Perspectives on Psychological Science*. 2006, 1(1), 68-87.

SALTHOUSE, T. A. The processing-speed theory of adult age differences in cognition. *Psychological Review*. 2006, 103(3), 403-427.

SCHMIDT, R. & LEE, T. *Motor control and learning*: A behavioral emphasis: Human Kinetics Publishers, 2005.

SEGOVIA, G.; DEL ARCO, A. & MORA, F. Environmental enrichment, prefrontal cortex, stress, and aging of the brain. *Journal of Neural Transmission*. 2009, 116(8), 1007-1016.

SEIDLER, R. D.; BERNARD, J. A.; BURUTOLU, T. B.; FLING, B. W.; GORDON, M. T.; GWIN, J. T. et al. Motor control and aging: Links to age-related brain structural, functional, and biochemical effects. *Neuroscience and Biobehavior Reviews*. 2009, 34(5), 721-733.

SLEGERS, K.; VAN BOXTEL, M. & JOLLES, J. *Successful Cognitive Aging*: The use of computers and the Internet to support autonomy in later life. Maastricht: Neuropsych Publishers, 2006.

SPIRDUSO, W. W. & Clifford, P. Replication of age and physical activity effects on reaction and movement time. *Journal of Gerontology*. 1978, 33(1), 26-30.

SPRINGER, S.; GILADI, N.; PERETZ, C.; YOGEV, G.; SIMON, E. S. & HAUSDORFF, J. M. Dual tasking effects on gait variability: the role of aging, falls, and executive function. *Movement Disorders*. 2001, 21(7), 950-957.

VAN PRAAG, H. Neurogenesis and exercise: past and future directions. *Neuromolecular Medicine*. 2008, 10(2), 128-140.

WOODLEE, M. & SCHALLERT, T. The impact of motor activity and inactivity on the brain. *Current Directions in Psychological Science*. 2006, 15(4), 203-206.

Cap. 13

Quando o envelhecimento acontece...

"Projeto Rejuvenescer" – uma proposta Gerontopsicomotora de intervenção primária no processo de envelhecimento

Vera Oliveira, Sara Carvalho e Teresa Cardoso

Envelhecer entende-se como um processo universal, dinâmico, progressivo e irreversível que ocorre ao longo de toda a vida do ser humano, isto é, desde o nascimento até à morte (SEQUEIRA, 2010), embora se faça notar com maior evidência a partir dos 60 a 65 anos de idade (STUART-HAMILTON, 2002). Ao falarmos de envelhecimento, torna-se crucial distinguir envelhecimento primário e envelhecimento secundário, sendo o primeiro referente ao processo de senescência (BERGER, 1995), que engloba um conjunto de alterações orgânicas, morfológicas e funcionais consequentes do envelhecimento gradual (SEQUEIRA, 2010), e o segundo, o aparecimento de lesões patológicas, muitas das vezes múltiplas, que tendem a verificar-se com o aumento da idade e que se mantêm, muitas das vezes, irreversíveis (BERGER, 1995). Conhecemos hoje as consequências do envelhecimento biológico que, sendo resultante de uma diminuição da capacidade regenerativa das células, pode repercutir-se não só no aspeto geral do corpo mas também nas estruturas e funções orgânicas dos vários sistemas que o constituem, como é o caso do sistema cardiovascular, músculo-esquelético, respiratório, nervoso e sensorial. Além da diminuição das funções subjacentes aos sistemas anteriormente descritos, a linguagem é igualmente afetada, observando-se ligeiros declínios na capacidade de comunicação, síntese, conhecimento de palavras, fluência, compreensão e nomeação (SEQUEIRA, 2010). A cognição, embora não sendo influenciada de forma generalizada, é igualmente comprometida, nomeadamente as funções executivas, como a atenção, a memória, a capacidade perceptiva e espacial, a organização e monitorização de comportamentos, a reprodução de soluções perante problemas e a velocidade de processamento (PAIS, 2008). Resultantes da necessidade de adaptação ao novo estilo de vida e realidade pessoal, as alterações psicossociais, por vezes, fazem acompanhar-se de isolamento social, mudanças de humor, sintomas depressivos, problemas de autoimagem e sentimentos de inutilidade. (STUART-HAMILTON, 2002)

Urge a necessidade de auxiliar o indivíduo nesta etapa da sua vida, assegurando ao máximo o retardamento das perdas a ela inerentes, recorrendo a programas adequados às suas necessidades específicas A Psicomotricidade é uma terapia de mediação corporal que promove o sentir, o agir e o pensar, incide em aspetos psicoafetivos, sociais, cognitivos, motores e psicomotores, podendo, para tal, utilizar recursos, como a música, a dança, técnicas teatrais, entre outros (PONT & CARROGIO *in* MONTAÑÉS & KIST, 2011; MAÑOZ *in* MONTAÑÉS & KIST, 2011). Quando dirigida ao idoso, esta prática terapêutica adquire o nome de Gerontopsicomotricidade (FONSECA, 2001), objetivando retardar as perdas de funções decorrentes do processo de envelhecimento, tal como relatado por Nuñes e González (2001), relativamente a um programa de Gerontopsicomotricidade dirigido a idosos institucionalizados, constituído por atividades perceptivo-motoras e de cariz relacional que incidem nos processos da retrogênese psicomotora, na prevenção da degradação das habilidades cognitivas, sensoriais, perceptivas, emocionais e afetivas. Ou como sugere Montañés e Kist (2011), esta atividade pode ser realizada em centros de dia, sociais e/ou centros gerontológicos, como uma forma de prevenção e de reabilitação, com o objetivo de retardar os efeitos degenerativos associados à idade, aumentar as possibilidades de reabilitação ou manter o diálogo corporal, em especial nos casos das demências. Segundo Almeida (2005), a intervenção junto da terceira idade pode ser desenvolvida de acordo com três níveis distintos: a prevenção primária, tendo como base o acompanhamento do processo normal de senescência; a secundária, de cariz reabilitativo, destinada a uma população que apresente défices em nível funcional e cognitivo; e a terciária, para pacientes com um diagnóstico patológico estabelecido. O presente estudo consistiu então, segundo esta classificação, na aplicação de um programa de intervenção primária, com a finalidade de compreender os efeitos da Gerontopsicomotricidade em adultos maiores, com idades superiores aos 60 anos, que não apresentassem condições físicas incompatíveis com a prática de exercício físico, sem patologias associadas. Esta intervenção incidiu fundamentalmente em áreas afetadas decorrentes do processo normal de envelhecimento como é o caso da marcha, da memória, do equilíbrio, das relações sociais etc.

O presente estudo, intitulado de "Projeto Rejuvenescer" surgiu em 2011, em uma iniciativa criada por uma instituição portuguesa privada: INCORP – Instituto do Conhecimento Relacional e da Psicomotricidade, que intervém em várias áreas terapêuticas, com especial incidência na Psicomotricidade. Este instituto propôs a iniciativa a uma das maiores Juntas de Freguesia do País (Junta de Freguesia de S. Sebastião, em Setúbal), que disponibilizou os contatos de Centros Socioculturais na sua área de incidência, onde ocorreu a intervenção. Pudemos então pôr em prática este projeto que teve como objetivo avaliar de que forma uma intervenção Gerontopsicomotora teria efeito sobre algumas variáveis vulgarmente afetadas no decorrer do processo de senescência, junto de uma pequena amostra da população idosa, frequentadora de Centros Socioculturais, em Setúbal.

Participaram neste estudo um total de 20 indivíduos, com idades compreendidas entre os 60 e os 79 anos de idade, 4 do sexo masculino e 16 do sexo feminino, cuja média de idades se encontra entre 60 e 69 anos (± 4,828), em uma distribuição amostral por conveniência, divididos igualmente em dois grupos: grupo de intervenção (GI, $n = 10$) – composto por participantes do Centro Cultural de Nossa Senhora da Conceição (CCNSC) e do Centro de Idosos, Reformados e Pensionistas de São Sebastião (CIRPSS) – e grupo de controle (GC, $n = 10$) – selecionado de forma aleatória no Centro Comunitário de São Sebastião (CCSS), de acordo com os critérios de inclusão. Do total da amostra, 60% eram casados, 5% divorciados e 35% viúvos; em nível da escolaridade, 85% tinham adquirido a 4ª classe e 10% eram analfabetos e, relativamente à situação profissional, 95% eram reformados e 5% desempregados.

Este estudo teve como critérios de inclusão a ausência de patologias que pudessem ser incompatíveis com a prática de exercício físico, comprovada por meio de prescrição médica. Os indivíduos incluídos teriam de ser independentes no que se refere à mobilidade (não dependentes de cadeira de rodas, andarilhos ou outros suportes físicos), sem atividade laboral ativa (reformados ou desempregados), não poderiam ser praticantes de qualquer outra modalidade de atividade física, no entanto seria permitida a participação em atividades lúdicas, como o canto, o teatro e outras dinamizações de carácter especificamente sociocultural.

Para a caracterização da amostra em estudo, foi utilizado um questionário sociodemográfico e aplicado o Questionário Internacional de Avaliação da Atividade Física (BENEDETTI *et al.* 2004), para a certificação de alguns dos critérios de inclusão.

Com o intuito de mensurar as diferentes áreas afetadas pelo processo de senescência, foram aplicados os seguintes instrumentos de avaliação:

Escala de Depressão Geriátrica (YESIVAGE, 1983) – versão completa – questionário que permite avaliar quantitativamente sintomas indicativos de depressão. É constituído por 30 itens, sendo que cada um apresenta duas possibilidades de resposta, 0 ou 1 pontos, de acordo com a tabela de resultados, sendo a pontuação total obtida por meio da soma dos valores de cada item. A interpretação dos resultados varia entre 0 e 9 = "estado normal", 10 e 19 = "depressão moderada", 20 e 30 = "depressão severa". No presente estudo, denominamos a variável correspondente a esta escala como *"Indicadores de Depressão"*.

Mini Mental State Examination (GUERREIRO, SILVA & BOTELHO, 1994) é uma escala que permite uma avaliação sumária das funções cognitivas. As questões avaliam diferentes áreas e estão agrupadas em 7 categorias compostas por 11 questões: Orientação Temporal (total 5 pontos), Orientação Espacial (total 5 pontos), Retenção (total 3 pontos), Atenção e Cálculo (total 5 pontos), Evocação (total 3 pontos), Linguagem (total 8 pontos), Habilidade Construtiva (total 1 ponto). O mínimo obtido, ou seja, pontuação total 0 é indicativo de maior grau de comprometimento cognitivo, enquanto um total de 30 pontos indica maior capacidade cognitiva, consoante o nível de escolaridade tabelado. No presente estudo, denominamos a variável correspondente a este teste como *"Funções Cognitivas"*.

Escala de Atividades Instrumentais de Vida Diária (AIVD's) (LAWTON & BRODY, 1969) é um questionário de rápida aplicação, composto por 30 questões referentes às atividades de vida diária: cuidados pessoais, cuidados domésticos, trabalho e recreação, locomoção, comunicação e relações sociais. Cada item é pontuado de acordo com a resposta que mais se adapta ao indivíduo. A cotação vai de 0 a 90 em que 0 significa independência total, e 90 dependência total. No presente estudo, denominamos a variável correspondente a esta escala como *"Atividades Instrumentais de Vida Diária"*.

Trail Making Test (REITAN, 1993) permite detectar défices cognitivos, medindo as competências motoras, espaciais e cognitivas simples. Este teste consiste, em uma primeira fase (*Trail Making Test A*), em unir os círculos numerados de 1 a 23 por ordem crescente no mínimo de tempo possível e sem nunca levantar a caneta do papel; e em uma segunda fase (*Trail Making Test B*), unir alternadamente um número a uma letra respeitando a ordem crescente, quer numérica, quer alfabética, igualmente no menor intervalo de tempo e sem levantar a caneta do papel. A sua cotação é feita consoante o tempo utilizado para realizar cada uma das provas, sendo considerado no teste A 29 segundos dentro da média, >78 segundos deficitário e, no B, 75 segundos na média e >273 segundos – resultado deficitário. No presente estudo, optamos por considerar apenas a comparação do tempo de execução, dos testes A e B respectivamente, entre os momentos de pré e pós intervenção, como modo de avaliar de uma forma mais concreta os resultados após o período de intervenção. No presente estudo, denominamos a variável correspondente a esta escala como *"Trail Making Test A"* e *"Trail Making Test B"*.

Avaliação da Aptidão Física e do Equilíbrio de Pessoas Idosas: Baterias de Fullerton (BAPTISTA & SARDINHA, 2005) é um instrumento de avaliação prático composto por duas baterias: Bateria de Avaliação Física Funcional e Bateria de Avaliação do Equilíbrio de Fullerton. No que concerne à primeira bateria apresentada, esta permite avaliar e registar o nível em que o idoso se encontra relativamente à capacidade cardiorrespiratória, flexibilidade, força e resistência, agilidade, composição corporal e equilíbrio. É constituído por sete provas: levantar e sentar da cadeira; flexão do antebraço; estatura e peso; sentado e alcançar; sentado, caminhar 2,44m e voltar a sentar; alcançar atrás das costas e dois minutos de *step* no próprio lugar. Relativamente à segunda bateria, esta permite avaliar o equilíbrio no idoso e é composta por dez provas: permanecer de olhos fechados com os pés juntos; alcançar um objeto no plano frontal; efetuar uma trajetória circular de 30º sobre um apoio;

transpor um banco de 15cm de altura; dar 10 passos em linha reta; equilíbrio sobre um apoio; permanecer de olhos fechados e a pés juntos em uma superfície de espuma; saltar a dois pés; marchar com rotação simultânea da cabeça; e por fim, controle de reação postural. No presente estudo, utilizámos somente algumas variáveis recolhidas, de acordo com o que foi o nosso objeto de estudo: a Força e Resistência dos Membros Superiores (FRMS), a Força e Resistência dos Membros Inferiores (FRMI), a Flexibilidade dos Membros Superiores (FLMS) e a Flexibilidade dos Membros Inferiores e Tronco (FLMIT).

Bateria Psicomotora para a Terceira Idade (BPTI) (NETO et al., 2009) permite avaliar os diferentes fatores psicomotores – motricidade fina, motricidade global, equilíbrio, esquema corporal, organização espacial, organização temporal – e registar em que nível se encontra o indivíduo nos mesmos. Cada fator é composto por cinco níveis diferentes de execução correspondentes a provas de dificuldade crescente, sendo assinalado o nível de execução atingido pelos mesmos e posteriormente traçado um perfil psicomotor. Foram utilizadas como variáveis de estudo todos os diferentes fatores psicomotores inseridos nesta bateria.

A intervenção decorreu ao longo de cinco meses, em uma frequência semanal, contabilizando um total de 17 sessões com a duração de 90 minutos. Os objetivos gerais do projeto terapêutico centraram-se essencialmente em fatores, como *tonicidade, equilibração, organização espacial, organização temporal, esquema corporal, motricidade global, motricidade fina, funções cognitivas, força e resistência, flexibilidade, autoestima e competências sociais.*

A tipologia de sessão cumpriu a seguinte estrutura, composta por cinco momentos evolutivos: *conversa inicial* (5min), correspondente a um diálogo em que cada idoso poderia partilhar os acontecimentos relevantes da sua semana, ao mesmo tempo que se promovia a organização prosódica do discurso; *aquecimento global* (10min) correspondendo à ativação global dos principais grupos musculares; *aquecimento específico* (15 min), englobando a ativação de grupos musculares específicos; *fase fundamental* (40min) caracterizada pela aplicação das atividades de estimulação das funções psicomotoras, motoras, cognitivas, sociais e emocionais que constavam como objetivos do programa; e por fim, a fase de *retorno à calma e conversa final* (20min) onde era induzida a diminuição dos níveis de vigilância por meio de exercícios de respiração, consciencialização corporal e relaxação, culminando com a partilha verbal de sensações e opiniões sobre os acontecimentos vivenciados na sessão, que funcionava como ritual de finalização da sessão e despedida.

As atividades constituintes da fase fundamental incidiram fundamentalmente, em nível motor: na estimulação da força muscular, da flexibilidade, da coordenação oculomanual, do equilíbrio; em nível cognitivo: na estimulação da memória, da atenção, da percepção, do processamento de informação; em nível social: no desenvolvimento de competências pessoais e sociais, como a assertividade, o respeito pelo outro, a cooperação em grupo, a resolução de problemas, a promoção das relações interpessoais, a comunicação não verbal, a expressão corporal; em nível emocional: na promoção de autoestima e autoconfiança, autoconceito, consciencialização das emoções; e em nível psicomotor: regulação de tonicidade, equilibração, lateralização, estruturação espacio-temporal, noção do corpo, praxia global e praxia fina.

Os locais onde se realizaram as sessões tinham características idênticas de amplitude e luminosidade, nas instalações dos Centros Sociais aderentes ao projeto (CCNSC, CIRPSS e CCSS). No decorrer das sessões de intervenção, foram utilizados diversos recursos materiais, como bolas, arcos, cordas, material audiovisual, materiais de expressão plástica (tintas, plasticinas) colchões, varas, balões, lenços, entre outros.

A análise estatística utilizada neste estudo foi realizada recorrendo ao *software* SPSS, versão 20. O valor *de p* definido foi de 0,05 para todas as análises presentes no mesmo. Foi efetuada uma análise comparativa para as seguintes variáveis em estudo: Força e Resistência dos Membros Superiores (FRMS), Força e Resistência dos Membros Inferiores (FRMI), Flexibilidade dos Membros Superiores (FLMS), Flexibilidade dos Membros Inferiores e Tronco (FLMIT), Agilidade Cognitiva A, Agilidade Cognitiva B, Funções Executivas, Indicadores de Depressão e de Autonomia nas AIVDs, utilizando o *Paired Sample T-test*, entre os resultados de pré-intervenção e pós-intervenção no GI e no GC, com o objetivo de constatar a existência ou ausência de melhorias resultantes da prática Gerontopsicomotora, e outra na fase de Avaliação Final entre o GI e o GC, por meio do *Independent Samples T-test*, como forma de comparar a eficácia da prática de gerontopsicomotricidade em detrimento de outras. No que concerne às variáveis de estudo Motricidade Fina, Motricidade Global, Equilíbrio, Esquema Corporal, Organização Espacial e Organização Temporal, foi efetuada uma análise comparativa, utilizando o *Means*, entre as médias dos resultados iniciais e finais do GI e do GC.

Por meio da análise estatística dos resultados obtidos, do primeiro para o último momento de avaliação, podemos observar:

– melhoria estatisticamente significativa em ambos os grupos, nas seguintes variáveis: *Força e Resistência dos Membros Superiores e Agilidade Cognitiva B*;

– melhoria estatisticamente não significativa em ambos os grupos, com maior variação da média no GC, nos *Indicadores de Depressão* e *Autonomia nas AIVDs*;

– ausência de alterações estatisticamente significativas, com maior variação da média no GI, na Força e Resistência dos Membros Inferiores e nas Funções Cognitivas;

– ausência de alterações estatisticamente significativas, em ambos os grupos, na Flexibilidade dos Membros Superiores, Flexibilidade dos Membros Inferiores e Tronco.

Tabela 1. Variação dos Valores Iniciais e Finais do GI e CG na Força e Resistência dos Membros Superiores, Força e Resistência dos Membros Inferiores, Flexibilidade dos Membros Superiores, Flexibilidade dos Membros Inferiores e Tronco, Agilidade Cognitiva A, Agilidade Cognitiva B, Funções Cognitivas, Indicativos de Depressão e Autonomia nas AIVDs.

Variáveis	Grupo de Controle						Grupo de Intervenção				
		Avaliação Inicial	Avaliação Final	Diferença entre a Média dos Pares	Sig (2-tailed) T Teste Emparelhadas			Avaliação Inicial	Avaliação Final	Diferença entre a Média dos Pares	Sig (2-tailed) T Teste Emparelhadas
FRMS[1]	n=10	9,00 ± 5,598	15,80 ± 4,341	-6,800	0,009		n=10	16,20 ± 4,638	18,40 ± 4,326	-2,200	0,032
FRMI[2]	n=10	12,30 ± 6,273	11,30 ± 4,596	1,00	0,617		n=10	14,30 ± 4,029	17,00 ± 3,944	-2,700	0,177
FLMS[3]	n=10	-30,00 ± 9,286	-27,60 ± 9,857	-2,400	0,173		n=10	-16,25 ± 11.186	-14,15 ± 10,849	-1,700	0,113
FLMIT[4]	n=10	-10,80 ± 12,639	-8,20 ± 8,509	-2,600	0,614		n=10	2,05 ± 8,248	4,10 ± 9,666	-2,050	0,319
Agilidade Cognitiva A *Trail Making Test A*	n=10	0:00:53,62 ± 0:00:18,240	0:00:80,88 ± 0:00:17,962	0:00:02,739	0,706		n=10	0:00:56,09 ± 0:00:38,635	0:00:44,70 ± 0:00:12,393	0:00:11,396	0,341
Agilidade Cognitiva B *Trail Making Test B*	n=10	0:02:07,54 ± 0:00:21,353	0:01:35,49 ± 0:00:43,139	0:00:32,045	0,020		n=10	0:02:15,69 ± 0:00:51,135	0:01:24,84 ± 0:00:35,804	0:00:50,851	0,001
Funções Cognitivas *Mini Mental State Examination*	n=10	27,70 ± 1,252	26,90 ± 1,729	0,800	0,196		n=10	27,20 ± 2,348	27,60 ± 2,171	-0,400	0,443
Ind. de Depressão *Escala de Depressão Geriátrica*	n=10	9,20 ± 5,789	8,40 ± 6,041	0,800	0,196		n=10	8,00 ± 4,346	7,60 ± 5,296	0,400	0,735
Autonomia AIVD's *Escala de Lawton e Brody*	n=10	8,10 ± 6,437	4,40 ± 4,427	3,700	0,073		n=10	4,40 ± 5,358	2,80 ± 3,225	1,600	0,244

1 Força e Resistência dos Membros Superiores

2 Força e Resistência dos Membros Inferiores

3 Flexibilidade dos Membros Superiores

4 Flexibilidade dos Membros Inferiores e Tronco

– ausência de ausência de alterações estatisticamente significativas, com maior variação da média no GC, regredindo desta forma na Agilidade Cognitiva A, bem como nas funções cognitivas;

– alterações estatisticamente significativas, com maior variação da média no GC, regredindo desta forma na Agilidade Cognitiva A, bem como nas funções cognitivas.

No que concerne à análise estatística dos fatores psicomotores avaliados, verificamos que, na motricidade fina, na motricidade global, no equilíbrio, no esquema corporal e na organização espacial, não existiram valores estatisticamente significativos. Na variável Organização Temporal, verificou-se uma regressão do nível psicomotor estatisticamente significativa no GI, enquanto, na Organização Espacial, existiu uma variância dos resultados estatisticamente significativos.

Tabela 2. Valores Iniciais e Finais entre o GC e o GI nos Fatores Psicomotores

Variáveis		Grupo de Controle					Grupo de Intervenção			
		Avaliação Inicial	Avaliação Final	Diferença entre a Média dos Pares	Sig (2-tailed) T Teste Emparelhadas		Avaliação Inicial	Avaliação Final	Diferença entre a Média dos Pares	Sig (2-tailed) T Teste Emparelhadas
Motricidade Fina	n=10	8,10 ± 2,079	7,90 ± 1,853	0,200	0,775	n=10	8,90 ± 2,378	9,70 ± 0,949	-0,800	0,210
Motricidade Global	n=10	4,00 ± 2,055	3,50 ± 1,581	0,500	0,343	n=10	6,40 ± 2,119	6,60 ± 1,506	-0,200	0,705
Equilíbrio	n=10	5,10 ± 2,961	6,00 ± 2,582	-0,900	0,279	n=10	8,40 ± 3,406	8,70 ± 2,908	-0,300	0,685
Esquema Corporal	n=10	9,40 ± 2,066	9,60 ± 1,713	-0,200	0,735	n=10	9,80 ± 1,874	9,70 ± 1,163	0,100	0,876
Organização Espacial	n=10	10,00 ± 0,943	9,00 ± 1,155	1,00	0,023	n=10	8,80 ± 0,919	9,60 ± 1,265	-0,800	0,053
Organização Temporal	n=10	10,60 ± 0,699	10,00 ± 1,333	0,600	0,217	n=10	10,60± 0,516	10,20 ± 0,789	0,400	0,037

Elaborando uma análise da evolução dos resultados por meio dos níveis psicomotores, indicada na figura 1 construído por meio do Manual de Avaliação Psicomotora para a Terceira Idade (NETO *et al.*, 2009), podemos observar, que, tanto na Motricidade Fina como na Motricidade Global, o GC manteve o nível psicomotor que apresentava inicialmente, enquanto o GI melhorou um nível. Quanto ao Equilíbrio, ambos os grupos evoluíram um nível, o GC do nível 5 para o 6, enquanto o GI evolui do nível 8 para o 9. No Esquema Corporal, o GC evolui um nível, já o GI manteve o seu nível psicomotor. Na Organização Espacial, o GC manteve o seu nível psicomotor, enquanto o GI evoluiu um nível, ficando assim no mesmo nível que o GC. Finalmente, na Organização Temporal, o GC manteve e o GI desceu um nível.

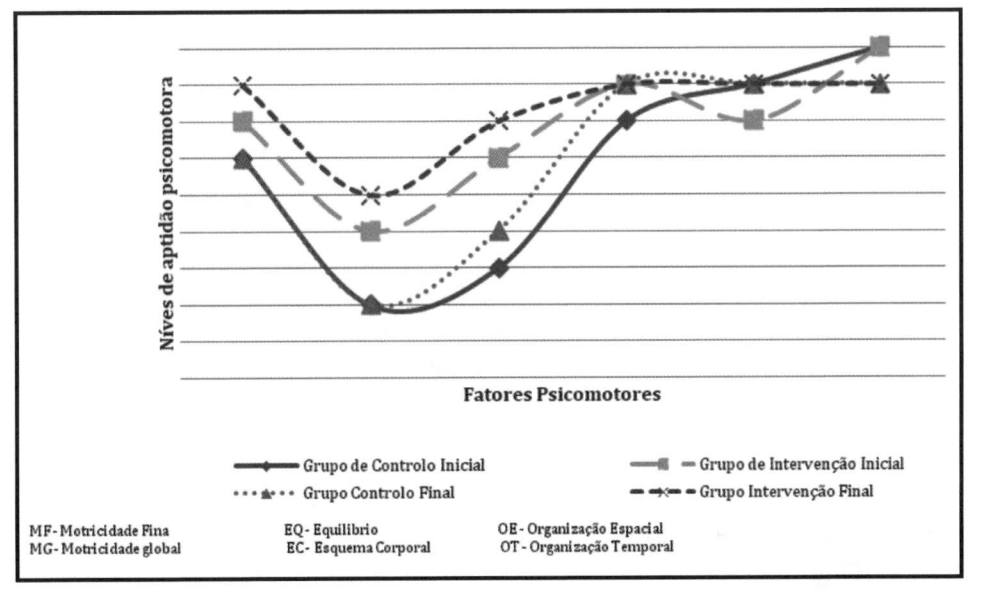

Figura 1. Comparação Níveis de Aptidão Psicomotora adquiridos nas avaliações iniciais e finais do GI e do GC

Sabemos que simultaneamente ao envelhecimento surgem alterações morfológicas, cognitivas, motoras, emocionais, psicomotoras e sociais (SEQUEIRA, 2010), cuja expressão deve ser considerada para uma melhor qualidade do processo de envelhecimento de cada indivíduo.

Tendo em consideração no projeto de intervenção a normal deterioração do sistema músculo-esquelético no processo de senescência, que sofre uma perda da elasticidade e da força muscular (SEQUEIRA, 2010), e intervindo a esse nível por meio de exercícios funcionais, observaram-se resultados bastante positivos relativamente à força e resistência dos membros superiores. Estes resultados são bastante satisfatórios na medida em que são variáveis fundamentais de suporte aos movimentos necessários para a realização das

AIVDs que conduzem consequentemente a uma manutenção da autonomia e independência do indivíduo. Nas restantes variáveis de Força e Resistência e de Flexibilidade, ao não se observarem alterações nos resultados, podemos pensar que são fatores trabalhando mais especificamente.

Existem estudos que apontam para o fato de que, embora o envelhecimento não seja sinônimo de um declínio generalizado da cognição, de áreas como a atenção, a memória e ainda a velocidade de processamento, estes acabam por ser alguns dos fatores que mais se deterioram durante o processo (PAIS, 2008). Como tal, dada a importância da intervenção junto dos fatores anteriormente mencionados e tendo estes sido integrados no projeto terapêutico do programa gerontopsicomotor aqui referido, apercebemo-nos que, embora não se tenham observado alterações estatisticamente significativas, observamos uma ligeira evolução no GI relativamente ao GC. Ao observarmos estes resultados, podemos aferir que a estimulação a este nível surtiu efeitos positivos, embora não de forma tão evidente, o que nos leva a considerar a importância da continuidade deste trabalho ao longo de tempo, tendo em conta os resultados mencionados após 17 sessões de intervenção.

Decorrente das readaptações psicossociais, é usual surgirem sintomas de depressão e casos de isolamento social (STUART-HAMILTON, 2002), tornando-se importante intervir também neste sentido. Verificaram-se melhorias em nível dos indicadores de depressão e da percepção da capacidade nas AIVDs que, embora não sendo estatisticamente significativas, se observaram pela variação dos resultados na média do grupo. Estes resultados podem estar relacionados com as situações de sociabilização positivas promovidas por meio das dinâmicas de grupo, ao longo das sessões, em atividades que tinham como objetivo fomentar a assertividade, a capacidade de introspeção, de autovalorização e reforço das competências pessoais e sociais, da comunicação verbal e não verbal. Consideramos que estes critérios de sociabilização deverão ser alvo de avaliações específicas em futuros estudos.

Quanto aos fatores psicomotores, embora os resultados não se tenham mostrado estatisticamente significativos, importa efetuar uma análise das evoluções ligeiras entre os grupos. Posto isto, temos que, tanto na Motricidade Fina como na Motricidade Global, existiu uma evolução no GI, enquanto, no GC, existiu uma regressão dos resultados. Segundo Fonseca (2001), a motricidade fina, de acordo com o processo de retrogênese, composto por alterações desintegradores e progressivas, é o primeiro fator psicomotor a deteriorizar-se. Esta envolve a *micromotricidade* e a *perícia manual* (FONSECA, 2010), que são imprescindíveis à execução e eficácia nas AIVDs e na autonomia, sendo por estes motivos tão importante, em uma prevenção primária, intervir sobre ele.

A motricidade global, por sua vez, compreende a execução e a *automatização dos movimentos globais complexos* (FONSECA, 2010). Trata-se, segundo Fonseca (2010), da intenção da ação, isto é, exige uma atenção voluntária, planificação motora, registo e evocação de engramas, sendo este o processo que antecede ao movimento em si, e sendo o segundo fator psicomotor a ser degradado pelo processo de retrogênese (FONSECA, 2001) é de extrema importância.

O equilíbrio constitui a base dos movimentos de todos os segmentos corporais, é fulcral ao controle postural e, consequentemente, à marcha, sendo esta uma área fundamental a trabalhar na terceira idade, tendo em conta que a idade avançada é um dos principais fatores de risco de queda (GRAAFMANS *et al.*, 1996; MASUD & MORRIS, 2001), mas também, tendo em conta o comprometimento da autonomia do próprio indivíduo. Estes são fatores psicomotores essenciais à autonomia e à qualidade de vida do indivíduo.

O esquema corporal, segundo Vayer (1980), trata-se da organização das sensações em relação ao próprio corpo e ao meio envolvente, sendo a base das hipóteses de movimento. Segundo Montañés e Kist (2011), pode surgir, ao longo do processo de senescência, uma resistência na aceitação da imagem corporal, quando o indivíduo considera que esta não corresponde às suas expectativas, ou aos padrões da sociedade atual, ou ainda, por se relacionar com a vivência de relações sociais não favoráveis e as perdas afetivas. Nesta variável, observamos que, em ambos os grupos, houve uma regressão.

Por fim, no que diz respeito à variável Organização Temporal, ambos os grupos regrediram. Embora esta regressão seja estatisticamente significativa apenas no GI, este fator refere-se ao tempo, que expresso por Piaget (*in* NETO *et al.*, 2009), envolve os acontecimentos, os movimentos e, também, as ações ao longo da evolução do tempo. Os resultados obtidos, que, como todos os outros, estão afetados pelo processo natural de envelhecimento, podem ter sido igualmente influenciados pelo fato de este ter sido um fator insuficientemente trabalhado no presente programa. A organização espacial, que envolve tanto o espaço próprio como o espaço envolvente, pressupõe todos os sentidos sensoriais subjacentes à percepção espacial (NETO *et al.*, 2009), e podemos observar uma ligeira progressão como efeito da prática gerontopsicomotora.

Podemos, de uma modo geral, observar que a intervenção surtiu efeitos positivos na medida em que o GI evoluiu um nível psicomotor em quase todas as variáveis, enquanto o GC manteve o seu nível na maioria das variáveis. No entanto, importa referir que a progressão ao longo do GC nos fatores: "equilíbrio" e "esquema corporal" pode encontrar-se relacionada com a participação do mesmo em atividades recreativas já mencionadas, tais como: o canto e o teatro, que, segundo Pratt, (2004), contribuem de forma favorável no processo de envelhecimento.

Os resultados obtidos neste estudo podem justificar-se de acordo com as limitações do mesmo, sendo considerada como principal limitação o fato de se tratar de uma amostra redutora (n=10), outras limitações relacionam-se com o curto tempo de intervenção, a frequência semanal de intervenção ser reduzida, a homogeneidade entre grupos e, ainda, com a progressão natural do envelhecimento. Posto isto, propõe-se futuramente um aumento significativo da amostra, uma frequência trissemanal de intervenção, e um aumento do tempo de intervenção (12 meses).

Passamos a referir as variáveis recolhidas informalmente, por meio de grelhas de observação psicomotora que, embora sem possibilidade de mensuração quantitativa, nos permitiram aceder a informações de caráter prático, sobre o desempenho de competências pessoais e sociais, ao longo das sessões. Referimo-nos à capacidade de proferir e ouvir opiniões de forma assertiva, de respeitar os limites do espaço interpessoal, da capacidade de "*insight*" – capacidade de avaliar ou discernir a realidade de cada situação, da autoconfiança e da autoestima. Verificamos ao longo da intervenção uma melhora destas variáveis, que de resto seria espectável, conforme Montañés e Kist (2011), por ter permitido, enquanto prevenção primária, desenvolver a dinâmica de grupo, onde está inerente a socialização.

Do mesmo modo, observamos, no seu desempenho ao longo das sessões, melhorias em nível das capacidades cognitivas específicas, reveladas na prática, ou seja, no desempenho do grupo nas atividades que exigem tais capacidades, como a memória de trabalho e a atenção seletiva, e das funções motoras como a motricidade global e o equilíbrio, melhorias essas que influenciaram positivamente aspectos como a marcha e outros movimentos implicados nas atividades da vida diária.

Conclusão

Estudos têm demonstrado a eficácia da atividade física, quer na prevenção das alterações morfofisiológicas subjacentes a toda esta etapa de desenvolvimento, quer no nível da saúde mental, com expressão na autoconfiança, autoestima, das funções cognitivas, como a atenção, o raciocínio, a memória quando conciliado com atividades que exigem atenção e concentração (MONTAÑÉS & KIST, 2011). Incidindo a Gerontopsicomotricidade em todas essas áreas, seria de esperar evolução nos fatores avaliados. A Gerontopsicomotricidade incide em vários níveis, tanto mecânicos como vivenciais, recorrendo a conhecimentos e técnicas que reforçam a terapia, utlizadas nas técnicas de expressão corporal, da terapia pela musica, pela dança, pelo teatro. (PONT & CARROGIO in MONTAÑÉS & KIST, 2011) (MAÑOZ *in* MONTAÑÉS & KIST, 2011)

Quanto aos objetos de estudo, pudemos verificar que, fundamentalmente nos fatores psicomotores, a Gerontopsicomotricidade surte efeitos benéficos. Desta forma, e sendo a Gerontopsicomotricidade uma terapia de mediação corporal que, por intermédio de atividades que promovem o sentir, agir e pensar, incide em aspectos psicoafetivos, sociais, interpessoais, cognitivos, motores e psicomotores, poderá esta ser uma prática terapêutica completa e adequada às necessidades deste grupo etário? Embora seja de salientar a dificuldade em ter acesso a estudos sobre os efeitos da Gerontopsicomotricidade no envelhecimento e a importância de desenvolver trabalhos neste sentido, este estudo ajuda-nos a perceber que, apesar do complemento de atividades recreativas serem benéficas para a terceira idade, é de extrema importância um acompanhamento terapêutico e supervisionado específico para estimular as áreas comprometidas pelo envelhecimento.

Referências

ALMEIDA, L. Da prevenção primordial à prevenção quaternária. *Revista portuguesa de saúde pública* 2005, 23 (1), 91-96.

BAPTISTA, F. & SARDINHA, L. *Avaliação da Actividade Física e do Equilíbrio de Pessoas Idosas: Baterias de Fullerton.* Lisboa: FMH edições, 2005.

BENEDETTI, T.; MAZO, G. & BARROS, M. Aplicação do Questionário Internacional de Atividades Físicas para avaliação do nível de atividades físicas de mulheres idosas: validade concorrente e reprodutibilidade teste-reteste. *Revista Brasileira Ciência e Movimento.* 2004, 12(1), 25-33.

BERGER, L. Aspectos biológicos do envelhecimento. *In:* BERGER, L. & MAILLOUX-POIRIER, D. *Pessoas idosas*: uma abordagem global. Lusodidacta, 1995.

FONSECA, V. Gerontopsicomotricidade: uma abordagem ao conceito da retrogénese psicomotora. *In:* V. FONSECA & R. MARTINS. *Progressos em Psicomotricidade.* 177-219. Cruz Quebrada: Faculdade de Motricidade Humana, 2001.

GUERREIRO, M. P. *et al.* Adaptação à população portuguesa da tradução do mini mental test examination (MMSE) 1994. *Revista Portuguesa de Neurologia*, vol.1 (9).

GRAAFMANS, W.; OOMS, M.; HOFSTEE, H.; BEZEMER, P.; BOUTER, L.; LIPS, P. Falls in the Elderly: a prospective study of risk factos and risk profiles. *American Journal of Epidemiology. 1996,* 143(11).

LAWTON, M. P. and BRODY, E. M. Assessment of Older People: Self-Maintaining and Instrumental Activities of Daily Living. *Gerontologist.* 1969, 9 (3), 179-186.

MASUD, T. & O. MORRIS R. Epidemiology of falls. Age and Ageing. British Geriatrics Society. 2001, 30-S4, 3-7.

MONTAÑÉS, M., & KIST, R. La actividad física y la psicomotricidad en las personas mayores: sus contribuciones para el envejecimiento activo, saludable y satisfactorio. *Textos Contextos (Porto Alegre).* 2011, 10 (1), 179-192.

NETO, F. *et al. Manual de Avaliação para a Terceira Idade.* Porto Alegre: Artmed, 2009.

NUÑEZ, J., & GONZÁLEZ, J. Programa de Gerontopsicomotricidad en Ancianos Institucionalizados: Informe de Intervención Psicomotriz en el Proyecto de la Residencia de Ancianos de Torremocha del Jarama (Madrid). *In:* FONSECA, V. & MARTINS, R. *Progressos em Psicomotricidade.* 221-240. Cruz Quebrada: Faculdade de Motricidade Humana, 2001.

PAIS, J. As dificuldades de memória do idoso. *In:* NUNES, B. *Memória:* funcionamento, perturbações e treino (pp. 153-169). Lidel, 2008.

REITAN RM. & WOLFSON D. *The Halsted-Reitan neuropsychological test battery: Theory and clinical interpretation.* Tucson: Neuropsychology Press, 1993.

SEQUEIRA, C. *Cuidar de idosos*: com dependência física e mental. Lisboa: Lidel, 2010.

STUART-HAMILTON, I. *A psicologia do envelhecimento*: uma introdução. Porto Alegre: Artmed, 2002.

VAYER, P. *O Diálogo Corporal:* a ação educativa na criança dos 2 aos 5 anos. Horizontes Pedagógicos. Lisboa: Instituto Piaget, 1980.

YESAVAGE, J.; BRINK, T.; ROSE, T.; LUM, O.; HUANG, V.; ADEY, M. *et al.* Development and validation of a geriatric depression screening scale: a preliminary report. *J Psychiat Res.* 1983, 17(1), 37-49.

Conheça também da
WAK Editora

245 JOGOS LÚDICOS -
Para brincar como nossos pais brincavam

*José Ricardo Martins Machado e
Marcus Vinícius da Silva Nunes*

ISBN: 978-85-7854-160-6

CORPO E AFETO -
Reflexões em ramain-thiers

*Ana Cristina Geraldi e
Solange Thiers*

ISBN: 978-85-7854-043-2

PSICOMOTRICIDADE E NEUROPSICOLOGIA -
Uma abordagem evolucionista

Vitor da Fonseca

ISBN: 978-85-7854-091-3

PSICOMOTRICIDADE EM GRUPO -
O método *growing up* como recurso de
Intervenção Terapêutica

*Aline Kabarite e
Vera Mattos*

ISBN: 978-85-7854-292-4

A PSICOMOTRICIDADE APLICADA NA ESCOLA -
Guia prático de prevenção das dificuldades
da aprendizagem

Martha Lovisaro

ISBN: 978-85-7854-161-3

PSICOMOTRICIDADE -
Corpo, ação e emoção

Fátima Alves

ISBN: 978-85-88081-59-8

AVALIAÇÃO PSICOMOTORA -
Um olhar para além do desempenho

*Vera Mattos e
Aline Kabarite*

ISBN: 978-85-7854-244-3

A PSICOMOTRICIDADE E O IDOSO -
Uma educação para a saúde

Fátima Alves

ISBN: 978-85-7854-228-3

PSICOMOTRICIDADE -
Filogênese, ontogênese e retrogênese

Vitor da Fonseca

ISBN: 978-85-7854-033-3